地域発展の観光戦略

安田信之助 [編著]

創 成 社

はしがき

　観光産業は今やエネルギー，化学製品に次ぐ世界の第3の基幹産業となっている。国際観光はマクロ経済的にみると，国際観光客による支出は受け入れ国においては輸出となり，観光客の居住国においては輸入とみなされる。観光は国際サービス貿易の主たる部門であり，世界全体の輸出部門として自動車関連産業や食料品産業を凌駕している。世界の国際観光客数は年々増加し，国連世界観光機関（UNWTO）によると，1912年以降，世界の国際観光客の伸びは，年平均4.9%である。日本は26.4%と特に高い伸びを示している。この最大の要因は，近隣アジア諸国の経済成長である。

　周知のように，日本は，少子高齢化による人口減少の局面に入っており，内需の拡大は困難な状況にある。このような状況を打破するためにも地方は，地方インバウンド観光による地域経済の活性化を積極的に進めるべきである。観光庁が2019年6月21日に公表した2019年版の観光白書によると，地方での訪日客の消費額は1兆362億円となっている。これは，2015年と比較して58%も増えており，都道府県合計の消費額に占める割合も29%と3割に近づいた。日本人を含めた旅行消費全体に占める割合も高まっている。大阪と東京は，訪日客による消費の割合が半分に近づいている。福岡や北海道，沖縄などの有力な観光地は2割前後に達している。

　日本政府は2012年3月に「観光立国推進基本計画」を策定して以来，ビザの発給要件の緩和，空港，港湾の整備，LCC就航促進といった幾多の観光政策に取り組んできた。その結果，訪日外国人は2013年の1,036万人から，2018年は3,119万人と初めて3,000万人を超えた。この5年間でおよそ3倍に増加したことになる。政府は現在，2030年までに訪日外国人数6,000万人を目標に掲げている。2020年には東京オリンピック・パラリンピックの開催，2025年に大阪万博の開催など国際的な大型イベントを多数控えており，今後ますます訪日外国人の増加が期待される。現在のところ，訪日外国人は東京

から箱根・富士山を経由し名古屋，京都，大阪という，いわゆるゴールデンルートが中心となっている。これをいかにして北海道から沖縄まで日本全国に分散させるかが大きな政策課題となっている。

　本書の各章は上記のような問題意識に立脚して書かれたものである。本書の構成は，

　　第1章　世界と日本の観光産業の現状
　　第2章　地域経済の活性化と沖縄県の観光戦略
　　第3章　地域経済の活性化と宮崎県の観光戦略
　　第4章　地域経済の活性化と福岡県の観光戦略
　　第5章　地域経済の活性化と高知県の観光戦略
　　第6章　地域経済の活性化と大阪府の観光戦略
　　第7章　地域経済の活性化と東京都の観光戦略
　　第8章　地域経済の活性化と埼玉県の観光戦略
　　第9章　地域経済の活性化と千葉県の観光戦略
　　第10章　地域経済の活性化と富山県の観光戦略
　　第11章　地域経済の活性化と青森県の観光戦略
　　第12章　地域経済の活性化と北海道の観光戦略
　　　　　　―北海道観光における交通の課題と展望―
　　第13章　地域経済の活性化と北海道の観光戦略
　　　　　　―アイヌ文化を中心に―

となっている。

　本書が地域経済活性化と各都道府県の観光戦略理解の一助となれば幸いである。
　最後になるが，折に触れて我々を激励し出版にこぎつけてくださった創成社の西田徹様に感謝の意を表したい。

2019年7月吉日

編著者　日本財政学会顧問　安田信之助

目　次

はしがき

第 1 章　世界と日本の観光産業の現状 ——————— 1
　1　はじめに………………………………………………1
　2　世界と日本の観光産業の現状分析………………2
　3　おわりに………………………………………………24

第 2 章　地域経済の活性化と沖縄県の観光戦略 ———— 27
　1　はじめに………………………………………………27
　2　沖縄県における観光産業の現状と課題………27
　3　沖縄県の今後の観光政策と展開方向…………40
　4　おわりに………………………………………………43

第 3 章　地域経済の活性化と宮崎県の観光戦略 ———— 47
　1　はじめに………………………………………………47
　2　宮崎県における観光産業の現状と課題………47
　3　観光消費関数の推計………………………………54
　4　観光政策の方向性…………………………………56
　5　おわりに………………………………………………58

第 4 章　地域経済の活性化と福岡県の観光戦略 ———— 61
　1　はじめに………………………………………………61
　2　福岡県内市町村の観光……………………………64
　3　観光政策の現状……………………………………68
　4　おわりに………………………………………………70

vi

第 5 章　地域経済の活性化と高知県の観光戦略 ——— 75

1　はじめに 75
2　高知県の観光政策 76
3　高知県の地域活性化事例 80
4　おわりに 92

第 6 章　地域経済の活性化と大阪府の観光戦略
—インバウンドと再開発で変わる大阪— ——— 96

1　はじめに 96
2　大阪復活の兆し 102
3　インバウンド 106
4　再開発 110
5　魅力を増す都心エリア 114
6　イベント等で注目される新エリア 117
7　おわりに 123

第 7 章　地域経済の活性化と東京都の観光戦略 ——— 127

1　はじめに 127
2　これまでの再開発計画の推移 128
3　東京 2020 オリンピック・パラリンピック競技大会
　　における施策 131
4　PRIME 観光都市・東京 138
5　おわりに 146

第 8 章　地域経済の活性化と埼玉県の観光戦略 ——— 150

1　はじめに 150
2　埼玉県の観光の現状 151
3　ニューツーリズムと埼玉県の観光資源 156
4　おわりに 165

目　次　vii

第 9 章　地域経済の活性化と千葉県の観光戦略
―千葉県南房総地域の現状と課題を中心に― ――― 169

　1　はじめに ………………………………………………………169

　2　観光動機に関する先行研究 …………………………………172

　3　千葉県南房総地域における観光動向の分析 ………………175

　4　千葉県南房総地域における観光動向調査結果の考察 ……181

　5　おわりに ………………………………………………………184

第 10 章　地域経済の活性化と富山県の観光戦略
―「新・富山県観光振興戦略プラン」の PDCA から見る課題―
――――――――――――――――― 187

　1　はじめに ………………………………………………………187

　2　富山県の観光の現状 …………………………………………188

　3　富山県の「新観光戦略」の PDCA …………………………192

　4　おわりに ………………………………………………………206

第 11 章　地域経済の活性化と青森県の観光戦略
―世界自然遺産・白神山地の事例を中心に― ――― 210

　1　はじめに ………………………………………………………210

　2　世界自然遺産・白神山地の概要 ……………………………213

　3　エコツーリズムの成立とその役割 …………………………220

　4　おわりに ………………………………………………………224

第 12 章　地域経済の活性化と北海道の観光戦略
―北海道観光における交通の課題と展望― ――― 230

　1　はじめに ………………………………………………………230

　2　北海道の観光データ …………………………………………231

　3　観光客の移動手段の状況 ……………………………………235

　4　シーニックバイウェイ北海道の取り組み …………………238

　5　おわりに ………………………………………………………245

viii

第13章　地域経済の活性化と北海道の観光戦略
―アイヌ文化を中心に― ――――――――― 247

1　はじめに ……………………………………………………………247

2　アイヌ新法の成立〜民族共生文化圏〜 ………………………247

3　カムイと川上方位観 ………………………………………………254

4　他界の方位 …………………………………………………………261

5　おわりに ……………………………………………………………266

索　引　271

第1章
世界と日本の観光産業の現状

1　はじめに

　観光産業は今やエネルギー，化学製品に次ぐ世界の第3の基幹産業となっている。国際観光はマクロ経済的にみると，国際観光客による支出は受け入れ国においては輸出となり，観光客の居住国においては輸入とみなされる。観光は国際サービス貿易の主たる部門である。世界全体の輸出部門として自動車関連産業や食料品産業を凌駕している。ちなみに2016年の財・サービスにおける輸出部門は6%であったが，2017年には前年度から1ポイント上昇し7%を占めている。世界の国際観光客数は年々増加し，国連世界観光機関（UNWTO）の推計によると，2030年には18億人になると予測されている。このことは，世界の5人に1人が海外旅行に行くという「大観光時代」が訪れることを意味している。

　周知のように，日本では地方圏の人口の減少が加速し，過疎化が急速に進展している。地域経済の活性化が重要な政策課題となっている。観光産業は地方を活性化させるための有力な施策の1つである。日本政府は2012年3月に「観光立国推進基本計画」を策定した。そして2016年6月の「日本再興戦略2016」で，GDP600兆円達成に向けた成長戦略の柱の1つとして観光立国を宣言した。その結果，2013年には訪日外国人は約1,036万人であったが，2017年には2,869万人と急増し，2018年は3,119万人と初めて3,000万人を超えた。この5年間でおよそ3倍に増加したことになる。政府は現在，2020年までに訪日外国人数4,000万人，2030年までに6,000万人を目標に掲げている。2019年にはラグビー・ワールドカップの開催，2020年には東京オリンピック・パラリンピックの開催，2025年に大阪万博の開催など国際的な大型イベントを

2

多数控えており，今後ますますの訪日外国人の増加が期待される。現在のところ，訪日外国人は東京から箱根・富士山を経由し名古屋，京都，大阪という，いわゆるゴールデンルート中心となっている。これをいかにして北海道から沖縄まで日本全国に分散させるかが大きな政策課題となっている。

　本章ではまず，世界における観光産業の現状について述べ，次いで日本の観光産業の現状と課題について考察する。

2　世界と日本の観光産業の現状分析

(1) 世界の観光産業の現状

　2017 年の全世界 GDP に占める観光産業の割合は 10.2％（約 870 兆円）に拡大し，世界旅行ツーリズム協議会（WTTC）は，2027 年には 11.4％（約 1,265 兆円）に達すると試算している。また，国連世界観光機関（UNWTO）によると，2017 年の観光輸出の総計は約 1.6 兆ドルとなり，世界総輸出の 7％を占めているという。今や観光産業は世界経済においてエネルギー，化学製品に次いで第 3 の基幹産業となっている。それを裏付けるように，世界の国際観光客数は 1950 年の 2,500 万人から右肩上がりに増加し，2017 年には 13 億 2,300 万人である。そして，2018 年は 2017 年から 6％増の 14 億人となっている[1]。国連世界観光機関（UNWTO）が 2010 年に発表した「UNWTO 長期予測」では，世界全体の国際観光客数が 14 億人に達するのは 2020 年であると予測していた。世界全体の好調な経済成長，新技術の開発・進化，より身近になった海外旅行，新たなビジネスモデルの誕生等が世界全体の国際観光客数を加速させ，これを 2 年早く上回る結果となった。ちなみに，世界の国際観光客数は，世界の実質 GDP の上昇に伴って，増加する傾向にある（図表 1 － 1 参照）。また，国際観光収入についてみると，2017 年は 1 兆 3,400 億ドルであり，前年比 4.9％増加している。国連世界観光機関（UNWTO）は，世界全体の国際観光客数は世界的に年平均 3.3％増加すると予測しており，順調に推移すれば，2030 年に 18 億人になるという（図表 1 － 2 参照）。世界の観光産業はますます世界規模で発展していくことが予測される。

第1章 世界と日本の観光産業の現状 3

図表1-1 世界の国際観光客数と世界の実質GDPの推移

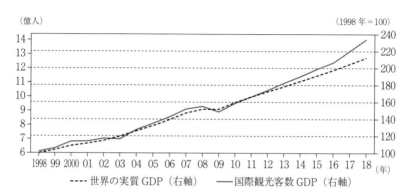

(注) 世界の実質GDPは、1998年を100として指数化。
出所：観光庁「令和元年観光白書第I部 平成30年観光の動向」
http://www.mlit.go.jp/common/001294467.pdf（2019年7月アクセス）

図表1-2 世界の国際観光客数の推移

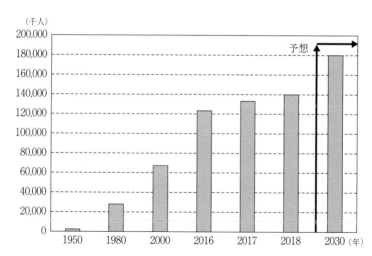

出所：国連世界観光機関「Tourism Highlight 2017 Edition」より作成。
https://www.e-unwto.org/doi/pdf/10.18111/9789284419951（2019年7月アクセス）

図表1−3 世界の国際観光客の地域別内訳（2018年）

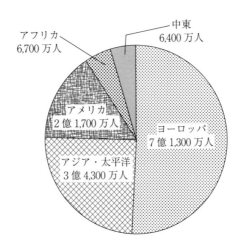

出所：国連世界観光機関「世界観光指標（World Tourism Barometer）2019年1月号について」
https://unwto-ap.org/wp-content/uplads/2019/04/20190215_press-release_finsl.pdf
（2019年7月アクセス）

　2017年の世界の国際観光客の内訳を見ると，ヨーロッパ地域が一番多く6億7,200万人で，世界の国際観光客の約半分を占める。次いで，アジア・太平洋地域が3億2,300万人，アメリカ地域が2億1,100万人と続く。その中で，今後最も期待されているのはアジア・太平洋地域で，2030年までに4.9％増加すると予測されている。

　2018年は，ヨーロッパ地域が7億1,300万人と，前年比6％増となった。アジア・太平洋地域は3億4,300万人となり，これも前年比6％増と好調な成長を見せた。アメリカ地域は，2億1,700万人と，前年比3％と伸び悩んだ。これは，カリブ海でのハリケーンの影響が反映している（図表1−3参照）。2016年の国際観光客受け入れ者数の上位を占める5カ国はフランス，アメリカ，スペイン，中国，イタリアである。2017年は，スペインが2位，アメリカが3位となり順位が入れ替わった（図表1−4参照）。国際観光収入の面でも，アメリカとスペインは上位を維持する一方で，観光客数第1位のフランスは第5位に留まる。それに加え，近年，上昇傾向にあるタイ，中国と続く。

第1章 世界と日本の観光産業の現状　5

図表1－4　世界各国・地域への外国人訪問者数（2017年）

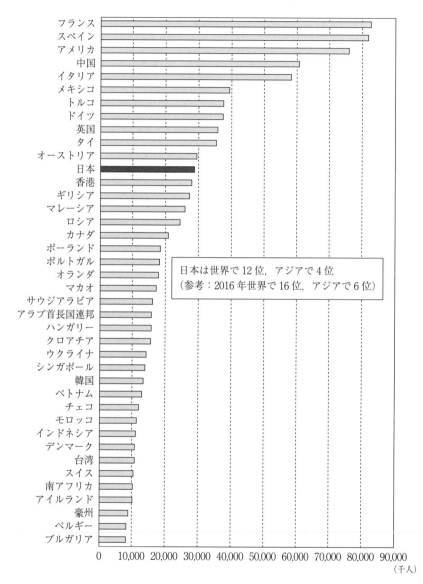

出所：日本政府観光局　https://www.jnto.go.jp/jpn/stotistics/visitor_statics.html（2018年9月アクセス）

アジア諸国は経済発展が著しい国々が多いので,今後も世界の国際観光客数の増加が予測される。増加していく国際観光客数をどのように日本に呼び込むかが重要である。

2016年の日本政策投資銀行の試算によると,1人当たりGDPが高いアジア諸国ほど海外に出国する傾向が強い[2]。経済発展と所得向上は海外旅行者数増大の重要な要素である。一般に,1人当たりGDPが3,000ドルを超えると,その国民は海外旅行に目を向け始めるといわれる。日本を訪れる観光客は圧倒的にアジア地域からが多いが,滞在日数も消費額も欧米の方が多いため,アジアの人々だけでは限りがある。政府目標である2020年に訪日外国人数4,000万人,2030年に6,000万人の訪日外国人数を達成するためには,世界全体の外国人が国籍に関係なく日本に訪れてもらえるような施策の実施が重要である。一

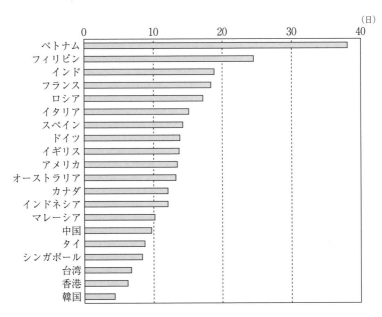

図表1－5　国籍別訪日外国人の平均滞在日数（2018年）

出所：観光庁「訪日外国人動向調査」より作成。
　　　https://www.mlit.go.jp/kankocho/siryou/toukei/syouhityousa.html（2019年7月アクセス）

般に，遠くに海外旅行に行く人々は，近くに海外旅行に行く人々よりも滞在期間が長く，消費額も多くなる傾向がある。2018年，訪日外国人の観光・レジャー目的旅行客平均滞在日数はベトナムやフィリピン，インドは知人宅での長期滞在者の割合が多いため平均日数が長くなっているが，韓国が4.4日，香港が6.3日，中国が9.7日と，アジアの国の滞在日数が少ない。これに対して，フランスが18.4日，イタリアが15.2日，スペインが14.3日，ドイツが13.9日とヨーロッパの国は10日間以上と比較的長い滞在日数となっている。また，オーストラリアが13.3日，アメリカは13.5日となっており，距離的に遠くの国から日本を訪れた場合に滞在日数が長くなる傾向がある（図表1－5参照）。それを反映して，訪日外国人の1人当たりの旅行支出をみると，アジアの国がヨーロッパやアメリカの国と比較して1人当たり旅行支出が少ないことがわか

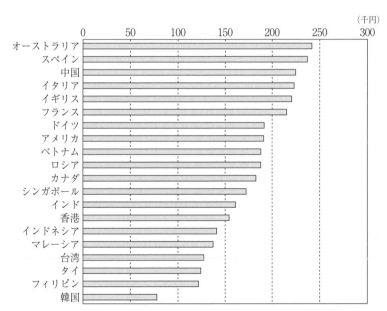

図表1－6　国籍別訪日外国人の1人当たり旅行支出（2018年）

出所：観光庁「訪日外国人動向調査」2018年（平成30年）の訪日外国人旅行消費額（確報）より作成。
　　　http://www.mlitgo.jp/common/001283138.pdf（2019年7月アクセス）

る。これに対して，第1位がオーストラリアで242,041円となっている（図表1－6参照）。ここから，距離的に近いアジアの国の旅行者は滞在日数が短いので1人当たり旅行支出が少なくなり，一方，距離的に離れているヨーロッパやオーストラリアの国の旅行者は滞在日数が長いため，訪日旅行1回での旅行支出が多くなっている。2018年，ヨーロッパからの訪日外国人数は172万人で全体の5.7％に過ぎない。政府目標の2020年までに訪日外国人数4,000万人，訪日外国人消費額8兆円，2030年に6,000万人，15兆円を達成するためには，上述したように，ヨーロッパ，アメリカ，オーストラリアなど遠くからの訪日観光客増加のための施策が重要である。

(2) 日本の観光産業の現状

我が国の観光産業は，今後の日本経済の成長の主要エンジンとなりつつある。「数字が語る旅行業2019」[3]によると，2016年では観光消費額の合計は26.4兆円であった。これがもたらす生産波及効果は53.8兆円にもおよび，付

図表1－7　訪日外国人数と日本人海外旅行者の推移

出所：日本旅行業協会「数字で語る旅行業2019」
　　　https://www.jata-net.or.jp/data/stats/2019/pdf/2019_sujryoko.pdf（2019年7月アクセス）

図表1－8　日本の旅行収支の推移

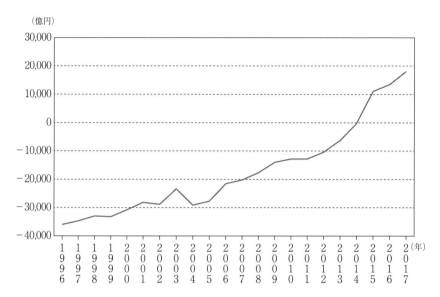

出所：財務省 HP「国際収支の推移」
https://www.mof_go.jp/international_policy/referenoe/balance_of_payments/bpret.htm（2018 年 10 月アクセス）

加価値効果は 26.7 兆円にも上る。また，観光産業は日本の総雇用の 3.6％に当たる 243 万人の雇用を生み出し，観光産業による波及効果を含めると総雇用の 6.9％に当たる 459 万人の雇用を生みだしている。そして，旅行消費による付加価値は 12.7 兆円で，GDP の 2.4％を占めている。以上のことから観光産業は他の産業への波及効果と雇用吸収力が極めて大きい産業であることがわかる。

　周知のように，近年，我が国への外国人観光客の訪問が増加している（図表1－7参照）。2016 年には初めて 2,000 万人を上回り，従来の政府目標であった「2020 年までに訪日外国人数 2,000 万人」は，すでに 2016 年に前倒しで達成された。2017 年にはさらに記録を更新し，過去最高の 2,869 万人となっている。5 年連続で過去最高を更新したため，政府は数値目標を 2020 年までに訪日外国人数 4,000 万人に上方修正した。2012 年までの 10 年間では毎年，訪日外国人数は 500 万人から 800 万人台で推移していたが，2013 年から右肩上がりに

増加し，2017年までの5年間で3.4倍上昇した。歴史的にみれば，1964年に海外旅行が自由化され，高度経済成長による所得の増加によって，日本人の海外旅行者が急増した。1971年には日本人の海外旅行者数が外国人観光客数を超え，以来，日本の観光産業は市場を拡大してきた。しかし，2013年になるとアジア各国を中心とした世界各国の経済発展，それに伴う所得増加で，2015年度に訪日外国人観光客数が日本人海外旅行者数を上回る現象が再び生じた。その結果，訪日外国人が日本で消費する金額から日本人旅行者が海外で消費する金額を差し引いて算出される旅行収支は2014年度に55年ぶりに黒字になり，その後も拡大が続いている（図表1-8参照）。2013年から大幅に訪日外国人が増加した要因としては，①安倍政権による観光振興政策の実施，②円安や株高，③日本に近いアジア諸国の経済成長によるアジアからの観光客の増加，④2003年から開始している訪日プロモーションの効果，⑤中国や香港や台湾などへのビザ発給要件の緩和，⑥LCC等の路線の拡大，クルーズ船寄港回数の増加などがあげられる。ちなみに，2018年になって地方空港へのLCCの新規就航が相次いでいる。ピーチ・アビエーションは沖縄・那覇―台湾・高雄の便を2018年4月に開設した。また，タイガーエア台湾は2018年10月に台北―茨城便を就航させ，香港エクスプレスは2019年1月に香港―長崎便を就航させている。

　近年，訪日外国人数が大幅に増加する中で，訪日外国人旅行消費額も大幅に増加している。2018年の訪日外国人の旅行消費額は総額で4兆5,189億円となり，2017年の4兆4,162億円を2.3%上回った。買い物に関する消費額の増加は，百貨店の免税売上高でも確認することができる。日本百貨店協会のインバウンド推進委員会によると，2018年7月の免税総売り上げは272億2,000万円で，前年同月比19.8%増加している。こうした中，訪日外国人の旺盛な消費需要に対応すべく，三越伊勢丹は2016年1月に三越銀座店8階に，同年4月に福岡三越9階にそれぞれ免税フロアを展開した。また，ロッテグループは，2016年3月に東急プラザ銀座店に，2017年には新関西国際空港と関西エアポートエージェンシーと共同で，空港免税店を出店した[4]。ちなみに，日本の免税店は2012年に比べて約10倍の40,000店を超えた。

消費額を国別でみると，中国人観光客の消費額が圧倒的に多い（図表1－9参照）。中国以外では韓国，台湾，香港，タイ，シンガポール，マレーシアなどの東南アジアの国々や地域が大幅な増加を示した。2015年から中国人観光客を中心に，「爆買い」という現象が生じ，中国人観光客の消費額が圧倒的に多いのはこの「爆買い」によるものだと考えられる。こうした要因の1つとして，2014年10月に免税制度が改正され，食品類や薬品類など多くの消耗品が免税対象品目に含まれたことがあげられる。消費額の内訳は，ほとんどが買い物代で占められているが，特に「医薬品・化粧品・トイレタリー」の消費額が急増している。また，2014年に消費税が5％から8％に引き上げられたことによって，外国人観光客にとって免税制度がさらに魅力的なものとなったのである。

図表1－9　2018年世界各国の旅行消費額

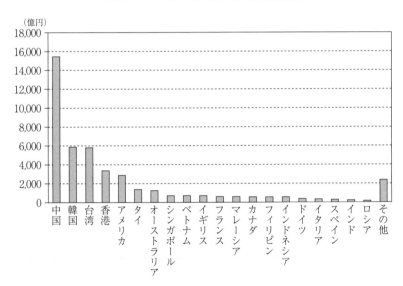

出所：観光庁2018年（平成30年）の訪日外国人旅行消費額（確報）より作成。
　　　http://www.mlitgo.jp/common/001283138.pdf（2019年7月アクセス）

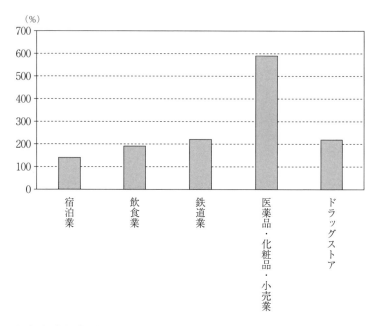

図表1-10　訪日外国人消費額の伸び率（2013年と2017年の比較）

出所：観光庁「平成30年度版観光白書について」
http://www.mlitgo.jp/common/0012373342.pdf（2018年10月アクセス）

　訪日外国人消費額の伸び率をグラフにした（図表1-10参照）。2013年と2017年を比較して，医薬品・化粧品・小売業が市場伸び率590.3％で圧倒的に高いことでそのことが裏付けられる。ちなみに，ドラッグストアでの消費も222.4％の高い伸びを示し，鉄道業が221.4％と続いている。その遠因として，多言語対応の観光案内所の設置や，多言語対応の情報ツールの拡充など，日本の情報収集を容易にする受け入れ環境を整備したことがあげられる。また，各鉄道会社が「富士箱根パス」，「Peach・京都観光きっぷ」などの企画乗車券を開発・販売したことも寄与している。しかし，近年，こうした「爆買い」を中心とする観光から体験型観光へと観光の目的が変化してきている。2020年の東京オリンピック・パラリンピックに向けてこれからますます訪日外国人が増加していくことが予想される。中国などの日本から距離的に近いアジア諸国の

観光客だけでなく，距離的に遠いヨーロッパ，アメリカ，オーストラリアなどの訪日観光客受け入れ拡大のための施策が求められている。日本政策投資銀行の2018年10月の調査によると，距離的に遠いヨーロッパ，アメリカ，オーストラリアの旅行客は，「日本庭園」「世界遺産」「ライフスタイル」に関心が高く，特にナイトライフに期待していることがわかる。ナイトクラブや夜景を見ることができるクルージングツアーなど，夜遅くまで開放している施設やイベントを増やすことが，遠くからの訪日外国人数を押し上げる有効な手段となるであろう。

2019年9月，世界経済フォーラムが国際競争力ランキングを公表した（図表1-11参照）。日本は2011年の22位，2013年の14位，2015年の9位から，2017年は順位を5つ上げ，過去最高の4位となった。上位10カ国をみると，ヨーロッパの国が多く，アジアでは日本がトップだった。次いで，オーストラリアが7位，中国が13位，香港が14位，シンガポールが17位と続いている。

この競争力指数は，大項目14個と小項目90個の平均値で示される。2017

図表1-11　観光競争力ランキング（2019年版）

1（1）	スペイン
2（2）	フランス
3（3）	ドイツ
4（4）	日　本
5（6）	アメリカ
6（5）	イギリス
7（7）	オーストラリア
8（8）	イタリア
9（9）	カナダ
10（10）	スイス

（注）　カッコ内の数字は前回調査2017年時の順位。
出所：世界経済フォーラム（WEF，本部スイス・ジュネーブ）。
　　　https://memorva.jp/ranking/world/wef_travel_tourism_
　　　competitiveness_report.php（2019年9月アクセス）

年日本が5つも順位を伸ばした要因は、「航空券の燃料サーチャージ・空港使用料」などが安くなり、価格競争力が前回の119位から94位にまで上昇した点にある。また、政府による観光産業の政策優先度（国がどれだけ旅行・観光産業を発展させることを優先事項としているか）も前回42位から16位に大幅に改善した。効果的な誘客キャンペーンの実施度（観光客を魅了するためのマーケティングやブランディングがどれだけ効果的だったか）も前回57位から27位へ上昇した。その他の高評価項目を見ると、交通インフラ整備や情報通信環境の利便性があった。日本は14個の大項目中10項目で順位を上げた。これが順位を5つも上げた要因である。

　しかし一方で、「環境面の持続可能性」は45位である。細かくみると、「PM排出度」が95位、「絶滅危惧種の動植物の増大度」が129位などである。観光先進国を目指す日本は、ヨーロッパの国々を凌駕すべく改善していかなければならない。東京オリンピック・パラリンピック、大阪万博など世界的な大型イベントを多数控え、大幅な改善を目標に努力が必要である。

　こうした訪日外国人の増加は、①消費、②輸出等の拡大、③地域経済の活性化、④経済成長へのプラスの効果が期待される。

　まず①消費への影響についてである。既述したように、2014年10月に免税制度が改正され、多くの消耗品が免税対象品目に含まれたことが外国人観光客の消費額の拡大につながった。長期的に旅行消費額を増加させるためには、免税制度の改正だけでなく、日本製品の魅力・認知度の向上によってファンやリピーターを増加させることが重要である。訪日時だけでなく、訪日前や帰国後の販売サービスなども必要である。例えば、越境ECを活用した日本食材のお取り寄せサービスや、海外の取引サイトを活用して海外消費者とつながるサービスを展開することなどである。これによって購入サイクルが構築されれば、長期的に消費額が増加する。また、2019年には消費税が10％に上がることが予定されており、駆け込み需要でますますの消費額増加が予想される。

　続いて②輸出等の拡大についてである。訪日時に日本商品を購入するにとどまらず、日本への観光がきっかけとなり訪日前や帰国後も越境ECを活用して日本の商品を購入する外国人が増加している。これは輸出の増加に寄与する。

特に紙おむつ，化粧品，ヘアケア商品は，日本での消費額とともに輸出額も増加している。2018年，日本貿易振興機構は，2017年に最大の訪日外国人数を占める中国人旅行者に意識調査を行った[5]。ちなみに，「中国・日本・アメリカ・イギリス・イタリア・フランス・ドイツ・韓国・タイのうち，今後行きたい国・地域はどこか」という問いに対し，1位は40.2％で日本，2位が39.9％でアメリカ，3位が37.4％でイタリア，4位が34.9％でフランスだった。2013年の調査開始以来，日本が初めて1位となった。中国人の旅行先の位置づけでは，日本は距離的な近さに加えて豊富な観光資源，充実した食文化が支持をされている要因である（図表1－12参照）。また，2014年にビザの発給要件が緩和されたことに加え，距離的にも近いため長期休暇でなくても週末に容易に往復できることが，アメリカを抜いた要因と考えられる。ちなみに，主な訪日目的としては，1位は「遊園地，テーマパーク，娯楽施設等で遊ぶ」（60.8％），2位は「食事」（51.7％），3位は「買い物」（50.6％）だった。日本商品の購入については，越境ECでの購入経験者が67.7％だった。越境ECを利用する理由は，「中国では販売されていない商品だから」，「日本に旅行したときに購入して気に入った製品だから」などが上位となり，約40％が訪日観光がきっかけと答

図表1－12 中国人の主な旅行先の位置づけ

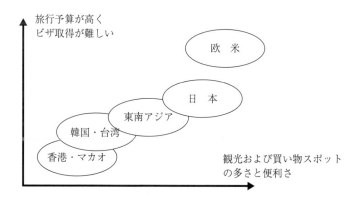

出所：日本政策投資銀行「中国人の海外旅行の拡大と旅行先としての日本」
https://www.dbj.jp/ja/topics/report/2016/files/0000026691_files2.pdf
（2018年11月アクセス）

えた。前年と比較し，訪日旅行時に購入した商品を再度購入した割合が22.7％から40.4％に増加した。平成30年度観光白書によると，2017年の越境ECの購入規模は，推計で約8,000億円だった。

訪日中国人は，初めての訪日客の割合が高く，個人旅行の割合が低いため，今後リピーターを中心とする個人客の増加が見込まれる。顔認証制度の導入など入国審査の効率化が求められている。所得水準は高いが，訪日人数が低い地域への誘致戦略の強化も重要である。

続いて，③地域経済の活性化については，外国人観光客を増加させるだけでなく，その観光客による消費を地域産業へと波及させることが重要である。従来，訪日外国人観光客の訪問先は東京，大阪，名古屋の3大都市圏中心であった。2017年の日本国内の延べ宿泊者数は，4億9,819万人（前年比1.2％増）となった6）。中でも，外国人延べ宿泊者数は7,800万人（前年比12.4％増）であった。2018年1月の外国人延べ宿泊者数は627万人となり，調査を開始した2007年の同時期と比較して約4倍となった。しかし近年，地方に分散しつつある。都道府県別に見ると，東京は前年同月比で4.9％減，大阪府で13.6％増となるなど，3大都市圏全体では前年同月比2.4％減となった。

一方で，地方部では東北地方などを中心に伸び，地方部全体で前年同月比5.4％増となった。地方ブロック別の外国人延べ宿泊者を国別でみると，中国からの宿泊者は北海道・関東・中部・近畿の4地方，韓国からの宿泊者は九州・沖縄の2地方，台湾からの宿泊者は東北・北陸信越・中国・四国の4地方で最も高い比率を占めた。既述したように，日本に訪れる外国人観光客は，中国，韓国，台湾などアジアからの観光客が多い。アジアの海外旅行者は「安い・近い・短い」を重要視しているが，日本はこれに合致している。観光庁が発行する「訪日外国人消費動向調査」によると，個人で旅行をする人が特に多い韓国は，2016年訪日観光客全体の87.8％が個人旅行だった。台湾も個人旅行客が64％と団体旅行客を上回るようになった。近年，ビザの発効要件が緩和された中国も，2016年には個人旅行客が団体観光客を上回った。訪日外国人の個人旅行客が増加している現在，ホテルや旅館ではなく，民泊やゲストハウスを選択する傾向がある。民泊については，2017年6月に「住宅宿泊事業

第1章 世界と日本の観光産業の現状 17

法」が成立し，2018年6月に施行され民泊が合法化された。宿泊施設が不足しているといわれている中で，民泊を有効活用することが重要となる。

また，2014年の免税制度の改正は地方経済に対しても大きな恩恵をもたらした。これまで外国人は地方の中核都市にある家電量販店など一部の店舗のみしか免税制度の恩恵を受けることができなかった。この法改正で，大多数の店舗で免税制度が利用できるようになった。この改正では免税対象品目が大幅に増え，地方観光地の土産物や名産品にも適用できるようになったことが大きな利点である。2016年の免税制度の改正では，免税の対象となる最低金額が，一般商品10,000円超，消耗品5,000円超から，一般商品，消耗品ともに5,000円以上に引き下げられた。これによって，地方の民芸品や工芸品を購入しやすくなり，地方での消費の拡大がもたらされている。加えて，海外への直送手続きも簡易化された。従来は，免税対象商品を自宅や空港などへ送る場合，購入記録表の作成等々，免税手続きに手間がかかっていた。今回，それを省略しパスポートの提示と運送契約書の写しの提出だけで海外発送が可能となった。こうした免税制度の改正は，訪日観光客が地方へ足をのばすきっかけとなり，安定的なリピーターの確保につながることが期待されている。

政府目標を達成するためには，リピーターの獲得が絶対条件であるが，リピーターについては観光庁が発行した「訪日観光旅行客の意向調査」がある。これによると，訪日経験が増加するほど，日本各地へ訪れる意欲が高まることがわかっている。初めての訪日観光では，東京・名古屋・京都・大阪をはじめとするゴールデンルートが中心となっている。訪日回数が多くなるにつれ，次第に地方訪問率が上昇する傾向にある。アメリカ，ヨーロッパ，オーストラリアなどから訪れる旅行者はゴールデンルートをはじめ広島，沖縄などの訪問意欲は高いが，それ以外の観光地への訪問意欲は概して低い。2018年の訪日外国人の都道府県別訪問率では，多くの国の旅行者が東京都，千葉県，大阪府，京都府を中心にゴールデンルートに偏って訪問しており，それ以外の地方の都道府県の訪問率は低くなっている（図表1－13参照）。また，リピーターへの調査では，訪れた観光地へ「ぜひ再度旅行したい」，「機会があればぜひ再度旅行したい」と答えた人が93％にのぼった。特に，アメリカ，オーストラリアか

らの旅行者で，「以前，地方に訪れたことがあり，今後もぜひ旅行したい」と
答える旅行者の割合が，前回調査と比較して大幅に上昇している。外国人旅行
者は一度日本に訪れると，「日本らしさ」に触れたいと思うようになり，地方
独自の文化・歴史を知るためにリピーターになり地方に訪れることが多くなる
のである。

　地方に外国人観光客が増えている一方で，課題も見えてきた。観光関連産業

図表1－13　国籍別訪日外国人都道府県別訪問率

	1位	2位	3位	4位	5位	6位	7位
中　国	東京都 (55.6)	大阪府 (54.3)	京都府 (37.8)	千葉県 (35.8)	奈良県 (18.1)	愛知県 (16.0)	静岡県 (10.7)
韓　国	大阪府 (31.7)	福岡県 (25.2)	東京都 (19.7)	京都府 (15.9)	千葉県 (14.8)	大分県 (10.3)	北海道 (8.4)
台　湾	東京都 (31.5)	千葉県 (28.6)	大阪府 (25.7)	京都府 (18.1)	沖縄県 (14.9)	北海道 (10.8)	奈良県 (8.4)
香　港	東京都 (32.8)	大阪府 (32.5)	千葉県 (28.8)	京都府 (19.2)	福岡県 (10.7)	北海道 (8.5)	沖縄県 (8.5)
アメリカ	東京都 (78.0)	千葉県 (64.3)	京都府 (29.9)	大阪府 (27.2)	神奈川県 (16.3)	広島県 (8.0)	愛知県 (5.5)
タ　イ	東京都 (52.1)	千葉県 (48.7)	大阪府 (28.7)	京都府 (16.7)	北海道 (14.2)	山梨県 (13.0)	愛知県 (7.7)
オーストラリア	東京都 (85.7)	千葉県 (67.7)	京都府 (44.4)	大阪府 (43.9)	広島県 (17.8)	長野県 (14.0)	神奈川県 (12.6)
シンガポール	東京都 (65.6)	千葉県 (41.4)	大阪府 (36.0)	京都府 (27.0)	北海道 (11.1)	神奈川県 (8.4)	愛知県 (7.4)
ベトナム	東京都 (64.3)	千葉県 (46.8)	大阪府 (40.4)	京都府 (24.2)	愛知県 (22.3)	山梨県 (17.5)	神奈川県 (10.7)
イギリス	東京都 (94.9)	千葉県 (59.3)	京都府 (30.3)	神奈川県 (18.9)	大阪府 (18.3)	広島県 (10.8)	長野県 (6.6)

出所：日本旅行業協会「数字が語る旅行業2019」
　　　https://www.jata-net.or.jp/data/stats/2019/pdf/2019_sujryoko.pdf（2019年7月アク
　　　セス）

の不足と未成熟さである。特定の産業だけが儲かるのではなく、外国人観光客の消費が地域全体に波及することが重要である。例えば、ホテル産業である。地方のホテルで出される食事には、その土地の食材を使い、その土地の地酒を提供する。可能な限り、皿も地元産のものを使うようにする。さらに、増築・改装を地元の工務店に頼んだり、従業員もその土地出身から雇用したりする。こうすることで、外国人観光客のさまざまな需要を、その地域で循環することができる。地域全体で協力し、世界と直接向き合う街づくりをしなければ地域活性化にはつながらないのである。

最後に④経済発展への影響についてである。訪日外国人数が毎年、過去最高を更新し続ける現在、観光産業が日本の経済成長に貢献している点は間違いないことである。観光庁が発行した「平成30年度観光白書」によると、2016年時点で観光産業のGDPが10.5兆円に上ると試算されている。観光GDPは、観光関連産業の付加価値をまとめたもので、2012年から2016年の名目GDP増加額40兆円のうち、観光GDPは2兆円増加した。この間の日本の名目GDPの伸び率の約4.5％を占めている。さらに2012年から2016年の名目GDP成長率をみると、観光GDPは23.0％で、自動車産業とともにトップクラスであった[7]。一方で、インバウンド消費の対名目GDP比の国際比較をみると、タイは12.0％、韓国は1.2％だが、日本は0.6％で世界的には低い水準である。周知のように、アジア諸国にとって距離的に遠い国々の人々のほうが消費額が多い傾向にある。人口減少に伴い労働力人口も減少し、日本経済が停滞する中で、これから経済を維持・発展していくためにも観光による地域経済の活性化は重要である。

2017年の訪日外国人数の内訳を見ると、中国が736万人で全体の25.6％を占めており、次いで、韓国が714万人（24.9％）、台湾が456万人（15.9％）、香港が223万人（7.8％）である。ちなみに、2018年の訪日外国人の内訳は中国が838万人（26.8％）、韓国が753万人（24.1％）、台湾が475万人（15.2％）、香港が220万人（7.0％）となっており、2010年と比較すると、アジアからの訪日客が大幅に増加していることがわかる（図表1－14参照）。国連世界観光機関（UNWTO）によると、海外旅行者の8割は域内旅行で、アジアの旅行者はアジ

図表1−14　訪日外国人の国・地域別シェア（2010年と2018の比較）

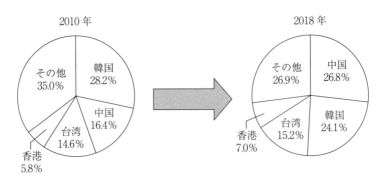

出所：日本政府観光局「訪日外客数の動向」
http://www.jnto.go.jp/jpn/statistics/visitor_trends/index.html （2019年7月アクセス）

ア域内に行く傾向がある。

　日本の外国人観光客の人数は，世界的にみると，低い水準にある（図表1−4参照）。日本と諸外国を比較すると2016年は16位だったが，2017年は4つ順位を上げ，12位となった。アジアでは，6位から4位に上昇した。ランキング1位のフランスは8,260万人，2位のスペインは8,176万人，3位のアメリカは7,586万人となっており，日本はそれらの国と比較すると人数の面では大きく見劣りする。日本の国土は海に囲まれており，陸路で入国することができないという島国の特性がここに表れている。最近は，京都観光なのに京都に泊まれなかったり，大型バスが道路を埋め尽くしていたりといったオーバーツーリズムの課題が浮き彫りになっている。日本政府は，2020年までに訪日外国人数を4,000万人にすると上方修正した。訪日観光客を増加させるためには効果的なプロモーションを行うことも重要であるが，日本に入国してからのハード・ソフト両面での受け入れ態勢の整備，交通インフラの拡充が急務であるといえる。2019年1月から年500億円の税収が見込まれている「国際観光旅客税」，いわゆる「出国税」（図表1−15参照）が導入されたが，この税収を有効に活用して上記の問題の解決に積極的に取り組む必要がある。

図表1－15　国際観光旅客税（出国税）の仕組み

```
┌─────────────────────────────────────┐
│ ●納税義務者                          │
│     日本を出国する人                 │
│   ・日本人，外国人を問わない         │
│   ・2歳未満や24時間以内の乗り継ぎ客は対象外 │
└─────────────────────────────────────┘
              ↓ 1人あたり1,000円
┌─────────────────────────────────────┐
│ ●徴収方法                            │
│     航空会社や船会社などがチケット代に上乗せ │
└─────────────────────────────────────┘
              ↓ 一括して国に納付
┌─────────────────────────────────────┐
│ ●使い道                              │
│   ・快適に旅行できる環境整備         │
│   ・多様な情報の提供                 │
│   ・体験型滞在の満足度向上           │
└─────────────────────────────────────┘
```

出所：読売新聞2019年1月8日の図表と国税庁「国際観光旅客税」の図を筆者が加筆・修正。
https://www.nta.go.jp/publication/pamph/kansetsu/kanko/index.htm （2019年1月アクセス）

（3）日本の観光産業の強化策

　我が国は，観光振興に欠かせない「自然・文化・気候・食」の4つの条件を兼ね備えた世界でも数少ない国である。これらの観光資源を有効に活用することで，日本が「観光先進国」となる可能性が高くなる。「観光先進国」については，観光庁が発行した「明日の日本を支える観光ビジョン」において，全国津々浦々その土地ごとに，日常的に外国人旅行者をもてなし，我が国を舞台とした活発な異文化交流を促進し，真に世界へ開かれた国となることの重要性が強調されている。

　2020年の東京オリンピック・パラリンピックや2025年の大阪万博など国際的なイベントを控え，今後も外国人観光客の増加が見込まれている。日本が世界規模で「観光先進国」となるためには，観光資源の魅力を効果的に発信し，訪日外国人の増加へつなげる工夫と努力が不可欠である。そして観光産業が地

方に雇用を生み出し，人を育て，国際競争力を高めることが重要である。具体的には，今後の観光産業の展開として，①2020年東京オリンピック・パラリンピックを見据えた観光振興，②訪日観光客の飛躍的増加に適応した取り組み，③世界基準の魅力ある観光地づくりの3つである。

　まず①2020年東京オリンピック・パラリンピックを見据えた観光振興についてである。東京オリンピック・パラリンピックなどの国際的な大型イベントは，我が国の豊かな自然や文化の魅力を世界に発信する重要な機会となる。開催国としての国際的注目度を活かした訪日プロモーションの実施を精力的に行う必要がある。外国からの来訪者が，首都圏をはじめとした競技開催地だけでなく日本各地に訪れてもらえるような取り組みが重要となる。例えば，日本全国に訪れることが可能な専用の乗車券の開発などが望まれる。このような日本全国にオリンピック・パラリンピックの波及効果をもたらすための創意工夫と戦略が必要である。

　また，国際的な大型イベントを観るために訪日する外国人観光客に対しての受け入れ環境の整備も早急に進める必要がある。2020年の東京オリンピック・パラリンピック開催に伴い，多数のビジネスジェットが首都圏の空港をはじめとした日本各地の空港に降り立つことが予測されている。そのためには，羽田・成田空港以外の空港でビジネスジェットの需要を受け入れるための環境整備を早急に進める必要がある。さらには二次交通，すなわち空港から目的地へのアクセスの拡充も重要となる。交通機関の24時間運行や深夜の割引運賃の導入なども有効となろう。

　空港から都心へ向かう電車内で情報収集や発信ができるように，多言語対応の無料Wi-Fiの整備や充実，無線LAN接続と同時に，日本に関するコンテンツを表示するなど信頼性の高い情報を外国人観光客に提供することも忘れてはならない。電車内だけでなく，外国人観光客が多く訪れる有名観光地にも無線LANの設置を徹底し，情報収集の利便性を高める必要がある。インターネットやスマートフォンが大幅に普及し，情報化が急速に進展する今日において，このような無料Wi-Fi，無線LANの設置は不可欠である。また，スマホ決済に慣れ親しんだ訪日中国人を招く仕組みとして，スマホ決済の導入も重要であ

る。都内のある土産物店によると，アリペイを使う中国人客の1回当たりの決済単価が，現金決済を含む中国人客の平均額の2.6倍となっている。このことはスマホによる支払いには消費を促しやすい点があることを示している。外国人旅行者が活動しやすい環境を整えることで，他の外国人旅行者を呼び寄せるアナウンスメント効果も期待できる。訪問先の通信環境が良ければ，そこで起こった感動や印象をすぐにSNSに投稿し，多くの言語で世界中に発信できる。

　観光協会や外国人観光案内所などと連携しながら，外国人旅行者への観光情報の提供を拡大し，通訳ボランティアの養成などによって外国人が不自由を感じないような体制の構築が求められている。また，案内標識や観光施設などさまざまな場所の表示の多言語化を早急に整備しなければならない。例えば，鉄道事業者による駅施設や車両などの案内表示の多言語化の取り組みを促進することが必要である。その際，外国人の利用者目線で，乗り換えの際に必要な鉄道事業者同士の調整や，鉄道施設を出た後の地下街などの関係者等との連携によって，わかりやすい案内表示の整備を徹底しなければならない。

　誰もが安心して旅行できるように，日本全国で高齢化に対応した，バリアフリー化を進めることも必要である。さまざまなタイプの障害者や高齢者の目線に立って，ハード・ソフト両面でのバリアフリー対応をより一層強化しなければならない。

　次に，②訪日観光客の飛躍的増加に適応した取り組みについてである。我が国の政府目標である2030年までに訪日外国人数6,000万人を達成するためには，上述したような施策に加えて，これまで以上に効果的なマーケティングを行い，我が国が世界に誇るコンテンツを質の高い日本ブランドとして作り上げ発信することが重要である。エンターテインメントやファッション，アニメなどのさまざまな業界にインバウンド推進の担い手を広げ，新たな取り組みを促進することが不可欠である。

　続いて，③世界基準の魅力ある観光地づくりについてである。全国各地でそれぞれの地域や自治体が一体となって，日本の魅力を観光資源として磨き上げ，効果的に世界に発信し，魅力ある観光地づくりを進めることが必要である。その際に，各地域においてその地域の歴史や文化，自然などの観光資源や

特産品などの強みを踏まえた戦略が重要である。例えば，我が国の歴史や伝統が溢れる公的施設を一般開放・公開し，国内外へ発信する。日本の「文化財」を「保存優先の支援」から「文化財を活用する取り組みへの支援」に転換することが重要である。文化財を改修・美装化し，多言語対応のわかりやすい解説と案内板を設置し，「質」の向上を目指すべきである。外国人にもわかるように丁寧な解説を加えることによって，我が国の歴史や伝統の背景を知ってもらうことが重要である。そうすることで，多くの外国人観光客が訪れて活気あふれる観光地は，日本人にとってもその魅力が再認識されることになる。

3　おわりに

　訪日観光客のさらなる拡大のためには，受け入れ環境の整備・拡充が極めて重要である。今後，増加が期待されている訪日外国人に対応できるような出入国管理体制の構築が重要である。2016 年 10 月に，待ち時間を活用して前倒しで個人情報を取得する「バイオカート」[8] を導入した。これの導入による出入国審査の迅速化を図っている。その他，税関審査場電子申告ゲートや高性能のX 線装置の施設整備など，最先端技術を活かした受け入れ体制を導入することになっている。

　訪日外国人の受け入れについて国土交通省は，羽田空港の昼の時間帯の国際線発着回数を，現在の年約 6 万回から 2020 年に約 9 万 9,000 回にまで引き上げることとした。また，2017 年に 252 万人だったクルーズ船の訪日外国人数を 2020 年に 500 万人にまで引き上げるため，ターミナル整備を進めることにしている。

　その他，地震や台風といった災害が多い日本では，外国人に対する災害対策も重要である。日本政策投資銀行が 2018 年 10 月に行った調査によると，訪日外国人の 30% が訪日観光の際に不安を感じる一因として「地震が起こるかどうか心配」とあげている[9]。ちなみに，北海道胆振東部地震において，地震に関するさまざまな情報（避難場所，交通網の現状，食料の確保の方法など）が，外国人に対して十分に提供されず，スマホの充電にも事を欠き，多くの観光客が困

難に陥ったことが伝えられている。

　地震や台風，病気などの際に，外国人観光客が困らないような多言語で作成したマニュアル，および避難所，病院，役所などを網羅した多言語表記のマップを海外からの観光客に配布するなど早急に対応すべきである。

※本稿は，城西大学経済経営紀要第 37 巻（2019 年 3 月）掲載の「観光産業の国際競争の激化と日本の強化戦略―沖縄国際観光特区の現状と課題を中心として―」を加筆修正したものである。

【注】

1）国連世界観光機関「世界観光指標（World Tourism Barometer）2019 年 1 月号について」。
　https://unwto-ap.org/wp-content/uploads/2019/04/20190215_press-release_final.pdf
　（2019 年 7 月アクセス）
2）日本政策投資銀行「訪日外国人旅行者とインバウンド消費の動向」。
　https://www.dbj.jp/ja/topics/report/2015/files/0000021714_file3.pdf（2018 年 10 月アクセス）
3）日本旅行業協会「数字が語る旅行業 2019」。
　https://www.jata-net.or.jp/data/stats/2017/pdf/2017_sujryoko.pdf（2018 年 9 月アクセス）
4）日本政策投資銀行「訪日外国人旅行者とインバウンド消費の動向」図 3 - 3。
　https://www.dbj.jp/ja/topics/report/2015/files/0000021714_file3.pdf（2018 年 10 月アクセス）
5）日本政策投資銀行「中国人の海外旅行の拡大と旅行先としての日本」。
　https://www.dbj.jp/ja/topics/report/2016/files/0000026691_file2.pdf（2018 年 9 月アクセス）
6）国土交通省観光庁「平成 30 年版観光白書について（概要版）」p.11。
　http://www.mlit.go.jp/common/001237304.pdf（2018 年 10 月アクセス）
7）国土交通省観光庁「平成 30 年版観光白書について（概要版）」p.23。
　http://www.mlit.go.jp/common/001237304.pdf（2018 年 10 月アクセス）
8）入国管理局では，2016 年 10 月 1 日から，上陸審査待ち時間を活用して前倒しで個人識別情報を取得するための機器（バイオカート）を関西空港，高松空港および那覇空港に導入している。2017 年 4 月 15 日からは成田空港など 12 空港において，2018 年 5 月 1

日からは北九州空港および大分空港においても運用を開始している。

9）日本政策投資銀行「2018 年自然災害からの復興と課題～地域と産業のレジリエンス構築に向けて～」。

https://www.dbj.jp/ja/topics/region/industry/files/0000031505_file2.pdf（2018 年 12 月アクセス）

参考文献

国土交通省観光庁（2016）「明日の日本を支える観光ビジョン」.

国土交通省観光庁（2018）「近年のインバウンド増加がもたらす経済・地方へのインパクト」.

国土交通省観光庁（2018）「平成 30 年度観光白書について（概要版）」.

国連世界観光機関「UNWTO Tourism Highlight 2017 Edition」.

国連世界観光機関「UNWTO Tourism Highlight 2018 Edition」.

デービッド・アトキンソン（2017）『世界一訪れたい日本のつくりかた』東洋経済新報社.

内閣府「日本再興戦略 2016」.

日本旅行業協会（2019）「数字が語る旅行業 2019」.

中村好明（2017）『儲かるインバウンドビジネス』日経 BP 社.

村山慶輔（2016）『インバウンドビジネス入門講座』翔泳社.

安田信之助編著（2014）『地域発展の経済政策』創成社.

安田信之助編著（2015）『日本経済の再生と国家戦略特区』創成社.

第2章
地域経済の活性化と沖縄県の観光戦略

1　はじめに

　沖縄県は2014年に，国際観光特区として国家戦略特区に指定された。国家戦略特区とはアベノミクスの「第3の矢」である成長戦略の1つであり，地域経済の創生をはかることが主な目的である。また，沖縄県の観光において，観光客数，観光収入ともに増加傾向にあり，2017年に沖縄県の入域観光客数が，過去最高の939万6,200人を記録し，初めてハワイの入域観光客数938万人を超えた。沖縄県は，2020年度までに観光客数1,200万人，観光収入1兆1,000億円を目標に掲げている。

　2020年に東京オリンピック・パラリンピックが開かれ，日本のみならず沖縄県にもより多くの観光客が訪れることが予測される。アジアに近いという地理的優位性を活かし，観光客の増加につなげられるかが重要な焦点となっている。

　本章では，沖縄県の観光産業の現状と課題について分析し，独自のアンケート調査を踏まえて，沖縄県観光産業の今後の課題と政策方向について論ずる。

2　沖縄県における観光産業の現状と課題

(1) 沖縄経済に占める観光産業の比重と役割

　沖縄県の経済は，周知のように観光産業が大きな比重を占めている。県内のGDP（名目）は，2015年現在で4兆1,416億円であり[1]，そのうちの6,022億円（14.5%）が観光収入である。沖縄県の経済を産業別構造でみると，2015年現在，第一次産業が1.3%，第二次産業が14.5%，第三次産業が84.4%である。ここか

らもわかるように沖縄県は第三次産業に大きく依存しており，農業や製造業の割合は極めて低い。観光産業を中心とする第三次産業の重要性が認識できる。沖縄県の観光産業が生み出す雇用効果についても，2017年現在142,734人であり，この数は沖縄県の全体の就業者数 667,000人の 21.3％を占めている。このように，観光産業の経済効果は県内の経済において大きな比重を占めている（図表2－1参照）。

　観光収入は1972年の統計開始年から現在まで右肩上がりで増加したが，2008年にはリーマンショックの影響を受け，一時減少した（図表2－2参照）。その後，順調に回復し，2016年は過去最高の 6,979億 2,400万円の観光収入を記録した。加えて沖縄県への入域観光客数についても，2017年に過去最高の939万 6,200人を記録し，初めてハワイへの入域観光客数 938万人を超えた（図表2－3参照）。

図表2－1　2017年度沖縄県における旅行・観光の経済波及効果

県内への経済波及効果1兆 1,700億円（2015年度より＋1,451億円）
（直接効果・1次間接波及効果＋2次波及効果）

●直接効果 6,912億円（2015年度より＋830億円）
　観光客の消費のうち県内観光産業に残るお金
●1次間接波及効果 3,144億円（2015年度より＋427億円）
　観光産業と関連のある産業の売上増加など
●2次間接波及効果 1,644億円（2015年度より＋194億円）
　雇用者所得の増加による消費活動の活発化から，さらなる県内産業の生産増加

県外への漏出
881億円
（2015年度より＋46億円）

雇用効果 142,734人（2015年度より＋16,985人）
直接効果，1次・2次間接波及効果により，新たに創出された雇用効果

出所：沖縄県文化観光スポーツ部観光政策課『2017年度沖縄県における旅行・観光経済波及効果』
　　　https://www.pref.okinawa.jp/site/bunka-sports/kankoseisaku/documents/n29_economic_effect_20180925.pdf より作成。

第 2 章　地域経済の活性化と沖縄県の観光戦略　29

図表 2 − 2　沖縄県における観光収入（左軸）と観光客 1 人当たりの観光収入（右軸）

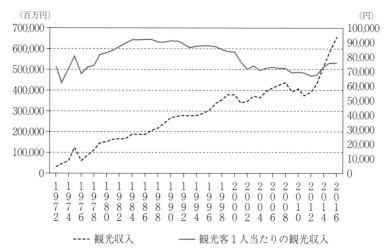

出所：沖縄県「平成 28 年度版観光要覧統計データ集」より作成。
　　　http://www.pref.okinawa.jp/site/bunka-sports/kankoseisaku/kikaku/
　　　sports/yourann//h29nenndogaikyou.pdf（2018 年 10 月アクセス）

図表 2 − 3　沖縄県の入域観光客数の推移

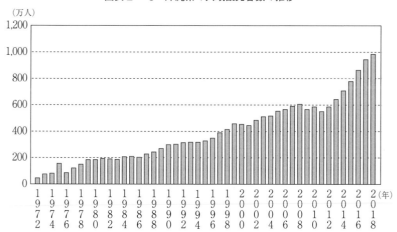

出所：沖縄県「平成 29 年度版観光要覧統計データ集」，「平成 30 年度沖縄県入域観光客統計
　　　概況」より作成。
　　　https://www.pref.okinawa.jp/site/bunka-sports/kankoseisaku/kikaku/report/
　　　youran/h29kankoyouran.html（2019 年 2 月アクセス）
　　　https://www.pref.okinawa.jp/site/bunka-sports/kankoseisaku/kikaku/report/
　　　statistics/tourists/dpocuments/h29nenndogaikyou.pdf（2019 年 2 月アクセス）

図表2−4 アジアゲートウェイとしての沖縄の立地

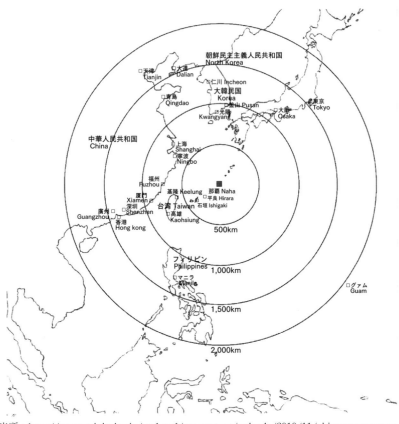

出所:http://www.trinityinc.jp/updated/wp-content/uploads/2010/11/okinawa-map.png

　この記録の背景には,円安やアジア・ゲートウェイとしてのアジアに近いという地理的優位性などが大きく寄与している。那覇市から2,000km圏内には,東京,ソウル,北京,上海,台北,マニラなどアジア諸国の主要都市が位置している(図表2-4参照)[2]。しかし,1人当たりの観光収入をみると,2000年の83,863円を境に減少傾向にある。2016年では75,763円であった。その理由は,1人当たりの滞在日数が以前に比べて減ったことや,宿泊やリゾート施設などでの支出が減ったことがあげられる。実際に,沖縄県の入域観光客の2017年度の平均滞在日数は3.75日である。一方で,ハワイにおける入域観光

客の 2017 年の平均滞在日数は 8.95 日で，沖縄県の倍である。ちなみに，沖縄県の 2017 年度の観光客 1 人当たり平均消費額は 7 万 2,284 円である。一方で，ハワイの観光客 1 人当たり平均消費額は 2017 年で約 19 万 6,000 円であり，沖縄県の 2.7 倍である。

　沖縄経済の核となっている観光産業をさらに発展させるためには，リピーターの獲得はもちろんのことビギナーの割合を増やし，1 人当たりの消費を大きくさせることが必要となる。そのためには天候や季節に左右されないコンテンツの開発や，外国人観光客向けのさらなるインフラ整備が重要となってくる。

　このような状況下において，沖縄県は 2014 年に，「国際観光ビジネス振興」，「沖縄科学技術大学院大学を中心とした国際的なイノベーション拠点の形成」を目指す国際観光特区として国家戦略特区に指定された。国家戦略特区とは，アベノミクスの「第 3 の矢」である成長戦略の 1 つである。特定の地域や分野を設定して規制緩和や税制上の優遇措置を行うことにより，地域経済の創生をはかることが主な目的である。2020 年に東京オリンピック・パラリンピックの開催によって，日本が世界からの注目を集めることになる。そこで沖縄県はアジア・ゲートウェイとしての地理的優位性を活かし，アジア地域，とりわけ世界各国からの観光客の増加につなげる必要がある。2020 年の東京オリンピック・パラリンピック開催やその先に向けて，特区を有効に活用して外国人観光客を受け入れる体制を今からしっかりと整えること，そして，外国人観光客だけではなく，日本国内の観光客に向けても改めて沖縄の魅力をアピールすることが必要である。

(2) 沖縄県における国内観光客の受け入れ動向

　沖縄への国内観光客の入域者数は近年，上昇傾向にある（図表 2 - 5 参照）。2012 年の国内観光客は 545 万 9,100 人であったが，2018 年には 693 万 8,600 人まで増加した。直近の 10 年間をみると，リーマンショックによる世界的な不況を機に大幅に減少してしまった。この金融危機に伴う円高によって，日本国内の観光客が格安となった海外を目指したのである。その他にも 2009 年には新型インフルエンザ流行に伴う影響や，2011 年の東日本大震災による自粛ムー

図表2−5 沖縄県の国内入域観光客数推移

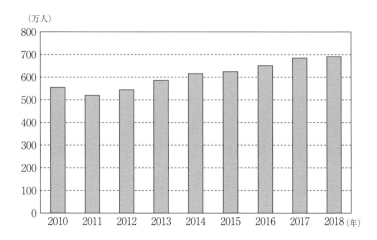

	2010	2011	2012	2013	2014	2015	2016	2017	2018
国内客	5,557,400	5,199,100	5,459,100	5,862,900	6,164,800	6,261,800	6,531,000	6,854,000	6,938,600

出所：沖縄県ホームページ「入域観光客数」より作成。
https://www.pref.okinawa.jp/site/bunka-sports/kankoseisaku/14734.html（2019年2月アクセス）

ドなどによって観光客が減少した。

　2013年になるとアベノミクス効果による円安で，海外旅行から国内旅行へ転換が生じ，沖縄への観光客の増加につながった。これは，台風の接近が減ったことや沖縄のプロモーション活動による効果も観光客増加の要因の1つである。また，2012年下半期からは，LCCの参入やクルーズ船の寄港の増加などの寄与があった。加えて，5月や6月などのオフシーズン期に行うスポーツツーリズムやエコツーリズムなどの新規市場開拓により，入域観光客数が上昇に転じたのである。沖縄県那覇空港のLCCは現在，国内線38都市，国際線13都市と結んでいる。Peachは関西，福岡，スカイマークは羽田，茨城，中部，神戸，福岡，ジェットスタージャパンは成田，関西，中部，バニラエアは成田，ソラシドエアは中部，神戸，宮崎，鹿児島，石垣などとなっている。また，特に最近のLCCの拡充により，幅広い層を取り込むことにも成功してい

る。実際に 2017 年内での LCC 利用率は，20 代から 40 代の利用が特に多かった。比率で表すと，20 代が LCC 利用者の中で 16.0%，30 代が 16.3%，40 代が 28.2% となっている[3]。

　2017 年の県外からの観光客の消費単価をみると，レガシーキャリアを利用する観光客は 1 人当たり 73,153 円であるが，LCC 利用者は 62,644 円となっており，1 万円程度の差が発生している[4]。消費の内訳でみると，一番差が出ているのが土産などの買物にかかる費用である。LCC 利用者は 11,199 円であるのに対し，レガシーキャリア利用者は 14,050 円となっており，その差は約 3,000 円である。宿泊費についても，LCC 利用者はレガシーキャリア利用者よりも出費を抑える傾向にある。リゾートホテルなどの高級ホテルで宿泊する LCC 利用者は，全体の 37.2% とあまり多くはない。地元のリゾートホテルは，LCC で交通費を節約した分を現地での贅沢にまわすと考えていたが思惑通りにはいかなかった。しかし，宿泊日数については，レガシーキャリア利用者が 2.74 泊だったのに対して，LCC 利用者は 2.94 泊と若干長くなっている。一方，飲食費や娯楽費についてはあまり出費額に変わりがない。このことから LCC 利用者はコストを重視しつつ，消費するところはピンポイントで，長い期間，沖縄に滞在をすることを目的としているパターンが多いことが読み取れる。また，旅行形態をみると，LCC 利用者の 82.9% が時間の融通が利く個人旅行を選択するといった特徴がある。LCC 利用者は特に若年層が多いため，若いうちから沖縄のファンになってもらい，将来のリピーターとなってもらうことが重要である。

（3）沖縄県への海外からの観光客の動向

　2018 年，海外から沖縄に訪れる入域観光客数は 290 万 3,800 人となり，11 年連続で過去最高となった（図表 2 − 6 参照）。対前年比で 36 万 1,600 人，率にして 14.2% の増加となった。2018 年，沖縄に訪れる外国人観光客の内訳としては，台湾が一番多く 88.9 万人（30.6%），次いで中国が 63.2 万人（21.8%），韓国が 55.5 万人（19.1%），香港が 24.2 万人（8.3%）と続く（図表 2 − 7 参照）。上位 4 カ国はすべてアジアの国で占められている。ピーチ・アビエーションは那覇

図表2－6　国籍別沖縄県の入域観光客数推移

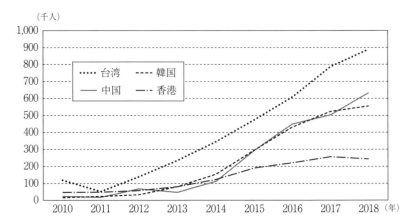

出所：沖縄県ホームページ「入域観光客数」，沖縄県「平成30年度沖縄県入域観光客統計概要」より作成。
　　　https://www.pref.okinawa.jp/site/bunka-sports/kankoseisaku/kikaku/14734.html（2018年11月アクセス）
　　　https://www.pref.okinawa.jp/site/bunka-sports/kankoseisaku/kikaku/statistics/tourists/dpocuments/h29nenndogaikyou.pdf（2019年2月アクセス）

図表2－7　沖縄県に訪れる外国人観光客の内訳（2018年）

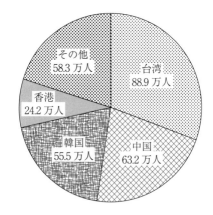

出所：沖縄県「平成30年度沖縄県入域観光客統計概況」より作成。
　　　https://www.pref.okinawa.jp/site/bunka-sports/kankoseisaku/kikaku/statistics/tourists/dpocuments/h29nenndogaikyou.pdf（2019年2月アクセス）

－台湾・高雄便を 2017 年 4 月から開設し，沖縄路線を強化している。沖縄県は一番アジア諸国に近く，日本のゲートウェイとしての役割を担っており，それが顕著に表れている。

　外国人観光客の増加に伴い，ホテルなど宿泊施設の不足や交通渋滞の問題などさまざまな課題が浮き彫りになっている。特に空港での問題が深刻である。沖縄県那覇空港は現在，国内線 38 路線，海外 73 路線（アジア 35 路線，北米 11 路線，南米 1 路線，ヨーロッパ 12 路線，オセアニア 10 路線，中東 3 路線，アフリカ 1 路線）で，2017 年度の着陸回数は 83,249 回，1 日平均 229 回で日本の空港では第 5 位である。これだけの路線があるにもかかわらず，現在，滑走路は 1 本しかなく，円滑な運行に支障をきたす状態となっている。自衛隊とも滑走路を共用しているため，離陸待ちが常態化している。このように滑走路の需要が高い中で，2020 年 3 月に完成予定である第 2 滑走路の運用開始が待たれている。第 2 滑走路運用開始まではそれを補う海路，すなわちクルーズ船の寄港強化が重要となる。2017 年の沖縄県那覇港へのクルーズ船寄港回数は，過去最高の 224 回（前年比 16.1％増）であった。利用者数も 48 万 4,610 人（前年比 25.2％増）で，最高となった。2018 年はさらに増加し，242 回（前年比 8％増）となっている。クルーズ船の規模でみると，2017 年，那覇港には総トン数 14 万トン以上のクルーズ船が 15％，10 万トン以上 14 万トン未満が 34％で合わせて 49％，実に全体の半分を占める。10 万トン以上のクルーズ船の寄港回数は 2012 年の 6％から年々増加しており，2016 年に 33％となっている。クルーズ船の大型化が進んでいるのである。最大クラスのクルーズ船は，1 隻当たり約 4,000 人の収容が可能である。多くの外国人観光客が一度の寄港で訪れることになる。クルーズ船の受け入れ態勢のさらなる強化が重要である。2018 年 3 月には，アジア最大級である 16 万トン級のクルーズ船が中城湾港に初めて入港し，大きな話題を呼んだ。増加要因として，那覇港管理組合によると，①東アジアでのクルーズ船需要の拡大，②税関，出入国管理，検疫体制の充実，③那覇港の貨物岸壁での大型クルーズ船の受け入れがあげられる。一方，課題として，玄関口となる空港やクルーズ船が停泊する港湾の混雑や旅客船ターミナルの不足，2 次交通の整備の遅れを背景とした交通渋滞，言語の問題などがあげられる。

沖縄県は，それぞれの対応として，多言語対応のパンフレット作成，多言語対応のスタッフの育成，国際通り無料シャトルバスの運行など課題改善へ向けて積極的に取り組んでいるが，まだ十分とはいえない。

外国人観光客の増加に伴い，ホテル数も増加している。沖縄県で2018年度中にオープンのホテルがハイアットリージェンシー瀬良垣アイランド沖縄（294室）やダブルツリー by ヒルトン沖縄北谷リゾート（160室）など14件であった。2019年以降オープン予定のホテルが，ヒルトン沖縄瀬底リゾート，星野リゾート，ヒルトン・タイムシェア・リゾートなど16件ある。沖縄県全体では2,115件から2,131件とわずか0.8％の増加だが，割合で比較すると特に宮古島と石垣島の増加が目立つ。宮古島は247件から251件，石垣島は271件から273件となる。部屋数をみると，宮古島は2,093部屋から3,872部屋となり84.9％増加する。石垣島は5,167部屋から5,622部屋となり8.8％の増加である。件数の増加はわずかだが，いずれも大手の大規模施設が開業予定のため部屋数の増加率は大きい。また，南城市では医療ツーリズムを取り入れた「アネックス・ビル」が2017年7月に開業した。敷地内に診療所を設け，観光客が人間ドックや健康診断を受けられる環境を整え，長期滞在をしてもらうことを想定している。

2018年，沖縄県は「東洋のカリブ構想」を発表した[5]。東アジアのクルーズ拠点形成を目標とし，沖縄県を国内外から訪れる空路客がクルーズ船に乗り換える拠点とする構想である。中国・厦門，台湾・高雄といったアジアの主要港と経済連携し，アジアの拠点港としての地位確立を目指している。

既述したように2017年の沖縄県内観光客数は，939万6,200人で初めてハワイの観光客数を超えた。しかし，滞在日数（ハワイ8.94日，沖縄3.65日）や観光収入（ハワイ平均1.9兆円，沖縄約7,000億円）ではまだ大きな差がある。沖縄県が総合力でハワイを超え，世界水準の観光地となるためには「東洋のカリブ構想」を実現させることが重要となる。

(4) 沖縄とハワイに関するアンケートによる比較分析

城西大学経済学部および経営学部，現代政策学部588名，城西国際大学経営

情報学部291名の合計879名の学生を対象に，沖縄観光のさらなる強化策を探るためのアンケートを実施した。回答者は大多数が20代の学生である。既述したように，2017年に沖縄県を訪れた観光客数が939万6,200人で，ハワイを訪れた観光客数938万人を初めて上回った点についてどう思うか回答を求めた結果，「沖縄の躍進に驚いた，予想外の健闘」(77.4%) だとの意見が多く寄せられた（図表2-8参照）。

次に，あなた自身は沖縄とハワイのどちらにより魅力を感じるかについての質問には，沖縄 (37.9%) ではなくハワイ (62.1%) のほうが魅力的だと感じる人が多かった（図表2-9参照）。日本国内ではなく海外に行きたい傾向が強いようである。

図表2-8　沖縄県がハワイの観光客数を上回った点についてどう思うか

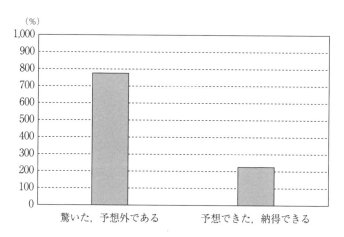

出所：筆者による城西大学経済学部，経営学部，現代政策学部588名，城西国際大学経営情報学部の291名の計879名の学生へのアンケート調査（2018年11月1日から12月3日実施）。

図表 2 - 9　あなた自身にとって沖縄とハワイ，どちらに魅力を感じるか

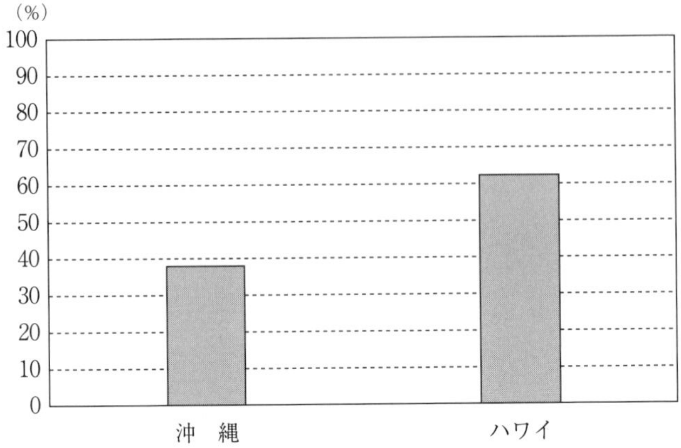

(%)

100
90
80
70
60
50
40
30
20
10
0

沖　縄　　　　　ハワイ

出所：図表 2 - 8 に同じ。

　次に，沖縄のどういう点が評価されたかについては，「浜辺の美しさ」（707 人）を選択する人が圧倒的に多く，次いで「文化的な魅力」（423 人），「のんびりとした時間」（405 人），が続いた。沖縄は特にエンターテインメント，ショッピングの評価が低かった。その点の強化が求められている（図表 2 - 10 参照）。

　続いて，これから沖縄の観光産業が発展するために何が必要かについての質問には，「宿泊施設等の整備・拡充」が一番多く 507 人，次いで「無料 Wi-Fi の充実」（458 人），「多言語表記の充実」（330 人），「観光産業を担う人材育成」（284 人）の順となっている（図表 2 - 11 参照）。全体の質を上げることが求められている。それをいかにして低価格化し，内容をさらに拡充させるかが沖縄の観光産業をさらに発展させる鍵になる。

図表2-10 沖縄県のどの点が評価されたと思うか（3つ選ぶ）

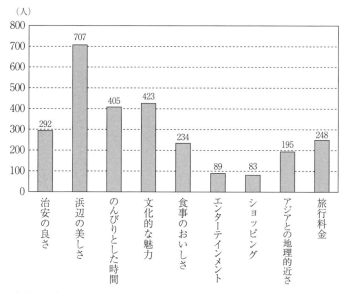

出所：図表2-8に同じ。

図表2-11 これから沖縄県が発展するために何が必要だと考えるか（3つ選ぶ）

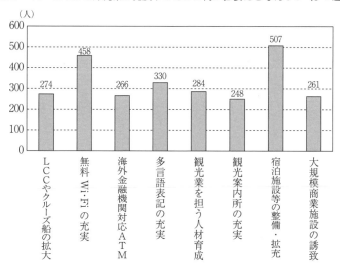

出所：図表2-8に同じ。

3 沖縄県の今後の観光政策と展開方向

　沖縄県が発行した「外国人観光客受入に関する実態調査事業報告書」による
と，2014年に沖縄を訪れた外国人観光客の改善要望の高い項目として「案内
標識の分かりやすさ」，「両替の利便性」，「無料Wi-Fiの整備」，「外国語対応能
力の向上」などであった[6]。これらの項目は近年，急速に改善しているが，ま
だ十分とはいえない。

　この調査事業報告書では，外国人観光客受入について，沖縄県の約8割の事
業者が前向きな回答をしている。しかし一方で，外国語対応に関する課題が圧
倒的多数を占めていた。沖縄県内の看板に日本語以外の表記があるのは，全体
の約6割程度である。表記されている言語も英語が圧倒的に多く，ここ数年，
改善が進んでいるとはいえ，韓国語や中国語などのアジア圏の言語が少ないの
が実情である[7]。既述したように，現在，日本に訪れる外国人観光客は中国，
韓国，台湾をはじめとするアジア圏が多く，今後もさらなる増加が期待され
る。アジア圏の言語を中心とする多言語表示に早急に対応することが重要であ
る。

　外国語対応に関連して，日本と母国の文化や習慣の違いを理解してもらうこ
とも重要である。例えば日本では「列に並ぶ」，「ホテルの備品は持ち帰らな
い」といったルールは一般的である。訪日観光客にそのようなルールを事前に
伝えることで，トラブルを回避したり，お互い不愉快な思いをすることを防い
だりできる。

　沖縄県観光文化スポーツ部が発行した「平成29年度外国人観光客実態調査
概要報告」がある。これは空路・海路別に調査したものである。沖縄県に訪れ
る旅行形態として，空路も海路も個人旅行が多い[8]。個人旅行が多い理由とし
ては，インターネット，スマホなど情報通信技術の発達やLCCの普及があげ
られる。個人でライフスタイルにあわせて手配できることがメリットである。
しかし，旅行者それぞれのニーズが生まれるため，それぞれの旅行者に適した
コンテンツを提供する必要がある。美ら海水族館や首里城など有名観光地だけ

でなく，田舎体験で地元の方とのコミュニケーションやダイビング・マリンレジャーなど体験型アクティビティの認知度をさらに向上させる必要がある。実際に，空路・海路の旅行者に，沖縄旅行でどういう活動や体験をしたかについて尋ねると，「沖縄料理」，「都市観光・街歩き」，「ショッピング」などは80％を超えているが，「ダイビング」や「海水浴・マリンレジャー」は約10％に過ぎない。沖縄旅行に対しての満足度については，海路・空路ともに90％以上の人が満足という高評価を得ている。「カード対応」，「おもてなし」については海路・空路とも満足度が高いが，既述したように，「案内標識の分かりやすさ」，「無料 Wi-Fi の利便性」，「外国語対応能力の向上」，「両替の利便性」の4項目が低くなっている。また，地震や台風，火山活動に対する外国人向けの情報提供を強化し，訪日外国人の不安，不満を早急に解消することが，沖縄県[9]はもとより日本の観光産業発展に不可欠である。

　ところで，沖縄県はさらなる観光振興をはかるため，「第5次観光振興計画」を策定，実施している。2012年に策定され，2017年3月に改定された「第5次観光振興計画」では，2021年度までに入域観光客数 1,200 万人，観光収入 1.1 兆円，観光客1人当たり平均消費額 93,000 円の実現という目標を掲げている。クルーズ船など海路で沖縄に訪れる観光客は船内宿泊することが多いため，宿泊施設を使わず必然的に消費額が減少する。このため海路の観光客の消費額は，空路の観光客と比べ3分の1以下である。観光収入は，観光客数と1人当たり消費額を掛けて求めることができる。沖縄県の観光収入は増加傾向であるが，その増加は主に観光客の増加によってであり，1人当たり消費額の増加ではないことがわかる。観光収入を増やすためには，海路・空路ともに外国人観光客の1人当たり消費額を伸ばすことが必要である。また，観光客の増加については限界があるため，リピーターの確保も重要である。高齢者向けの PR も重要だが，まずは未来の顧客となる若者に沖縄旅行をしてもらい，沖縄の魅力を実体験してもらうことが不可欠である。そのためには，若者が無理なく宿泊できるホテルの充実や体験型観光はもとより，交通インフラの整備や無料 Wi-Fi 等の情報通信環境の整備・拡充など若者の不安を解消し，沖縄の魅力の質を向上させることが求められている。その他，若者に限らず，長期滞在のリ

ゾート需要を増加させること，世界の富裕層の滞在日数を増やす施策も重要となる[10]。

　また，未来の観光産業を担う人材育成も重要である。沖縄県は2018年に観光産業の働き方改革について調査をした。これによると，「働きたい」，「やや働きたい」が計16.4％とわずかだった。一方，「働きたくない」，「あまり働きたくない」は計47.2％にのぼった。その理由として，観光産業の賃金が低いことと労働時間が長いことがあげられる。沖縄の観光産業の月給は14万5,000円であり，16業種の平均16万6,000円を下回った。経済産業省が2011年に発行した「沖縄の地域経済分析」によると，県内の観光に関するサービス業（宿泊・飲食）の従業員数は5万2,600人である。全産業に占める構成比は12.1％で，卸売・小売業界（21.1％），医療・福祉業界（15.7％）に次いで3位である。1人当たりの報酬をみると，全国平均は413万9,000円なのに対し，沖縄のサービス業は313万2,000円と年間約100万円の賃金格差がある。このことから，観光産業の人手不足を解消するためには，所得の向上，生産性の向上，仕事へのやりがいといった働き方改革を実行することが急務となっている。そして，

図表2－12　沖縄県の今後の取り組みと政策方向

出所：筆者作成。

第2章 地域経済の活性化と沖縄県の観光戦略　43

沖縄の観光産業を支える県民にとって，基幹産業として誇れる産業にしなければならない。

4　おわりに

　以上，これまで世界の観光産業の現状について分析し，次いで，日本の観光産業の現状と課題について考察した。そして最後に，独自のアンケート調査などを踏まえて，沖縄県の観光産業の現状と課題について論じた。

　公益社団法人日本観光振興協会が 2016 年 4 月から 2017 年 3 月に行った調査[11]『観光の実態と志向』によると，国内旅行者の満足度において沖縄県が 82.8 %（大変満足 47.9 %，満足 34.9 %）で第 1 位となっている。以下，第 2 位が群馬県で 78.1 %（大変満足 34.6 %，満足 43.5 %），第 3 位が京都府で 77.7 %（大変満足 35.1 %，満足 42.6 %）となっている。また，再来訪意欲についてみると，第 1 位が沖縄県で 82.5 %（大変そう思う 51.8 %，そう思う 30.7 %），第 2 位が京都府で 80.7 %（大変そう思う 38.3 %，そう思う 42.4 %），第 3 位が北海道で 78.1 %（大変そう思う 42.2 %，そう思う 35.9 %）となっており，沖縄県がいずれの項目でも第 1 位で高い評価を受けていることがわかる。

　沖縄県の観光産業が今後より発展していくために，まずはソフト・ハードの観光インフラの整備・拡充が重要となる。具体的には，LCC 路線航路やクルーズ船の寄港拡大を図ること，ホテル等宿泊施設を整備・充実すること，無料 Wi-Fi を整備すること，外貨が両替できる ATM や海外で発行されたキャッシュカード，クレジットカードが利用できる場所を増やすこと，多言語案内表示を充実すること，パンフレットや案内地図を多言語化すること，通訳ボランティアなどの外国語ができる人材を育成すること，年間を通じて開催される沖縄県ならではのさまざまな参加型イベントをさらに強化することが重要となる。

　沖縄の観光資源として海の魅力は重要なので，マリンスポーツを絡めた体験型ツアーのさらなる充実を図ること，観光客の満足度を高めるような質の高いエンターテインメントを強化すること，沖縄独自の食の提供および食文化を発

信すること，国内外の修学旅行を積極的に誘致すること，沖縄県下の中学校，高等学校，大学などとアジア地域の学校との連携・交流を強化すること，医療ツーリズムを強化すること，アジア諸国との姉妹都市締結による交流をさらに拡充すること，国際会議の招致の強化などによって沖縄県の魅力を国内外に発信し，観光客の誘致を進めることが重要である。

　政府は2018年11月2日に2020年のユネスコ世界遺産登録を目指す国内候補として「奄美大島，徳之島，沖縄島北部及び西表島」を推薦することを決定した。これが，世界遺産に登録されることになれば，世界に沖縄の魅力をアピールする絶好の機会となる。エコツーリズムの核として沖縄観光のさらなる発展が期待されることになる。

※本稿は，城西大学経済経営紀要第37巻（2019年3月）掲載の「観光産業の国際競争の激化と日本の強化戦略─沖縄国際観光特区の現状と課題を中心として─」を加筆修正したものである。

【注】

1）沖縄県企画部「平成27年度県民経済計算」，2018年4月発行。
　　https://www.pref.okinawa.jp/toukeika/accounts/2015/acc_all.pdf（2018年10月アクセス）。
2）沖縄県「アジア・ゲートウェイ」の拠点形成に向けた取り組み方針。
　　https://www.pref.okinawa.jp/site/kikaku/chosei/keikaku/documents/asiagwkentorikumi.pdf（2018年11月アクセス）。
3）沖縄県「平成29年度観光統計実態調査」（2018年11月アクセス）。
　　https://www.pref.okinawa.jp/site/bunkaports/kankoseisaku/kikaku/report/tourism_statistic_report/documents/h29_tourism-statistic-report-review.pdf
4）沖縄県「平成29年度観光統計実態調査」（2018年11月アクセス）。
　　https://www.pref.okinawa.jp/site/bunkasports/kankoseisaku/kikaku/report/tourism_statistic_report/documents/h29_tourism-statistic-report-review.pdf
5）日本経済新聞2018年4月10日（2018年11月アクセス）。
　　https://www.nikkei.hcom/article/DGXMZO29173520Z00C18A4LX0000/
6）沖縄県「外国人観光客受入に関する実態調査事業報告書」p.12。
　　https://www.pref.okinawa.jp/site/bunkasports/kankoshinko/ukeire/h27inbound_

ukeirehou-koku/documents/gaikokuzin_jittaichousa001.pdf（2018 年 11 月アクセス）。

7 ）沖縄県「外国人観光客受入に関する実態調査事業報告書」p.14。

　　https://www.pref.okinawa.jp/site/bunkasports/kankoshinko/ukeire/h27inbound_
ukeirehou- koku/documents/gaikokuzin_jittaichousa001.pdf（2018 年 11 月アクセス）。

8 ）沖縄県「平成 29 年度外国人観光客実態調査概要報告」（2018 年 11 月アクセス）。

　　https://www.pref.okinawa.jp/site/bunkasports/kankoseisaku/kikaku/report/inbound_
survey_report/documents/h30_08_16_syuuseiban_2017_inbound_survey_gaiyou.pdf

9 ）政府は沖縄周辺で大規模な台風や地震，津波による被害が発生した場合，物流拠点とな
る那覇空港や那覇港が深刻な打撃を受ける。この場合，7 ～ 10 日程度は島内の物資だけ
で被災者に対応せざるを得なくなる。観光客が避難民になり大混乱に陥る恐れがあるた
め，被災した観光客向けに食料や飲料水，毛布，災害用トイレの備蓄を 2019 年度から 3
年間支援することを決定した。ちなみに初年度費用は 10 億円計上している。災害支援
に関しては，災害多言語表記の避難所マップや病気や交通事故などのトラブルへの対応
のための多言語マニュアルの作成も不可欠である。

10）2019 年 7 月 26 日，ハワイの著名な高級ホテルが恩納村に 360 室を有する「ハレクラニ
沖縄」を開業し，期待が高まっている。

11）全国の 1,000 人を対象に平成 28 年度（平成 28 年 4 月から平成 29 年 3 月までの 1 年間）
の国内旅行の実態と今後の実態と調査を行ったものである。

参考文献

朝日新聞（2018）「沖縄観光客数ハワイ超え」4 月 26 日.

朝日新聞（2018）「ハワイ超えても晴れぬ観光業」9 月 17 日.

沖縄県（2012）「沖縄県観光振興計画（第 5 次）」.

沖縄県（2016）「外国人観光客受入に関する実態調査事業報告書」.

沖縄県（2018）「平成 29 年「宿泊施設実態調査」の結果について」.

沖縄県（2018）「平成 29 年度外国人観光客実態調査概要報告」.

沖縄県（2018）「平成 29 年度観光統計実態調査」.

沖縄県（2018）「平成 29 年沖縄県入域観光客統計概況」.

沖縄総合事務局（2015）「沖縄におけるクルーズ振興とその効果」.

金城盛彦（2017）「「観光振興計画」の評価・検証法について」『日本国際観光学会論文集』.

公益社団法人日本観光振興協会（2018）『平成 29 年度版観光の実態と志向』.

国土交通省観光庁（2016）「明日の日本を支える観光ビジョン」.

国土交通省観光庁（2018）「近年のインバウンド増加がもたらす経済・地方へのインパク
ト」.

国土交通省観光庁（2018）「平成30年度観光白書について（概要版）」．

国連世界観光機関（2018）「UNWTO Tourism Highlights 2017 Edition」．

デービッド・アトキンソン（2017）『世界一訪れたい日本のつくりかた』東洋経済新報社．

中村好明（2017）『儲かるインバウンドビジネス』日経BP社．

日本経済新聞（2018）「訪日客拡大足踏み 台風・北海道地震響く」10月17日．

日本政策投資銀行（DBJ）（2016）「訪日外国人旅行者とインバウンド消費の動向」．

日本政策投資銀行（DBJ）（2017）「中国人と海外旅行の拡大と旅行先としての日本」．

東良和（2018）「大胆な観光戦略を期待」読売新聞，10月2日．

村山慶輔（2016）『インバウンドビジネス入門講座』翔泳社．

安田信之助編著（2015）『日本経済の再生と国家戦略特区』創成社．

安田信之助編著（2014）『地域発展の経済政策』創成社．

第3章
地域経済の活性化と宮崎県の観光戦略

1　はじめに

　宮崎県は，2015年から「観光再生おもてなしプログラム」に基づいて，観光戦略を展開している。このプログラムの中では，観光入込客数，訪日外国人観光入込客数，延べ宿泊客数，観光消費額が重点指標とされている。観光入込客数，訪日外国人観光入込客数，延べ宿泊客数の増加は，いずれも観光消費額の増大に結びつくものである。観光消費は一国および地域の経済発展に大きな貢献をしている。そこで，本章では，観光消費額に焦点を当てて，宮崎県の観光産業について論じる。

　本章の構成は次の通りである。第2節では，宮崎県における観光産業の現状と課題について考察する。第3節では，宮崎県と九州5県の観光消費関数を推計し，宮崎県観光消費額の特徴の把握を試みる。第4節では，宮崎県の観光政策を概観した後，観光政策の方向性について論じる。第5節では，本章の論議を概観すると共に今後の展望を論じる。

2　宮崎県における観光産業の現状と課題

（1）観光産業の比重

　かつて宮崎県は新婚旅行先として人気を集めた。「平成29年宮崎県観光入込客統計調査結果」によると，1962年から1978年にかけて，新婚旅行客約300万組が宮崎市を訪れた。1974年が新婚旅行ブームの頂点であった。新婚旅行ブームが去った後，宮崎県の観光産業は低迷期を迎えることになった。石橋（2007）によると，宮崎県内の旅館・ホテルの事業所数は，1980年代から減少

傾向を示し，宮崎県全体の集客力は明確に低下している。宮崎県の観光産業
は，依然として，かつての活力を取り戻すには至っていない。

　2015年度，宮崎県内のGDP（名目）は3兆6,338億円であった[1]。産業別構
造を割合でみると，第1次産業が4.9%，第2次産業が23.5%，第3次産業が
71.6%である。観光産業の大半が含まれる第3次産業について見ていくことに
しよう。図表3－1は，2006年度から2015年度までの産業構造を割合で示し
ている。第3次産業の割合は，第1次産業と第2次産業に比べて圧倒的に高
い。ただし，2015年度，日本（全国）で第3次産業が占める割合は71.7%であ
るため，他の都道府県と比較して，宮崎県の第3次産業の割合が特段高いわけ
ではない。また，図表3－1より，宮崎県の第3次産業の割合は緩やかに低下
していることを読み取れる[2]。

　2015年度，宮崎県の観光消費額は1,524億円であった[3]。これが県内の
GDPに占める割合は4.2%である[4]。同様にして割合を求めると，大分県は

図表3－1　宮崎県の産業構造

	第1次産業	第2次産業	第3次産業
2006年度	4.8%	19.8%	75.4%
2007年度	4.5%	21.8%	73.7%
2008年度	4.5%	22.8%	72.7%
2009年度	4.6%	21.4%	74.0%
2010年度	4.7%	20.8%	74.5%
2011年度	4.5%	22.2%	73.2%
2012年度	4.7%	23.1%	72.2%
2013年度	4.7%	24.8%	70.6%
2014年度	4.8%	24.4%	70.8%
2015年度	4.9%	23.5%	71.6%

（注）　合計を100%とするため，第1次産業，第2次産業，第3次産業の合計を
　　　分母とし，計算した。
出所：「宮崎県の市町村民経済計算」より作成。

第3章　地域経済の活性化と宮崎県の観光戦略　49

4.9％，鹿児島県は5.3％，沖縄県は14.5％である[5]。そのため，観光産業が基幹産業である沖縄県を比較対象から除いたとしても，宮崎県の割合は周辺の県と比べて低いことがわかる。

　したがって，今日の宮崎県経済において，観光産業が大きな比重を占めているとはいえない。

（2）観光客の受け入れ動向

　大半の都道府県が，2010年度から共通基準[6]に基づき，観光客に関する調査を実施し，その結果を「観光入込客統計」として公表している。共通基準の導入によって，推計手法が統一化された結果，各都道府県のデータを比較することが可能になった。「観光入込客統計」の調査は，主として，「観光入込客数」，「観光消費額単価」，「観光消費額」を把握するためのものである。宮崎県も2010年から「宮崎県観光入込客統計調査結果」を毎年公表している。以下では，「宮崎県観光入込客統計調査結果」に依拠して，宮崎県の観光入込客数と観光消費額について分析する。

　図表3−2は，観光入込客数を県内客と県外客に分けて示している。観光入込客数は2015年から減少し，2017年に15,295千人回となった。その主な要因としては，2016年は熊本地震の影響，2017年は台風の頻発およびスポーツキャンプシーズンの天候不順が考えられる。ただし，2015年からの減少は緩やかなものであり，観光入込客数は15,000千人回を下回っていない。この意味で，観光入込客数は近年，安定して推移している。県外客については，2012年から，6,500千人回以上となっているものの，2016年以降は6,500千人回を下回った。県内客は2011年から2015年まで一貫して増加し，2015年に8,941千人回に至った。その後，緩やかな減少に転じたものの，8,000千人回を上回っている。

　図表3−3は，観光入込客数を宿泊客と日帰り客に分けて示している。日帰り客については，2010年と2011年に10,000千人回台，2012年から2014年にかけては11,000千人回台，2015年以降は12,000千人回台で推移している。したがって，緩やかな増加傾向にあるといえる。宿泊客は，増減を繰り返しなが

図表3－2　観光入込客数の推移1

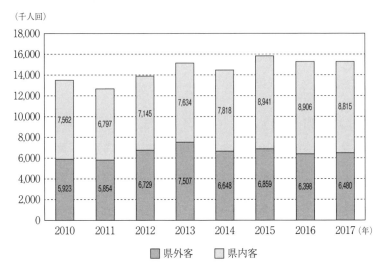

出所:「平成29年宮崎県観光入込客統計調査結果」より作成。

図表3－3　観光入込客数の推移2

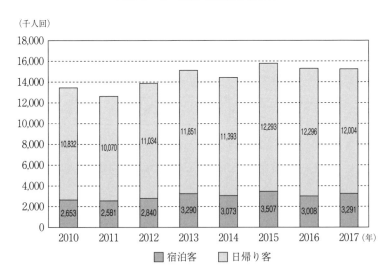

出所:「平成29年宮崎県観光入込客統計調査結果」より作成。

らも 2013 年以降，3,000 千人回を下回ることなく推移している。

(3) 観光消費額

　図表 3 − 4 は，県内客と県外客に分けて，宮崎県の観光消費額を示している。観光消費額は，2013 年以降，2016 年を除き，150,000 百万円台で推移している。既述したように，主として熊本地震の影響で県外客と県内客が共に 1,000 百万円程度減少したため，2016 年の観光消費額は 133,106 百万円になった。県外客は，増減を繰り返し 100,000 百万円前後で推移している。県内客は，2012 年以降，40,000 百万円を上回っており，今後は 50,000 百万円以上を維持していくことが期待される。

　図表 3 − 5 は，宿泊客と日帰り客に分けて，観光消費額を示している。宿泊客は 2011 年から増加し，2013 年に 86,832 百万円に達した。その後，2016 年を除き，80,000 百万円以上を維持している。日帰り客については，変動が激しく目立った傾向は見られない。

図表 3 − 4　観光消費額の推移 1

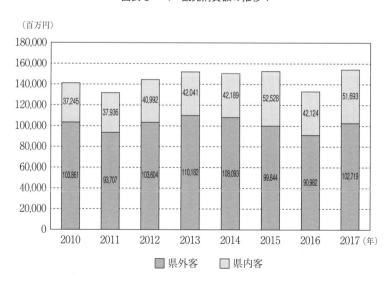

出所：「平成 29 年宮崎県観光入込客統計調査結果」より作成。

図表3－5　観光消費額の推移2

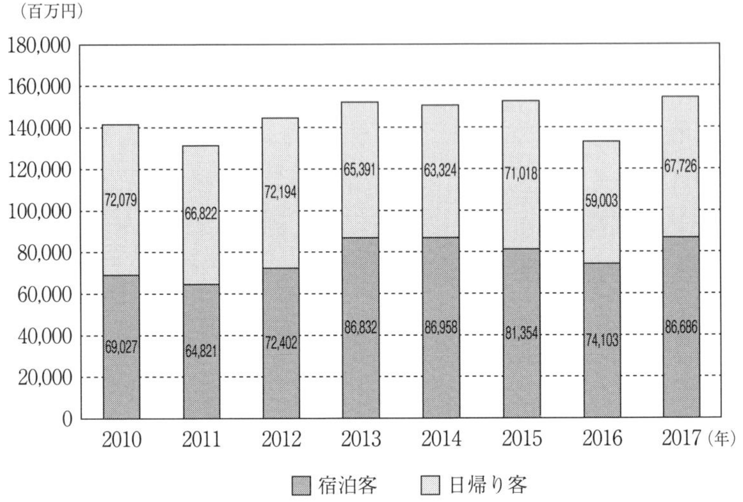

（百万円）

出所：「平成29年宮崎県観光入込客統計調査結果」より作成。

　図表には示していないが，県内客，県外客，宿泊客，日帰り客それぞれの1人当たり観光消費額についても調べた。2016年から2017年にかけて，全客の1人当たり観光消費額が上昇している点は注目に値する[7]。ただし，1人当たり観光消費額は少額となるため，概して変動は大きくない。

（4）人気の観光地

　本節の最後に，宮崎県で人気の観光地を見ていく。人気の観光地では，観光客数が多く観光消費額が大きくなりやすい。この点において，人気の観光地は観光入込客数および観光消費額と密接に関係している。

　図表3－6は，2017年宮崎県で人気の観光地・観光施設名を表したものである。2017年の観光入込客数によって，順位付けしている。1位は高千穂町（高千穂峡等）である[8]。2位に37,700人回以上の大差をつけている。高千穂峡は1934年11月10日に国の名勝・天然記念物に指定されている。峡谷内には，日本の滝百選に選ばれた真名井の滝もある。これらの峡谷美を遊歩道と貸し

第3章　地域経済の活性化と宮崎県の観光戦略　53

図表3−6　人気の観光地・観光施設名

順位	観光地・観光施設名	市町村名	2017年観光客数（人回）
1	高千穂町（高千穂峡等）	高千穂町	1,302,000
2	鵜戸神宮	日南市	924,987
3	青島（青島神社）	宮崎市	904,842
4	酒泉の杜	綾　町	758,466
5	西都原古墳群	西都市	757,745
6	えびの高原	えびの市	635,099
7	道の駅　えびの	えびの市	634,502
8	道の駅　つの	都農町	599,401
9	宮崎神宮	宮崎市	546,100
10	道の駅　フェニックス	宮崎市	522,783

出所：「平成29年宮崎県観光入込客統計調査結果」より作成。

ボートの両方から楽しむことができる。2位は鵜戸神宮である[9]。日南海岸にある鵜戸神宮は，宮崎県南で最も有名な神社である。特に，運玉投げやシャンシャン馬が有名である。2017年10月には鵜戸神宮一帯が，「鵜戸」の名で国の名勝に指定された。2位と僅差で3位になったのは，青島（青島神社）である[10]。青島は，熱帯・亜熱帯植物の群生地として，1952年3月29日に特別天然記念物に指定されている。青島をとりまく波状岩は「鬼の洗濯板」と呼ばれ，1934年5月1日に天然記念物に指定されている。青島神社は，縁結びの社として知られている。

　全体をみると，上位10位までに神社（神宮を含む）が3社，道の駅が3駅入っている。神社と道の駅で6割を占めるため，これらに対する宮崎県の依存度は高いといえる。また，多くの都道府県ではランキング上位に遊園地・テーマパーク，温泉地・温泉宿が入るものの，宮崎県のランキング中にそれらはみられない。宮崎県ではこれらの観光施設の数自体が少ない[11]。実際にこれらの観光施設を建設するとなれば，大規模な観光投資の資金が問題になる可能性がある。とはいえ，観光誘客をめぐる地域間競争の激化を見据えて，宮崎県の

54

観光に新しい魅力や多様性を持たせたいと考えるならば，遊園地・テーマパーク，温泉地・温泉宿といった観光施設の建設を検討してもいいかもしれない。

3　観光消費関数の推計

　前節では，主として，宮崎県の観光入込客数と観光消費額について分析した。観光入込客数については，県内客と県外客および宿泊客と日帰り客に分けた。これらの客の増加は，いずれも観光消費額の増大につながっていく。また，観光消費は地域経済の中で重要な役割を果たす。図表3－7は，民間消費を観光関連消費と観光以外消費に分けて，民間消費の波及経路を示したものである。観光関連消費が増えると，観光関連需要や観光関連投資の増大を通じて，県内GDPが増加する [12]。さらに，乗数効果によっても県内GDPは拡大する。

　以下では，宮崎県と九州5県（佐賀県，長崎県，熊本県，大分県，鹿児島県）の観光消費関数を推計することによって，宮崎県の観光消費額の特徴を捉えることにしよう [13]。ただし，データのサンプル数が少ないことから [14]，厳密な分析は諦め，散布図と単回帰モデルを用いて，シンプルな分析を行う。従属変数は観光消費額，説明変数は県民可処分所得と1人当たり県民所得とする。また，分析対象期間は2012年から2015年とする [15]。

　図表3－8の散布図は，横軸に県民可処分所得，縦軸に観光消費額をそれぞれとったものである。併せて，回帰直線と決定係数R^2を示している。回帰直線の傾きが0.0568で正であることは，県民可処分所得が増えると観光消費額も増加することを意味する。宮崎県のデータは，黒丸で示されている。その全データは，回帰直線よりも下に位置している。したがって，宮崎県の観光消費額は九州5県と比較して低いといえる。図表3－8から，宮崎県については県民可処分所得が増えても観光消費額はほとんど増加していないことを見て取れる。

　図表3－9の散布図は，横軸に1人当たり県民所得，縦軸に観光消費額をそれぞれとったものである。決定係数R^2が低いという相違はあるが，大方図表

第3章 地域経済の活性化と宮崎県の観光戦略　55

図表3−7　民間消費の波及経路

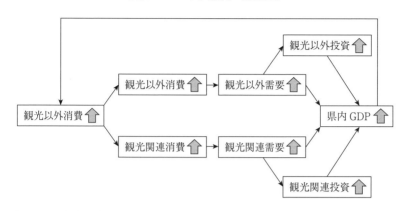

出所：入江啓彰（2009）「関西経済予測モデルによる高速道路料金割引の影響分析」『経済学研究（関西学院大学）』40号の図5を参考にして作成。

図表3−8　観光消費額と県民可処分所得の関係

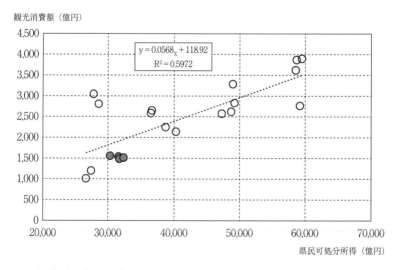

出所：観光消費額は『観光白書』各年版，県民可処分所得は「県民経済計算」より得た。

図表３－９　観光消費額と１人当たり県民所得の関係

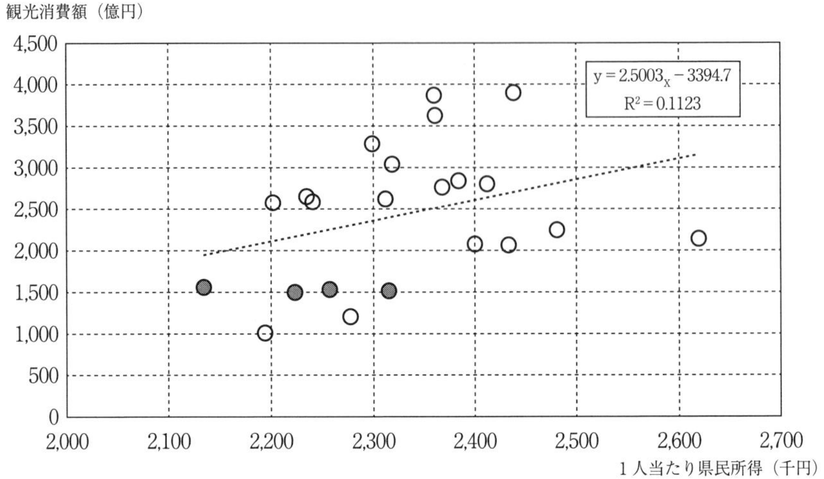

観光消費額（億円）

$$y = 2.5003_x - 3394.7$$
$$R^2 = 0.1123$$

１人当たり県民所得（千円）

出所：観光消費額は『観光白書』各年版，１人当たり県民所得は「県民経済計算」より
　　　得た。

３－８と同じ結果を得ることができる。

　以上の分析から，説明変数が県民可処分所得と１人当たり県民所得のいずれ
であっても，宮崎県の観光消費額は九州５県と比べて低いことがわかる。

4　観光政策の方向性

　宮崎県は，今後の県政運営の指針として，「未来みやざき創造プラン」を
2011年に策定した。2015年改定後，観光に関する取り組みは「観光再生おも
てなしプログラム」に即して展開された。プログラムの構成は次の通りであ
る。

重点項目１　　宮崎ならではの魅力ある観光地づくり
　取組１－１　「神話の源流みやざき」の国内外への発信
　取組１－２　地域の観光資源の掘り起こしと磨き上げ

第 3 章　地域経済の活性化と宮崎県の観光戦略　57

図表 3 - 10　重点指標の実績値・目安値

主な重点指標	実績値／目安値			
	2015	2016	2017	2018
観光入込客数	1,597 万人	1,533 万人 （確定値）	1,532 万人 （概算値）	
	1,546 万人	1,561 万人	1,575 万人	1,590 万人
観光入込客数のうち，訪日外国人観光入込客数	21 万人	21 万人 （確定値）	29 万人 （概算値）	
	27 万人	31 万人	35 万人	40 万人
延べ宿泊客数	379 万人	364 万人 （確定値）	391 万人 （速報値）	
	383 万人	388 万人	394 万人	400 万人
観光消費額	1,579 億円	1,338 億円 （確定値）	1,547 億円 （概算値）	
	1,647 億円	1,698 億円	1,749 億円	1,800 億円

（注）　2018 年度の実績値は 2019 年 7 月時点で公表されていない。
出所：「未来みやざき創造プラン（アクションプラン）工程表（平成 30 年度版）」より作成。

　取組 1 - 3　効果的な PR と情報発信
重点項目 2　スポーツの聖地としての「スポーツランドみやざき」の構築
　取組 2 - 1　スポーツキャンプ・合宿等の受け入れ体制の整備
　取組 2 - 2　オリンピック・パラリンピック東京大会を見据えたキャンプ・
　　　　　　合宿等の誘致強化
重点項目 3　外国人観光客と MICE [16) の積極的な誘客・誘致強化
　取組 3 - 1　外国人観光客の誘客促進
　取組 3 - 2　「地方型 MICE 都市みやざき」の確立
　重点指標は，観光入込客数，訪日外国人観光入込客数，延べ宿泊客数，観光消費額である。これらの重点指標については，2013 年度の実績値を現況値とした上で 2015 年度から 2018 年度までの数値目標（目安値）が掲げられている [17)。図表 3 - 10 は，重点指標の実績値と目安値を示している。2015 年度の観光入込客数を除いて，実績値は目安値を上回っていない。加えて，実績値が順調に伸びている重点指標は皆無である。したがって，2018 年度の数値目標の達成も厳しいといえる。
　今後，目標値達成の可否にかかわらず，2015 年度から 2018 年度までの施策

と実績値を検証し，それをふまえて，新しい施策を考案することが必要となる。ここでは，観光消費額を伸ばすという点から施策の方向性を考えたい。言うまでもなく，観光消費額＝1人当たり観光消費額×観光客数である。宮崎県の低い平均年収や可処分所得が上がりにくい日本の社会経済状況を考慮すると，1人当たり観光消費額よりも観光客数の増加に重点を置く方がよいといえる。ただし，日本では人口が減少しているため，日本人観光客の増加については限界がある。重要になってくるのは，近年，増加傾向にある訪日外国人観光客を宮崎県に取り込むことである。このことに最も強く関係する重点項目3取組3－1外国人観光客の誘客促進は，高い成果をあげている。「未来みやざき創造プラン（アクションプラン）工程表（平成30年度版）」によると，2014年度から2017年度にかけて，訪日外国人延べ宿泊者数は16,120人，201,880人，245,180人，310,250人と順調に推移し，国外からのクルーズ船乗客数も5,431人，16,970人，60,214人，87,102人と顕著に増加している。これからの施策によって，増加傾向を持続させることが期待される。また，日本人・外国人観光客のリピーターの確保も重要である。「観光再生おもてなしプログラム」の取組方針の冒頭には，「何度も訪れたくなるような魅力ある観光地づくりを目指します」と明記されている。このことから，宮崎県がリピーターの獲得を重視していることがわかる。しかし，「観光再生おもてなしプログラム」の取り組みは，主として，宮崎県の観光の魅力向上を観光客およびリピーターの増加につなげるものであり，筆者が知る限り，誘客対象をリピーターに絞った施策はない。そのような施策が若干あってもいい。

　以上の論議より，これからの施策では，訪日外国人観光客とリピーターを増やすことに重点を置くのがよいといえる。

5　おわりに

　本章では，宮崎県の観光産業について分析した。第2節では，まず今日の宮崎県経済において，観光産業が大きな比重を占めているとはいえないことを示した。その後，宮崎県の観光入込客数と観光消費額を検討し，熊本地震が発生

第3章　地域経済の活性化と宮崎県の観光戦略　59

した 2016 年を除くと，近年は安定して推移していることを確認した。さらに，宮崎県で人気の観光地を概観し，神社と道の駅に対する宮崎県の依存度が高いことを見た。宮崎県の観光に新しい魅力や多様性をもたらすものとして，遊園地・テーマパーク，温泉地・温泉宿といった観光施設の建設を検討してもいいかもしれない。第3節では，宮崎県と九州5県の観光消費関数を推計し，説明変数が県民可処分所得と1人当たり県民所得のいずれであっても，宮崎県の観光消費額は九州5県と比べて低いことを示した。第4節では，宮崎県の観光政策の方向性として，観光客数，訪日外国人観光客，リピーターにこれまでよりも重点を置くことが効果的であると論じた。

　今後，観光誘客をめぐる地域間競争は激化していくと予想される。この競争に打ち勝つには，優れた観光戦略を練ることが求められる。これができなければ，宮崎県の観光産業がかつての活力を取り戻すことはできない。宮崎県の観光産業の復活とさらなる発展が期待される。

【注】

1）県内 GDP のデータについては，内閣府「県民経済計算」から入手した。

2）ただし，就業者割合でみると，第1次産業と第2次産業の割合は低下し，第3次産業の割合は上昇している。すなわち，ペティ＝クラークの法則が成立する。なお，就業者割合のデータについては，「平成 27 年国勢調査　宮崎県の概要について」を参照した。

3）観光消費額のデータについては，『観光白書』から入手した。観光消費の概念や構造については，河村（2000）の第5章を参照してもらいたい。

4）県内 GDP は年度単位，観光消費額は年単位のデータである。そのため，この割合は正確なものではない。参考程度にとどめる必要がある。

5）沖縄県の観光産業については，本書の第2章および安田（2019）を参照してもらいたい。

6）共通基準の詳細については，観光庁のホームページを参照してもらいたい。

7）宿泊客については 2015 年から上昇している。

8）高千穂峡の詳細については，一般社団法人高千穂町観光協会のホームページを参照してもらいたい。

9）鵜戸神宮の詳細については，日南市観光協会や鵜戸神宮のホームページを参照してもら

いたい。

10) 青島（青島神社）の詳細については，公益社団法人宮崎市観光協会や青島神社のホームページを参照してもらいたい。

11) 遊園地・テーマパークについては経済産業省の特定サービス産業実態調査，温泉地・温泉宿については環境省の環境統計集によって，観光施設の数を把握できる。

12) 言うまでもなく，観光以外消費が増えても同じことがいえる。

13) 福岡県は県内 GDP，沖縄県は観光消費額が極端に大きいため，分析対象から除外した。

14) 既述したように，2010 年度から観光客に関する調査に共通基準が導入され，推計手法が変わった。これを受けて，データの連続性が失われたため，それ以前のデータを使用することはできない。また，各県が「観光入込客統計」で公表する観光消費の中身には若干の相違があったため，『観光白書』各年版が 2012 年から公表している観光消費額をデータとして使用した。

15) 長崎県については，2014 年と 2015 年のデータを入手できなかった。

16) MICE とは Meeting（企業などのミーティング），Incentive Travel（企業などの報奨旅行），Convention（国際会議），Exhibition/Event（展示会・イベント）の総称である。

17) 同期間に優先的に取り組む施策の内容についても明示されている。

参考文献

入江啓彰（2009）「関西経済予測モデルによる高速道路料金割引の影響分析」『経済学研究（関西学院大学）』40 号.

石橋章市朗（2007）「IV　観光振興の政策過程研究―宮崎県のリゾート計画を事例に―」『サステイナブル社会と公共政策』関西大学経済・政治研究所，149-187 頁.

河村誠治（2000）『観光経済学の基礎』九州大学出版会.

国土交通省『観光白書』各年版.

宮崎県観光推進課「宮崎県観光入込客統計調査結果」各年版.

安田信之助（2019）「観光産業の国際競争の激化と日本の強化戦略―沖縄国際観光特区の現状と課題を中心として―」『城西大学経済経営紀要』第 37 巻（通巻第 42 号）.

第4章
地域経済の活性化と福岡県の観光戦略

1 はじめに

　福岡県は福岡市と北九州市の2つの政令指定都市を中心に，主に都市型観光として国内外からの旅行訪問者を引き付けてきた。特に国外からの観光客については，入国外国人数は2010年から2016年の間に3.2倍（全国平均2.7倍），宿泊外国人数の延べ宿泊数は4.2倍（同2.6倍）と全国平均を上回ってきた[1]。以下，福岡県の観光の現状について確認しておく。

　2018年の訪日外国人による消費比率をみると（図表4－1），福岡県は23.7%を占めており，この水準は大阪府（46.2%），東京都（44.8%），京都府（29.2%）に次ぐ4位の高さである。このことから，福岡県において，インバウンドによって旅行消費を引き上げていることがうかがえる。ただし，日本人旅行消費額でみると，都道府県順位は11位に落ちており，このことから，福岡においてはインバウンドと日本人旅行消費額が必ずしも連動している訳ではないといえる。

図表4－1　来訪者による旅行消費比率・消費額（2018年）

訪日外国人による旅行消費率（%）			日本人旅行消費額	
1位	大阪府	46.2	1位	東京都
2位	東京都	44.8	2位	千葉県
3位	京都府	29.2	3位	北海道
4位	福岡県	23.7	11位	福岡県

出所：観光庁「観光白書」，2018年，56頁。

福岡県は，旅行消費額の水準の割には比較的高いインバウンドの比率を示しており，訪日外国人の旅行消費額が消費額を押し上げているといえる。なお，観光白書では，「都道府県について，それぞれの訪日外国人旅行消費額をみると，必ずしも日本人の旅行消費額の高い地域で訪日外国人旅行消費額が高くなっていないことが分かる。これについては，日本人が魅力を感じる観光資源が存在するにもかかわらず，外国人に十分に活用されていない場合も多いと解釈することも出来る。こうしたことから，特に地方部においては，地元の観光資源について，外国人の関心を更に高めることが重要と考えられる」[2]と指摘している。福岡県にあっては，後述するように福岡市の都市型観光の比重が高く，県内の他の地域における消費額が抑制されていることを勘案すると，白書で指摘されている「地元の観光資源の外国人への活用」の必要性は福岡県内にも該当する。

2018年の客室稼働率でみると（図表4-2），福岡県は76.7%であり，全国平均（71.7%）を上回っている。これを支えているのはビジネスホテル（81.5%）とシティホテル（83.9%）であり，都市型観光としての宿泊形態を反映している。他方で，旅館40.8%（全国54.9%），リゾートホテル46.8%（同61.3%），と全国レベルを大きく下回っている。

次に，国・地域別外国人延べ宿泊者数構成比を2018年でみると（図表4-3），福岡県においては，韓国とこれに台湾が次いで高い割合を占めており，中国の構成比が高い東京・大阪とはかなり異なった構成である。ここで，韓国の外国旅行者が特に福岡県を選好しているとはいえない，という点に留意したい。すなわち，韓国の都道府県別外国人延べ宿泊者数構成比を2018年でみて

図表4-2 福岡県の宿泊施設タイプ別稼働率（2018年）

(単位：%)

	全 体	旅 館	リゾートホテル	ビジネスホテル	シティホテル	簡易宿所	簡易宿泊所
全 国	71.7	54.9	61.3	78.4	80.2	47.8	41.1
福岡県	76.7	40.8	46.8	81.5	83.9	46.7	46.9

出所：観光庁「宿泊旅行統計調査」2018年。

第4章 地域経済の活性化と福岡県の観光戦略　63

図表4－3　国・地域別外国人延べ宿泊者数（2018年）

	1位	2位	3位	4位	5位
東京都	中国　25%	米国　12%	欧州　10%	台湾　9%	韓国　7%
大阪府	中国　32%	韓国　20%	台湾　11%	香港　9%	タイ　3%
京都府	中国　25%	欧州　16%	米国　12%	台湾　11%	韓国　5%
福岡県	韓国　48%	台湾　14%	中国　12%	香港　11%	米国　2%

出所：観光庁「観光白書」，2018年，201頁。

みると，大阪府20%，東京都14%に次いで，福岡県13%となっている。また外国人全体でみてみると，1位は東京都27%，2位は大阪府14%，福岡県は4%で7位である[3]。

　こうした全国的な傾向を踏まえると，福岡県の外国旅行者は東京都，大阪府の二大観光地のリークとしてのインバウンドの機会を吸収しているのであって，韓国からの地の利を除くと，福岡県が必ずしも観光上の優位性を発揮しているとはいえない。

　図表4－4にみるように，福岡県の実宿泊者数は2018年の場合，1,200万人超であり，また外国人実宿泊者数は210万人弱で，いずれも全国で第10位の水準であった。1人当たり平均宿泊数について，福岡県は1.30泊で全国第18位であり，総数1.34泊を下回っている。外国人1人当たり平均宿泊数について，福岡県は1.51泊で全国第10位であり，やはり総数1.57泊を下回る。以上

図表4－4　実宿泊者数・1人当たり平均宿泊数（2018年）

	実宿泊者数（人）	1人当たり平均宿泊数（泊）	外国人実宿泊者数（人）	外国人1人当たり平均宿泊数（泊）
総　　数	381,284,480	1.34	56,264,490	1.57
東京都	39,900,830	1.53	10,600,360	2.05
大阪府	24,949,030	1.43	8,460,180	1.64
福岡県	12,247,140	1.30	2,098,100	1.51

資料：「観光庁「宿泊旅行統計調査」2018年より作成。

にみるように，福岡県のインバウンドにあっては，実宿泊者数の順位の高さの
割には，1人当たり平均宿泊数の順位が高くないことがわかる。

2　福岡県内市町村の観光

　観光庁の「観光入込統計に関する共通基準」[4]で採用されている「観光地点
等分類表」によると「観光地点」と「行祭事・イベント」に区分され，「観光
地点」は更に「自然」，「歴史・文化」，「温泉・健康」，「スポーツ・レクリエー
ション」，「都市型観光」，「その他」に区分されている。その中でも都市型観光
は，商業施設，地区・商店街，食・グルメ，その他都市型観光（買物・食等）に
分類されている。

　この観光地点等分類に基づいて2017年の福岡県の入込客数をみてみると
（図表4-5），都市型観光30.9％が最も高く，これに歴史・文化27.1％が続く。
この2項目で福岡県の入込客数のほぼ6割を占めている。また都市型観光は，
福岡市の比重が56.4％と高く，北九州市の15.2％を大きく上回っている。この
ことから，福岡県は都市型観光によって特徴づけられており，それも都市型観
光に重点を置いた福岡市によってリードされているといえる。また，歴史・文
化は太宰府市31.8％，これに北九州市17.5％が続く。

　地域別にみると，福岡地域においては，自然，歴史・文化，温泉・健康，ス
ポーツ・レクリエーション，都市型観光のいずれの分野においても，他の地域
を上回る割合を占めている。福岡地域にあっては，福岡市が都市型観光に重点
を置いていることを補完する形で，幅広い分野での観光資源によって他の地域
を上回る入込数を確保できていることがうかがわれる。他方で，北九州地域に
あっては，いずれの分野にあっても北九州市の比重が高く，北九州市の特徴が
そのまま北九州地域の特徴に反映している。特に北九州市は，「その他観光地
点」と「行祭事・イベント」において，福岡県でも高い割合を占めており，こ
れがまた福岡県全体の観光分野の幅を広げているといえる。

第 4 章　地域経済の活性化と福岡県の観光戦略　65

図表 4 － 5　福岡県の地域別・目的別入込客の状況（2017 年）

（単位：千人）

目的別 地域別	①自然	②歴史・ 文化	③温泉・ 健康	④スポーツ・ レクリエーション	⑤都市型 観光	⑥その他 観光地点	⑦行祭事・ イベント	合　計
福　岡	1,424	20,600	4,029	3,777	29,864	1,703	1,832	63,229
福岡市	0	0	0	0	21,336	0	0	21,336
太宰府市	0	10,540	0	0	0	0	0	10,540
筑　後	603	5,197	1,355	921	1,156	3,796	4,049	17,077
久留米市	219	3,091	284	120	0	757	1,441	5,912
筑　豊	654	1,059	1,025	1,900	1,053	2,030	1,838	9,559
飯塚市	11	109	48	847	117	96	620	1,848
北九州	299	6,334	488	3,436	5,742	7,034	9,213	32,546
北九州市	177	5,817	119	2,551	3,778	4,381	8,501	25,324
合　計	2,980	33,190	6,897	10,034	37,815	14,563	16,932	122,411

（単位：千人，％）

目的別 地域別	①自然	②歴史・ 文化	③温泉・ 健康	④スポーツ・ レクリエーション	⑤都市型 観光	⑥その他 観光地点	⑦行祭事・ イベント	合　計
福　岡	47.8	62.1	58.4	37.6	79.0	11.7	10.8	51.7
福岡市	0.0	0.0	0.0	0.0	56.4	0.0	0.0	17.4
太宰府市	0.0	31.8	0.0	0.0	0.0	0.0	0.0	8.6
筑　後	20.2	15.7	19.6	9.2	3.1	26.1	23.9	14.0
久留米市	7.3	9.3	4.1	1.2	0.0	5.2	8.5	4.8
筑　豊	22.0	3.2	14.9	18.9	2.8	13.9	10.9	7.8
飯塚市	0.4	0.3	0.7	8.4	0.3	0.7	3.7	1.5
北九州	10.0	19.1	7.1	34.2	15.2	48.3	54.4	26.6
北九州市	5.9	17.5	1.7	25.4	10.0	30.1	50.2	20.7
合　計	100.0	100.0	100.0	100.0	100.0	100.0	100.0	100.0

出所：福岡県「福岡県観光入込客調査」2018 年。

2017 年の福岡県の入込客と消費額をみてみると（図表 4 - 6），入込客数は日帰 88%，県内 70% であり，宿泊と県外の入込客数を増やすことが課題となっているといえる。地域別にみてみると，宿泊の割合が比較的高いのは福岡地域（15%）と北九州地域（13%）であるが，特に福岡地域の場合は福岡市 38% が反映されている。また，いずれの地域の入込客数も県内が県外を大きく上回り，特に筑豊地域では 84% が県内からであり，交流人口の低さがうかがわれる。福岡市の場合，県外からの入込客数は 6 割を占めており，また福岡県における県外からの入込客数の 35% が福岡市によって占められている。

入込客消費額については，福岡県全体の 7 割は福岡市によって占められている。北九州市の 2 割を含めると，これら 2 つの政令指定都市によって福岡県の入込客消費額の 9 割が占められている。県全体に占める割合は，福岡市の場合，宿泊 54%，県外 35%，これに次いで北九州市の場合，宿泊 26%，県外 20% となっている。

第 4 章　地域経済の活性化と福岡県の観光戦略　67

図表 4 － 6　福岡県の地域別入込客と消費額（2017 年）

（単位：千人，百万円）

	総　数	日　帰	宿　泊	県　外	県　内	消費額
福岡地域	63,229	53,784	9,445	21,157	42,072	517,254
福岡市	21,336	13,287	8,049	12,938	8,398	498,300
太宰府市	10,540	10,492	48	2,559	7,981	－
筑後地域	17,077	16,247	830	5,471	11,606	33,925
久留米市	5,912	5,504	408	1,622	4,290	12,686
筑豊地域	9,559	9,103	456	1,577	7,982	13,357
飯塚市	1,848	1,752	96	554	1,294	8,003
北九州地域	32,546	28,456	4,090	8,752	23,794	145,632
北九州市	25,324	21,525	3,799	7,192	18,132	143,400
合　計	122,411	107,590	14,821	36,957	85,454	710,168

（単位：%）

	総　数	日　帰	宿　泊	県　外	県　内	消費額
福岡地域	51.7	50.0	63.7	57.2	49.2	72.8
福岡市	17.4	12.3	54.3	35.0	9.8	70.2
太宰府市	8.6	9.8	0.3	6.9	9.3	－
筑後地域	14.0	15.1	5.6	14.8	13.6	4.8
久留米市	4.8	5.1	2.8	4.4	5.0	1.8
筑豊地域	7.8	8.5	3.1	4.3	9.3	1.9
飯塚市	1.5	1.6	0.6	1.5	1.5	1.1
北九州地域	26.6	26.4	27.6	23.7	27.8	20.5
北九州市	20.7	20.0	25.6	19.5	21.2	20.2
合　計	100.0	100.0	100.0	100.0	100.0	100.0

（単位：%）

	総　数	日　帰	宿　泊	県　外	県　内
福岡地域	100.0	85.1	14.9	33.5	66.5
福岡市	100.0	62.3	37.7	60.6	39.4
太宰府市	100.0	99.5	0.5	24.3	75.7
筑後地域	100.0	95.1	4.9	32.0	68.0
久留米市	100.0	93.1	6.9	27.4	72.6
筑豊地域	100.0	95.2	4.8	16.5	83.5
飯塚市	100.0	94.8	5.2	30.0	70.0
北九州地域	100.0	87.4	12.6	26.9	73.1
北九州市	100.0	85.0	15.0	28.4	71.6
合　計	100.0	87.9	12.1	30.2	69.8

（注）　消費額については，報告があった市町村の合計。

　　　　北九州市の観光入込客数は延人数。日帰り・宿泊の別については延人数から推計。

出所：福岡県「福岡県観光入込客調査」2018 年。

3 観光政策の現状

　福岡県と福岡市のマスタープランからうかがわれるように（図表4-7, 4-8），地域活性化の主要な柱として観光振興が取り組まれていることがうかがえる。ここで，自治体間の政策上の重複を回避することが必要である。福岡県および福岡市において観光政策がどのように展開されてきたのか，という点をみてみると，次の諸点を指摘することができる。まず，背景を同じくしていることもあり，観光政策のマスタープランでの取り扱いが類似している。このことは，施策の実施・運営の段階にあたって県と市町村の間で政策の重複がないように，連携が進められる必要があることを意味する。

図表4-7　福岡市総合計画　第9次基本計画（観光振興とまちづくりに関する事項の抜粋）

目　　標	施　　策	
目標5 磨かれた魅力に，さまざまな人をひきつけられている	施策5-1	観光資源となる魅力の再発見と磨き上げ
	施策5-2	緑と歴史・文化のにぎわい拠点づくり
	施策5-3	情報アクセスや回遊性など，来街者にやさしいおもてなし環境づくり
	施策5-4	交流がビジネスを生むMICE拠点の形成
	施策5-5	国際スポーツ大会の誘致やプロスポーツの振興
	施策5-6	国内外への戦略的なプロモーションの推進
目標4 人と地球にやさしい，持続可能な都市が構築されている	施策4-1	地球温暖化対策の推進と自律分散型エネルギー社会の構築
	施策4-2	循環型社会システムの構築
	施策4-3	生物多様性の保全とみどりの創出
	施策4-4	まちと自然が調和した福岡型のコンパクトな都市づくり
	施策4-5	公共交通を主軸とした総合交通体系の構築
	施策4-6	ストックの活用による地区の価値や魅力の向上

出所：福岡市「政策推進プラン（第9次福岡市基本計画　第2次実施計画）」，2017年。

第4章 地域経済の活性化と福岡県の観光戦略 69

図表4－8 福岡県総合計画（観光振興とまちづくりに関する事項の抜粋）

1 活力あふれる成長力に富んだ 経済と魅力ある雇用の創出 (1) 国内外の観光客を呼び込む	① 観光資源の開発 体験・交流型観光資源開発の促進 福岡県の強みを活かした観光ブランドの確立 ② 外国人観光客等の受入環境整備 誰もが安心・快適に旅行できる環境整備 多言語案内の充実・強化 ③ プロモーション活動の強化 旅行ニーズをとらえたプロモーション機能の強化 ④ 観光推進体制の整備 観光消費を生むマーケティング機能の強化 観光を担う中核人材の育成
(6) 魅力にあふれた暮らしやすい 地域をつくる	① 地域の活性化 広域連携プロジェクトの推進 移住定住の促進 ② 地方創生のためのまちづくりと交通網の整備 中山間・過疎地域の振興 魅力ある農山漁村づくりの推進 小さな拠点づくりの整備 持続可能な都市づくりの推進 地域公共交通の強化・広域化 生活道路の整備

出所：福岡県「福岡県総合計画」，2017 年度。

　福岡市の観光政策においては，その都市型観光の特徴を活かして，積極的な戦略が展開されている。その1つとして，都市型観光の「切り札」とされるMICE 振興を中心とした観光振興策を挙げることができる。福岡市におけるMICE の取り組みは全国でも早く，観光庁は訪日外国人旅行者の受入環境の高度化に向けて2013 年6 月に横浜市・京都市・広島市・浦安市，そして福岡市の5 都市を選定し，福岡市はこれを受けて戦略拠点整備事業（ガイドの質・利用環境の向上のための育成プログラムの整備，博多港と博多・天神地区を中心として市内のアクセスの利便性向上のための事業，JR 博多駅と福岡空港のタクシー乗り場に多言語対応のできるタクシーコンシェルジュの配置等）に取り組んできた。

　福岡市は国際会議開催件数において，2018 年は東京（123 件）と京都（59 件）

に次ぐ26件で第3位の順位であった。しかし，20件を超える都市としては，他に横浜市，仙台市，神戸市，札幌市が含まれており，東京と京都と並んで福岡市が突出している訳ではない[5]。

「大型のコンベンションやイベントを一つ誘致できれば，自動的に数千人，数万人泊の訪問客を獲得できる機能性がある。(略)これらの誘致のためには展示場，会議場，大型コンベンションホテルなどの存在が不可欠である。MICEと呼ばれるこの旅行市場は，大都市の活性化の切り札となっている」と石井は指摘している[6]。このMICEの展開は，大都市における集積のメリットを活かして初めて，その効果が発揮できるものと考えられる。このことは，周辺自治体のMICE政策には大都市の集積度において劣位にあることを踏まえて，自治体間連携を考える必要がある。MICE政策は，大都市において優位な観光政策であるといえる。

4　おわりに

【地域活性化に向けた観光振興の視点から】

1と2でみたように，福岡県においては，他の観光地と比較して，日帰り客の割合が高いこと，滞在型観光資源が弱いこと，ビジネス中心の宿泊であること，等の特徴がある。これらの諸点は，観光消費額が抑えられることにもつながっている。都市型観光は傾向として，ショッピングと食に偏り，その分，比較的狭い範囲での簡便な観光行動となることにつながり，このことは滞在日数が抑えられることにつながるといえる。

ここで，自治体間連携の必要性をあげることができる。福岡県商工部観光局によると，「福岡県は，観光を主産業とする他県と比べると，県内各地に観光地が形成されていない」こと，また「福岡市及び北九州市が国内やアジアの大都市圏からのアクセスが良いことから，観光客が都市部に集中する傾向」がある[7]。このことは，都市型観光が外国人来訪者を招く上で，アクセスの点で比較優位を有していることに関連している。そのため，課題として「観光客の県内各地への訪問・周遊の促進」があげられている。

第4章　地域経済の活性化と福岡県の観光戦略　71

　ここでは，自治体間の連携が十分に進められていないという現状が背景としてある。今後の連携にあたっては，自治体間の役割分担について明確にされる必要がある。またその際，観光誘因につながる優位性と観光資源を結び付けることが重要である（図表4－9を参照）。財政資源が厳しい中で，観光を地域活性化につなげるとするならば，また将来的な人口減少を踏まえるならば，コンパクトシティ化と補完関係または補強関係を促すための地域間連携を進めることは大方の方向性とみなすことができる。この潮流にあって，今後の観光政策を展開するにあたっては，福岡都市圏と福岡市以外の多様な観光資源を結び付けた観光ルートの拡充は重点施策となる。

　ただし，外国人来訪者が多い自治体は限定的であり，それもこれまでは福岡市の都市型観光と太宰府の史跡型観光が突出しており，このことはまた外国人来訪者のニーズも反映されていたと考えられる。これまで国内訪問者を中心に展開されてきた観光施策を外国人来訪者にもアッピールできるのかという課題も考えられるため，県内に留まらず，九州の他県との競合も視野に入れて検討されるべきである。

　県レベルの観光戦略としては，福岡市の都市型観光と北九州・福岡市の政令指定都市以外の地域間連携を促し，また観光事業の収益を広く地域活性化につなげていくための行財政による支援が必要となる。この場合，観光財源への課税の活用が考えられるが，受益者負担の原理に基づく課税，及びその税収の地域活性化と波及効果の向上に向けた活用が重要となる。特に地域連携の視点からは，波及効果の向上という福岡都市圏の財源上の役割は重要である。グローバル化の中での競争力の向上のためには，福岡都市圏の比較優位性を引き出していく必要があり，またその波及効果を引き出すために，観光関連財源を用いたハード・ソフトの両面にわたる観光インフラの整備が期待される。

　以上みてきた，福岡都市圏と福岡市以外の観光資源を結び付けた観光ルートの拡充，九州の福岡県以外の地域との競合を視野に入れた観光施策の展開，観光関連財源による観光インフラの整備のいずれにあっても，多様な主体を結び付けて諸施策を調整し，補完効果を引き出すための結節点としての機能を強化していくことが重要である。

図表 4 － 9　観光誘因につながる主な優位性・観光資源

アクセス上の優位性
・我が国でアジアに最も近い大都市圏（福岡空港と韓国の釜山（50 分），中国の上海（90 分））
・都心部アクセスの利便性（福岡空港から福岡都心部まで 11 分）
・北九州空港が海上空港として 24 時間利用が可能
・博多港（国際拠点港湾）での外国航路の年間乗降人員数，外国籍クルーズ船の寄港数の優位性（いずれも 2015 年全国第 1 位）

観光資源
・我が国唯一の歴史系博物館「九州国立博物館」
・古代日本の西の都「大宰府」
・ユネスコ世界文化登録遺産「明治日本の産業革命遺産，製鉄・製鋼，造船，石炭産業」等
・ユネスコ無形文化登録遺産「博多祇園山笠行事」，「戸畑祇園大山笠行事」
・史跡 85 カ所（全国第二位），特別史跡 4（大宰府天満宮，王塚古墳，水城跡，大野城跡）等

資料：福岡県「県総合計画」，2017 年，19-21 頁より。一部加筆。

【住民欲求の視点から】

　観光振興策を考える場合，来訪者ニーズに留まらず，住民欲求の充足という視点が欠かせない。福岡県の 2018 年度の県民意識調査によれば（図表 4 － 10），行政に対する意向は，観光振興として「良好な景観づくりなどの街並み整備」と「観光案内板，観光案内所，公衆無線 LAN，駐車場などの整備」が 40% 台で高いが，福岡市の観光戦略となっている「アジア地域を中心とした外国人観光客の誘致」に対する意向は福岡地域（14.4%）においても必ずしも高くない。

　地域振興として高いのは「空き家や空き店舗などの適正管理と有効活用」と並んで，「自然や食べ物，歴史，文化など地域の観光資源を活かした地域おこし」であり，それぞれ県全体で 56.4% と 48.9% であった。また，インフラ・社会基盤整備として「安心・安全で快適に生活できる住宅や居住環境の充実」，「移動手段となる公共交通機関の整備」，「生活の利便性や安全性を高めるための生活道路の整備」が 30% 超で上位にあり，「アジアの拠点となる空港，港湾の整備・充実」は福岡地域でも 28.1% であり，やや選好度が落ちている。

第 4 章　地域経済の活性化と福岡県の観光戦略　73

図表 4 - 10　福岡県における行政に対する意向（抜粋）

分　野	項　目	県全体	福岡地域
観光振興	良好な景観づくりなどの街並み整備	46.3%	45.7%
	観光案内板，観光案内所，公衆無線 LAN，駐車場などの整備	42.5%	47.1%
	アジア地域を中心とした外国人観光客の誘致	11.0%	10.4%
地域振興	空き家や空き店舗などの適正管理と有効活用	56.4%	55.5%
	自然や食べ物，歴史，文化など地域の観光資源を活かした地域おこし	48.9%	51.8%
インフラ・社会基盤整備	安心・安全で快適に生活できる住宅や居住環境の充実	39.7%	37.2%
	移動手段となる公共交通機関の整備	39.3%	35.5%
	生活の利便性や安全性を高めるための生活道路の整備	33.1%	33.8%
	アジアの拠点となる空港，港湾の整備・充実	26.8%	28.1%

出所：福岡県「県民意識調査　報告書」，2018 年度。

　これらの意向から，一，観光振興にあっても居住者のアメニティ向上と結びついた施策がより志向されていること，二，アジアを中心とする外国人来訪者を促す施策は，観光振興やインフラ整備にあっては必ずしも強く志向されている訳ではないこと，等を指摘することができる。このことから，観光振興にあっては住民欲求の視点からも慎重に進められる必要があるといえる。

　また地域振興の中で，「観光資源を活かした地域おこし」が 50% 前後と高い割合を示しており，このことは，観光振興と自治体の地域づくりが同時に追求されることが求められていることを意味している。観光産業としての特徴としては，多様な産業に関わっていること，高い経済波及効果，地域密着性等をあげることができる。これらの特徴は，観光産業の振興が地域政策，まちづくりの施策として効果的であることを示唆している。観光産業の振興は，経済に留まらず，文化・教育・健康維持という視点からも効果的な施策であり，このことは同時に，多様な行政施策と関連してくることを意味する。

　自治体の行財政運営において，観光振興と地域づくりの方向性が必ずしも一致する訳ではない，という点に留意したい。県民意識調査の結果から示唆され

ているように，観光振興にあっては住民のアメニティへの配慮が重視されるのであり，中長期的な視点からの振興策が求められている。また一時的な観光振興策が，観光地およびその周辺の地域住民にとっては外部不経済として顕在化することも想定される必要がある。この場合，対応の在り方として，法定外税の活用も考えられる。例えば太宰府市にあっては，原因者負担の視点から，市内での駐車に対して課税する「歴史と文化の環境税」という法定外目的税が採用されている[8]。

最後に，本節で取り上げた今後の課題と方策について，特に自治体行財政の運営の視点からまとめておく（図表4－11を参照）。

図表4－11　観光戦略と地域振興を促す対応の在り方

課　題	問題点	方　策
自治体間での観光政策の重複	運営コストの増大	自治体間の政策連携 観光関連財源による観光インフラの整備
観光地経営の展開	観光消費額の抑制	結節点の設定（多様な主体を結びつける組織・機構）
地域活性化を促す観光振興		比較優位の発揮
住民意識から乖離した観光振興	地域づくりから乖離	住民欲求の充足につながる観光振興
観光振興に伴う外部不経済	アメニティの阻害	住民欲求に応える財政配分 原因者負担による法定外税の活用

【注】

1）福岡県商工部観光局「ご来福推進宣言～福岡県観光振興指針～」2017年。

2）観光庁『観光白書』2018年，56頁。

3）観光庁「宿泊旅行統計調査」2018年。

4）国土交通省観光庁『観光入込客統計に関する共通基準』2009年12月。

5）観光庁『観光白書』2018年，208頁。

6）石井昭夫「アーバンツーリズムを考える」『地理研究』No.658，2012年。

7）福岡県商工部観光局「ご来福推進宣言～福岡県観光振興指針～」2017年，10頁。

8）世利洋介「太宰府市の「歴史と文化の環境税」―原因者負担と受益者負担を中心に―」久留米大学産業経済研究会『産業経済研究』2007年。

第5章
地域経済の活性化と高知県の観光戦略

1　はじめに

　多くの地方都市では，少子高齢化や人口減少，産業の空洞化などを背景に地域の活力や持続可能性が問われている。高知県は，大野（2008）が，高知県内をフィールド調査し，「限界集落」[1]と定義し，世間にセンセーショナルな話題を提供した地域でもある。

　地方都市では地域の活力の元となる地域資源も乏しく，その対応策に苦慮している現実がある。地方都市である高知県の現状もまたより厳しいと言わざるを得ない。リーマンショック以降の景気回復の遅れや少子高齢化への対応，また予想される南海地震への対応などやるべきことは山積みである。しかし，高知県の尾崎正直知事は，こうした課題を正面に捉え，厳しい地方都市の現状を受けいれ，高知県を「課題の先進県。であればこそ課題解決の先進県としていきたい。」と強い姿勢を示している。特に，長年，課題解決に向けて悩まされてきたことを「蓄積された知恵」と前向きに捉え，高知県が時代を生き抜く処方箋を全国に先駆けて示すことで，高知県を後続の県に頼られる，いわば時代に必要とされる県にしていきたいと標榜している。その政策的姿勢として，第一は，県が抱える政策課題に真正面から取り組む。第二に，自らの知恵で解決策を切り拓く創造性を重視する。第三に，これまでのノウハウを積極的に対外発信し，県外から活力を呼び込むよう努めるとしている（梅村，2013）。

　このように，高知県は，いわゆる地方都市にありがちな「公」主導の地域づくりが行われようとしている。しかし，これまでのような従来型ではなく，多様な主体による地域経営や地域課題解決のシステム構築に向けた活動環境と，地域の力の創出・創造による地域づくりを目指していることが大きく着目され

る点である。

本章では，地方都市である高知県を対象に，大規模投資ではなく，県内に保有される地域資源を活用して活性化に取り組む多様な主体（地域住民，NPO，企業）の事例研究から，地域観光振興の可能性と創造性を示したい。

2　高知県の観光政策

(1) 国の動向

少子化，高齢化，人口減少が進む我が国において，観光は地域における消費の拡大，新たな雇用の創出など幅広い経済効果や交流人口の拡大に大きく貢献し，地域づくりに一層の活力をもたらすことから，その重要性はますます高まっている。国においては，2007年に「観光立国推進基本法」を施行し，翌年には国土交通省に観光庁を設置し，急速に経済成長するアジア等の旅行需要を取り込み，外国人旅行者の増加と観光需要の創出に向けた取り組みを積極的に推進してきた。しかし，2008年のリーマンショックによる景気後退，2009年の新型インフルエンザの猛威，2011年の東日本大震災の発生などにより，国内外の旅行者が減少するなど，全国的に大きな影響を及ぼすこととなった。

こうした観光をめぐる情勢変化を踏まえ，国は2012年に「観光立国推進基本計画」を見直した。この新たな計画の副題を「観光でつくる日本のチカラと地域の魅力」として，震災からの復興，国民経済の発展，国民相互理解の増進，国民生活の安定向上を基本的な方針として，国際・国内観光の拡大や観光の質の向上を図るなど観光立国実現に向けた政策を推進することとなった。

(2) 観光への潜在的需要

2013年に国が実施した「国民の生活に関する意識調査」[2]によると，今後の生活において，何に力を入れたいと思うかとの質問に対し，「レジャー・余暇生活」の割合が36.9%と最も高く，以下「所得・収入」(32.3%)，「資産・貯蓄」(30.4%)の順となっていた。年齢別では，50歳代から60歳代で「レジャー・余暇生活」の割合が高くなっており，高年齢層の観光への潜在的ニーズが高い

第 5 章　地域経済の活性化と高知県の観光戦略　77

図表 5 − 1　今後の観光需要

- レジャー・余暇生活への割合が高く，観光への潜在的ニーズは高い。
- 高年齢層での観光への潜在的ニーズが高い。
- 団体観光中心から家族，友人・知人などの小グループ，個人旅行へ変化。
- 今後希望する観光は体験型観光へニーズが変化。

出所：内閣府（2013）『国民生活に関する世論調査』。日本観光振興協会（2013）『平成 24 年
　　　度版 観光の実態と志向 第 31 回国民の観光に関する動向調査』。

ことがうかがえる。また，国内宿泊観光旅行の形態については，日本観光協会
（2013）によると 2002 年度では個人旅行約 6 割，団体旅行約 2 割となっていた
が，2011 年度には個人旅行の割合が約 8 割を占め，団体旅行から個人旅行へ
シフトしている傾向がみられる。さらに，同伴者を尋ねたところ，家族が約 6
割と高く，次に友人・知人，一人となっており，これらのメンバーによる小グ
ループ旅行が 9 割を超える状況になっている。今後希望する旅行の種類では，
温泉観光のニーズは約 6 割と高く，次いでフラワーツーリズム[3]となってお
り，リゾートライフを楽しむ観光や，祭りや観光イベントなど実際に参加して
体験する体験型観光のニーズが高くなっているといえよう。

（3）高知県の観光プランニング

　観光によって交流人口が増大することは，観光産業のみならず，農林水産
業，製造業等の幅広い分野にわたって地域の経済への波及効果をもたらすこと
が期待されている。そうしたことから，観光を地域に密着した総合産業として
育てていくことが高知県全体の底上げにもつながると考えられ，高知県は観光
産業をニーズの多様化や個性化に対応した地域の総合産業として育てていくこ
とを目指している（高知県，2005）。2004 年に「あったか高知観光条例」[4]が交
付された。条例の前文に『高知県を訪れる人々と地域の人々との心が触れ合う
交流を拡大するとともに，観光を地域の産業として更に発展させていくために
は，これまで以上に地域の人々がわがまち，わがむらの魅力を見つめ直し，自
信と誇りの持てる個性豊かな観光地づくりを進めていくことが必要です。』と
ある。つまり，「人々の交流」，「地域の産業としての観光」，「地域の魅力を見

図表 5 - 2　高知県観光の方向性

高知県が目指そうとする「観光」の方向性

観光とは　光を観る。
すなわち、光をはなつ地域土着の文化を観ること。

「あったか高知観光条例」にもとづき
地域に光をあてる　　地域に光をあてる　　地域外へ光を発する
取組みを進める　　　取組みを進める　　　取組みを進める

そうしたプロセスを通して
地域が元気になる　　地域経済が潤う

出所：高知県（2005）『高知県観光ビジョン』。

つめ直す」,「個性豊か」,「一人ひとりが担い手」がこれからの高知県の観光にとってのキーワードであろう。

この「あったか高知観光条例」をふまえて，2005年に「高知県観光ビジョン」が策定され，2009年には「高知県産業振興計画」の産業成長戦略「観光八策」に引き継がれ，現在に至っている。

(4) 高知県産業振興計画
1) 高知県の現状

高知県は，県経済が抱える積年の課題に正面から向き合い，経済を根本から元気にするためのトータルプランとして,「高知県産業振興計画」を策定し，2009年度から県勢浮揚に向けて取り組みを進めてきた。この計画は，社会経済情勢の変化や新たな課題に対して対応するため，毎年度，内容をバージョンアップしており，実質的な高知県の総合計画である。2019年度からは,「第3期高知県産業振興計画 ver.4」へと改定し，第3期計画の総仕上げに向けて目標達成に必要な施策を強化している。また，高知県産業振興計画を策定した背景として「人口減少の負のスパイラル」がある。高知県経済は，公経済（公共

事業）への依存度が高く，産業基盤が弱いことから，戦後最長と言われた景気回復の恩恵を十分に受けることかできず，有効求人倍率も低迷したことから，若者を中心に多くの人材が県外に流出し，働き手となる「生産年齢人口」の減少が加速し，同時に，県年間商品販売額も大きく縮小することとなった（高知県，2019）。つまり，人口の社会減による経済の縮小が，さらに人口の社会減を加速させ，それが過疎化と高齢化を同時に招き，特に，出生率の低い中山間地域ほどこうした傾向が顕著になった結果，全国に先行して人口が自然減の状態にも陥り，このことで，より一層経済が縮むという現状がある[5]。

2）観光振興への挑戦（高知県産業振興計画2019年度事業）

高知県の観光戦略のテーマを「世界に通用する『本物と出会える高知観光』を実現」と設定し，中核事業として以下を実施予定である。

○戦略的な観光地づくり

自然体験や体験滞在メニューと歴史資源，食資源などを結びつけ，周遊観光の魅力を押し出した観光クラスターの形成を図る。

○効果的なセールス＆プロモーション

「リョーマの休日〜自然＆体験キャンペーン〜」を中心としたプロモーション活動を展開し，個人客や外国人旅行客など新たな顧客を獲得する。

○おもてなしの推進

国内外からの観光客の満足度を高めるため，ソフト・ハード両面から観光案内所の機能強化や，観光客とのコミュニケーション力向上など受入環境整備に取り組む。

○国際観光の推進

東南アジアに加え，アメリカ・オーストラリアにも注力し，エージェントとの連携，「よさこい」の情報発信[6]により個人旅行者向け商品の充実，販売促進に取り組む。

○事業体の強化と観光人材の育成

地域の観光事業者の育成や商品開発，研修の実施により，おもてなしができる人材育成に努めるとともに，観光産業を支える事業体の強化にも取り組む

図表 5－3　高知県の観光戦略

出所：高知県（2019）『高知県産業振興計画 ver4』。

などである。

次節にて，高知県内にて取り組まれている地域活性化事例を紹介する[7]。

3　高知県の地域活性化事例

(1) 中土佐町
1) まちの概要

中土佐町は，2006年に中土佐町と大野見村が合併した総人口6,785人（2019年6月末現在）の町である。海岸部（旧中土佐町地域）は，太平洋に面し，土佐の一本釣りに代表される漁業や，温暖な気候を生かした施設園芸を中心とした農業などの一次産業に加え，商業の町としても栄えてきた。また，海抜300m以上の山々に囲まれた台地部（旧大野見村地域）は，清流四万十川源流域に抱かれ，寒暖差と清流の恵みを生かした水稲栽培や四万十ヒノキの産地として農林業が盛んである。土佐の三大祭の1つに数えられる久礼八幡宮大祭をはじめ，

例年1万人を超える来客で賑わうカツオ祭り[8]や，トライアスロン，川釣りや農業に関するイベントなども年間を通して実施されている。

2）観光の現状

　中土佐町の人気スポットとして，古くから地元の台所として親しまれ，2015年に設立100周年を迎えた「大正町市場」，町の迎賓館ともいえる温泉宿泊施設「黒潮本陣」，地元のイチゴ農家が運営するケーキ屋「風工房」などがある。

　2011年の高速道路中土佐インターの開通により，交通の利便性は飛躍的に向上した。また同年，漁師町の風景や四万十川上流域の風景が，文化庁の『重要文化的景観』[9]に選定され，後世に残したい魅力ある風景として認定された。どこか懐かしいレトロな街の中心商店街の一角を成す大正町市場は，明治中期，漁師のおかみさんたちが夫や息子が獲ってきた魚をトロ箱に入れて売ったのが始まりとされ，庶民の台所として100年続く露天市場で，地元で獲れる新鮮な魚介類を求めて，年間25万人の観光客が訪れる中土佐町の観光拠点である。しかしながら，市場内の出店者の高齢化や露店の減少，商店街の空き店舗や空き地の増加など，新たな振興策が急務とされている。

　そうした中，次の一手として，2016年7月大正町市場付近に休憩スペースや町内の観光スポットなどのPRコーナーを設けた観光拠点施設「ぜよぴあ」[10]がオープンし，市場の飲食スペース不足の解消や観光客増加が期待されている。

　さらに，町では「SEAプロジェクト」と名付けた事業計画が進展しており，この中心拠点となる道の駅「なかとさ」が2017年に開業した。この施設は，「食，遊，買」を満喫できる観光拠点として施設自体で集客を行うとともに，「ぜよぴあ」と同じく観光案内等の情報発信を行い，町内各所への波及効果が期待されている。併せて，施設周辺を含め「みなとオアシス」[11]としての登録を目指しており，みなとを核としたまちづくりを推進していくことにより，さまざまなチャンネルでの町の魅力発信を目指している。しかし，主産品である鰹は，食生活の変化や鮮度の問題などから生のままで購入して帰る客は限られていることから，経済効果を十分生まないことや，漁師以外の新たな雇用先の創出も課題であったことから，鰹を使った商品開発が急がれていた。

図表 5-4　sea プロジェクト

SEA プロジェクト

■ Shopping（買う）
■ Eating（食べる）
■ Amusement（遊ぶ）

・集客・観光案内
・町産品の幅広い販売
・町の魅力について情報発信
・既存施設との連携
・新たなイベント等の展開

出所：中土佐町総務課資料を参照し，筆者作成。

写真1　中土佐町・ぜよぴあ（休憩所）

出所：筆者撮影。

3）地域魅力発信の要：企画・ど久礼もん企業組合

① 設立概要

　中土佐町の課題として，基幹産業である漁業の衰退が著しいことがあげられる。1989年に7隻を数えた大型鰹船が現在は3隻に減少，水揚げ金額も3分

の1程度となっている。このような現状に危機感を持つ地域の商店の後継者を中心とした4人の有志が，2007年に県補助金と自らの出資により企画・ど久礼もん企業組合を設立した。4人の職業は，スナック経営，鮮魚店経営，蒲鉾店経営，飲食店経営である。まちの活性化のためにはまず基幹産業である漁業の再生が重要だと考え，メンバー全員が鮮魚と海産物に関係していることもあり，地域の主産品である鰹を利用した製品の商品化に取り組み始めた。開発にあたり，地域の婦人会のメンバーと試食会を行いながらの商品開発を続けるなど非常に活発に行われ，2008年には経済産業省の「地域資源∞全国展開プロジェクト事業」の認定を受けるに至った。以来，現在も積極的な商品開発を続けており主な商品として，「漁師のラー油」，「かつお飯の素」，地元の特産品である生姜を使った「しょうがの恋」，「ジンジャーティー」など多岐にわたる。特に鰹を焼いたものと地元の農協婦人会の手作り味噌を使用したかつお辛焼き味噌「カラヤン」シリーズは，2009年「グルメ＆ダイニングスタイルショー」で準大賞を受賞した。その商品開発能力と取り組みの積極性を買われ，全国で初めて先述の「地域資源∞全国展開プロジェクト事業」において2年連続の採択も受けることとなった。

　こうした商品開発の努力により，中土佐町の地域資源の1つである「鰹」が，物産展，商談会，展示会への出展が増えたことにより，中土佐町の知名度アップに貢献し，大正市場を中心に土曜・日曜日の休日，お盆・正月期間はまさに観光客が押し寄せ，ごった返す状態となっている。地域住民の生活に欠かせない存在であり，観光客からは食資源の魅力を表す場となっている「市場」を軸とした再生モデルとして，その意義は深い。

写真2　漁師のラー油

出所：企画・ど久礼もん企業組合。

（2）株式会社　四万十ドラマ

1）まちの概要

　四万十町は，全国的な知名度を誇る四万十川の上・中流域にあたる県西南部の町であり，2006年に窪川町，大正町，十和村が合併して誕生した総人口16,996人（2019年6月末現在）の町である。

　集落の多くは，四万十川とその支流の河川沿いや台地部に点在し，四万十町東部（旧窪川町）は，中央部を南流する四万十流域の標高230mの高南台地に位置し，約2,000haの農地が広がっている。また，四万十町中部（旧大正町）は，幡多郡の北部「北幡地域」に位置し，平野は四万十川，梼原川沿いにみられるが，そのほとんどを山林が占めている。

　四万十町西部（旧十和村）は，村の中心部を東から西に四万十川が蛇行して流れ，流域沿いに農地が点在しているが，総面積の約9割を山林が占めている。

　こうした地形を活かして，農林業が盛んであり，仁井田米，日本一の作付面積を誇るショウガをはじめ，ミョウガ，ニラ，ピーマン，四万十百合，ヒノキ，椎茸などが代表的な産物となっている。

2）観光の現状

　高知県（2018）によれば，四万十町における主要観光施設，祭り・イベント等への年間観光入込客数は概ね95万人と推定されている。四万十町大正地区において，2011年に海洋堂ホビー館四万十，2012年には海洋堂かっぱ館が開設し，観光入込客数が大幅に増加することとなった。しかし，町の東西に位置する道の駅（大正，とおわ）や，海洋堂ホビー館への来客はほとんどが通過型であり，町内商店街への誘導や宿泊施設の不足，夏季集中型観光による冬季の観光入込客数の減少が大きな課題であった。また，近年，ホビー館やかっぱ館の入込客数が減少傾向にある中，インバウンドへの対応も未整備であり，パンフレットやHPが外国人観光客に考慮した内容になっていない現状がある。

　一方，四万十町には全国的に有名な「最後の清流四万十川」という観光資源があり，雄大で美しい水辺景観を形成するとともに，流域に広がる豊かな森林

第5章　地域経済の活性化と高知県の観光戦略　85

を育んできた。四万十川およびその流域で営まれてきた住民の暮らしから生まれた生活・文化は，四万十川流域に住む人々のアイデンティティの源になっている。

3）地域コンセプトの創造拠点：四万十ドラマ

①　設立概要

　株式会社四万十ドラマは，四万十町十和地区にて，地域の主要産業である一次産業の衰退への危機感から，近隣の大正町と西土佐村を合わせた3町村合同で，1994年に地域振興を目的とした「第3セクター四万十ドラマ」として発足した。その後，四万十ドラマは，1999年には黒字化により単独経営が可能な経営状況となったこともあり，2005年に地域住民などの出資を募り自治体の所有していた株を取得し「株式会社四万十ドラマ（以下，四万十ドラマ）」となった。

　さて，本章で取り上げる四万十ドラマは，今や地域おこしのカリスマ的存在である。その事業内容は多岐にわたり，地域の産品を活用しての商品開発と販売をはじめ指定管理者として「道の駅四万十とおわ」の運営[12]，四万十川の環境を守ることを標榜した地域保全活動，地域外の人々とのネットワーク構築による交流事業など，およそ地域おこしのために考えられるすべての事柄に関わっている。また，設立10年をへて，2009年には経済産業省の「地域新成長産業創出促進事業（ソーシャルビジネスノウハウ移転事業）」に採択されていることからも，その実力のほどがうかがえる。

②　事業展開

　四万十ドラマは，2007年から指定管理者として道の駅「四万十とおわ」の運営を行いながら「しまんと地栗渋皮煮」，「四万十ひのき風呂」，「しまんと緑茶」など，農林漁業に基づく技術や知恵を活かした商品開発と販売に取り組んできた。同社では，四万十川に負荷をかけない仕組みづくりを提唱し，ローカル（足元の豊かさ・生き方を考える），ローテク（地元の1～1.5次産業の技術や知恵），ローインパクト（風景を保全しながら活用する仕組みづくり）がコンセプトの3本柱

となっている。注目すべき点は，人と共に生活文化，技術，知恵，風景を残しながら，四万十川流域に新たな産業をつくり出すことに成功していることである。例として，栗山の再生に取り組み，商品を作り，道の駅や東京の百貨店で販売するということを通じて，特産品でありながら収穫量も減っていた四万十の栗を，産業として復活することにつなげている。

　四万十ドラマでは，商品を単に売るだけではなく，手に取ってもらう際に地域としての「考え方」を併せて伝えることを重視しており，商品のパッケージデザインを「コミュニケーションスイッチ」として位置づけて開発を行っている。パッケージデザインは，地域在住のデザイナーにより，生活者としての視点を交えて行われている。

　また，筆者も最初に手にとって驚いたのが，「四万十ドラマ」の名を全国に知らしめるきっかけとなったエコバッグである。どこにでもある新聞紙でつくられた「四万十川新聞バッグ」は，日本人の美意識「もったいない」と「おりがみ文化」が融合した，機能的で美しいバッグとして，誕生以来，海を渡って海外のミュージアムショップで販売されたり，メディアに取り上げられたりするなど大きな注目を集めている。

　また，そうした考えに共感し，四万十ドラマの活性化手法を学ぼうと集まる多くの視察者を全国から受け入れており，「政策観光」という新たなカテゴリーの観光振興にもつながっている。

　このように，「四万十川」をキーワードとしてモノや情報を発信し続けることで，地域に暮らす住民に自分たちの文化や生活が大きな価値を持つものであることに「気づき」，また四万十ドラマの活動により四万十川のほとりに暮らす住民は，自分たちの地域にさらにプライドが持てるようになったのではないのだろうか。四万十川に対する良好なイメージが地域のアイデンティティー向上につながり，多くの観光客がそれらに触れるため，まちづくり視察も含めて最終目的としてこの地を年間15万人以上（2016年度）が訪問しているのである[13]。

第5章　地域経済の活性化と高知県の観光戦略　87

図表5-5　四万十ドラマのコンセプト

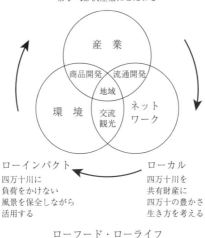

出所：経済産業省HPより抜粋。

写真3　四万十川の遠望

出所：筆者撮影。

（3）黒潮町：NPO法人砂浜美術館

1）黒潮町の概要

黒潮町は，2006年に大方町と佐賀町が合併した総人口11,192人（2019年6月末現在）の町である。気候は，南国特有の温かさで雨が多い。こうした気候を活かして，大方地域では早くから施設園芸や花卉，水稲を中心に栽培が行われ，農業が盛んである。また佐賀地域では，カツオの一本釣り漁業が盛んであり，近年は完全天日塩も代表的な特産物となっている。美しい砂浜や磯が続く海岸線と緑豊かな山々の広がる黒潮町では，自然資源を活かした体験型観光と土佐西南大規模公園を活用したスポーツツーリズムの推進により，県内外から多数の来客がある。

2）観光の現状

黒潮町では，スポーツツーリズムに力点を置き，黒潮町とNPO法人砂浜美術館（以下，砂浜美術館）が中心となって取り組んでいる。町内には，土佐西南大規模公園のスポーツ施設が整備されており，これらを活用して，スポーツを通じた交流人口の拡大や地域の活性化を目指し，スポーツ合宿・大会などの誘致活動や合宿・大会への開催支援を行っている。

黒潮町におけるスポーツツーリズムの特徴は，豊かな自然の中でスポーツができることに加え，会場手配から準備・片付け，大会の企画・運営，宿泊・弁当の手配，地域の体験型観光の手配に至るまで幅広くサポートしている点である。特に，人と人とのつながりを大切にしており，おもてなしの気持ちを持って丁寧にサポートを行っていることが，合宿・大会等の参加者から高く評価されている。黒潮町（2017）においても，スポーツ観光を中心として来町者が増加傾向にあると指摘されている[14]。そうしたことから，2017年に土佐西南大規模公園スポーツゾーン内に2面の人工芝グラウンドが完成し，従来の天然芝2面に加え，計4面の芝グラウンドが徒歩5分圏内にできることになり，サッカーの新たな拠点として，合宿地としても注目を集めている。今後は，スポーツツーリズムによる効果を地域活性化につなげるため，スポーツと観光をセットにしたプランの企画・充実が待たれている。

3）スポーツ・観光の担い手：砂浜美術館

① 設立概要

　黒潮町におけるスポーツおよび観光の進展には，砂浜美術館の存在が欠かせない。砂浜美術館とは，黒潮町の入野浜にあり，建物を持たないバーチャルとしての美術館，つまりものの考え方・見方を指している。町の“ありのままの風景”そのものを美術館と考え，そこにある豊かな自然と，そこに暮らす人びとの営みを，訪れた人びとが自分自身で，見方をかえたり，想像力を働かせたりしながら，1つひとつ大切な「作品」として楽しむのが砂浜美術館なのである[15]。

　砂浜美術館が生まれたのは，バブル経済時の1989年である。他のまちでは，豪勢な公民館や多大な経費をかけたイベント等の実施で話題になっていたが，果たしてそのようなまちづくりがまちづくりの本旨なのかと疑念を感じたことから，「地域を誇りに思い，地域の個性を活かす」ことこそ重要なのではないのだろうかと，まちのあり方について議論が活発化したことから始まった。そうした中，町主催の「松原サミット」のイベントとして，「Tシャツアート展」の提案があった。こうしたことを契機に，「私たちの町には美術館がありません。美しい砂浜が美術館です。」というコンセプトの砂浜美術館が生まれたのである。ちなみに，現在の館長は，土佐湾の沖を泳ぐ「ニタリクジラ」であり，館長を探すホエールウオッチングの人気は高い。

② 事業概要

　砂浜美術館の事業展開は，イベント時期の分散化，地域内組織との連携と調整，新しい事業分野への展開（すなび旅行，すなびてんぽ，すなびスポーツ，ひらひらフレンドシップ等）を進めるとともに，持続的な組織づくりに取り組み，地域経済循環できる仕組みづくりに挑戦しているのである。また，ミッションは，活動を通じて砂浜美術館の考え方を社会に伝える（まちを楽しむ・まちが好きになる）とし，目指す姿は各事業をブラッシュアップすることで，地域の「共有財産」を増やすことである。つまり，「砂浜しかない」を「砂浜がある」と捉えることで，地域社会に新しい資源（＝共有財産）が生まれるように，地域の「○○が

ある」を増やしていくことを目指している。

〈Ｔシャツアート展〉

　Ｔシャツをキャンバスとみたて，浜辺に杭を打ち，ロープを張り，洗濯物を干すようにＴシャツを並べヒラヒラさせる。毎年，5月のゴールデンウイーク期間中に開かれ，すでに31回目を数える。全国から写真やイラストなど原画を募集し，砂浜美術館でＴシャツにプリントして展示したあと，潮風の香りとともに応募者に返すシステムとなっている。毎年，約1,000枚の作品が応募され，会場にも会期中10,000人を超える人たちが訪れる黒潮町の名物行事である。

〈漂流物展とビーチコーニング〉

　これまで海岸に流れ着いた物はゴミとしか見られていなかった。しかし，流れ着いた物を拾い，それらがこの浜に辿り着いた旅に思いを寄せて文学的に楽しんだり，環境・自然科学・民族・芸術とさまざまな角度から漂流物をみることができるのではとの発想から，漂流物展が毎年開催されている。これらをきっかけに全国の砂浜で漂流物を集めている人たちとの漂着物学会というネットワークができ，約300名の会員が登録されている。また，海外から流れ着いた空き瓶などの漂流物を対象として，拾った漂着物から標本にしたり，細工を施したりして楽しむ「ビーチコーニング」が人気となっている。

〈砂浜美術館からのお届け物：すなびてんぽによる外部への発信〉

　すなびてんぽでは，黒潮町で作られた食品やちょっとやさしい，ちょっと楽しい，ちょっとオモシロイ，ちょっとずつ手づくりで，イロイロなものを届ける取り組みとして，2012年スタートした。特に，黒潮町で揃う和食の基本である砂糖・塩・酢・しょうゆ・みそを使った「さしすせそ食品」の開発は地域経済循環を目指すものでもある。

　こうした砂浜美術館の取り組みは，「砂美スタイル」として，まちに浸透し，地域の内外に共感を呼び，ファンを作り，地域の観光振興にもつながっている。

第5章　地域経済の活性化と高知県の観光戦略　91

写真4　大人気のホエールウオッチング

出所：筆者撮影。

写真5　Tシャツアート展

出所：筆者撮影。

4 おわりに

これまで高知県における3つの地域活性化事例を紹介してきた。第3セクター，民間企業，NPOといずれも運営主体の形は違うが，実際に地域振興に携わっている方は，地域住民であり，高知県観光ビジョンが目指したキーワード「人々の交流」，「地域の産業としての観光」，「地域の魅力を見つめ直す」，「個性豊か」，「一人ひとりが担い手」がすべての事例に含まれていることが大きな特徴といえる。また，地域事例の検証から，効果的な観光振興の要素として，ヒトの動きを中心に考えると，①出かける（情報を発信），②見つける（検索される），③迎え入れる（おもてなし）と整理できるのではないだろうか。

人口減少時代に入り，全国レベルで過疎化や少子高齢化が進む中，交流人口を増やそうと，観光客受け入れの整備を推進していくこと自体は，素晴らしいことである。しかし，観光産業を振興していくうえで土台となる地域の基礎力がなければ，やはり難しいと考える。本章における事例は，地元にある地域資源を活かして，地域の将来を考えた上でのまちづくりの延長としての地域観光の姿を示したものである。

こうした観光のあり方を考える上で参考になる「観光まちづくり」という概念の先行研究（安村（2005），寺村（2009））がある。安村（2005）は，「観光まちづくりは住民参画と住民自治を通じて，それまでの伝統的社会関係を，自立する個人の協働的社会関係に再構成する過程」であるとし，寺村（2009）は，「観光まちづくり」のリーダーは「まちづくり組織の人間関係を頼りに観光まちづくりを実践する。頼りにされる人間関係はまちに未だ残る，社会的凝集性が高く（人間関係の密度が高く），相互扶助の精神に支えられるムラの社会関係である」としている。また，昨今の地方創生の動きの中で注視されている内発的発展論として，鶴見（1996）が示した「地域の小伝統の中に，現在人類が直面している困難な問題を解くかぎを発見し，旧いものを新しい環境に照らし合わせてつくりかえ，そうすることによって，多様な発展の経路をきり拓くのは，キーパースンとしての地域の小さき民である」は，現在，観光振興に取り組む地域

第5章　地域経済の活性化と高知県の観光戦略　93

政策の原点であるといえるのではないだろうか。さらに，安村（2005）は，「観光まちづくり」という概念の解釈として，「環境や地域経済，人口の問題のみを対象として解決を図る行動ではなく，その地域の社会関係の現状を変えていくところもターゲットにしているはずである」と指摘している。地域観光は地域の総合力を活かす取り組みであり，それぞれの地域資源を活かした観光・交流を促進するために，農林漁業や商工業者，エージェントなども巻き込んだ，総合的な観光まちづくりが求められている。

【注】

1）限界集落とは，65歳以上の老齢人口が50％を超えた集落は，高齢化が進み社会的共同生活の維持が困難な状態であり，消滅集落に向かう可能性が高まる地域を定義したもの。

2）内閣府（2013）に基づく。

3）フラワーツーリズムとは，日本の四季折々の多種多様な花を観光資源とし，旅先で花にふれあうことによってその旅行をさらに意義深いものにすること，また，観光のために花による地域振興を図るということを目的とした新しい旅行スタイルのこと（日本観光協会，2013）。

4）この条例は，観光立県を目指すための基本理念その他観光の振興に関し必要な事項を定めることにより，県民の参加と協働による観光の振興を図り，もって元気な地域社会づくり及び本県経済の持続的な発展に寄与することを目的とする。

5）高知県（2019）2-3頁。

6）高知県において毎年，夏季に開催される「よさこい祭」は全国的ブランドとして地名度が高いことから，東京オリンピック・パラリンピックに向けて，海外メディアを通じて情報発信を図ることを予定している。

7）本章における高知県内の地域事例調査については，特に断りのない限り，2012年〜2018年度にかけて，①中土佐町役場，企画・ど久礼もん企業組合，大正市場事務局，田中鮮魚店，②四万十町役場，株式会社四万十ドラマ，③黒潮町役場，NPO砂浜美術館を訪問調査したフィールドノートに基づき記述している。

8）1990年のふるさと創生事業を契機に始まった「カツオ祭り」は，その後1996年に結成された"カツオのタタキ実演販売キャラバン隊"による中四国，関西方面への出向実演販売も功を奏し，今日では町の人口の2倍以上，12,000人の来場者（2019年5月実施，

町広報）を迎え，県内でも有数のイベントに成長している。

9）地域における人々の生活又は生業及び当該地域の風土により形成された景観地で我が国民の生活又は生業の理解のため欠くことのできない特に重要なものとして選定。2019 年 7 月 18 日現在，選定数 64 件。（出所）文化庁ホームページ http://www.bunka.go.jp/seisaku/bunkazai/shokai/keikan/（2019 年 7 月 18 日アクセス）。

10）ぜよぴあは，観光客の滞在時間を延ばし，満足度を高めてもらうために整備した拠点である。1 階は市場などでの購入品を食べる約 40 人分の休憩スペースとして開放し，2 階には住民や視察団体などが使える研修室を構えた。総事業費は約 1 億円，延べ床面積は約 250 平方メートル。内装などに県産ヒノキを使用し，地元の「久礼お宮さん通り商店街組合」が指定管理者として運営する。

11）地域住民の交流や観光の振興を通じた地域の活性化に資する「みなと」を核としたまちづくりを促進するため，2003 年度に設立。住民参加による地域振興の取り組みが継続的に行われる施設として登録されたもの。2019 年 6 月 2 日現在，登録数 130 カ所。
（出所）国土交通省ホームページ http://www.mlit.go.jp/common/001291887.pdf（2019 年 7 月 18 日アクセス）。

12）指定管理業務は 2018 年 3 月にて終了。

13）高知県観光政策課（2019）に基づく。

14）黒潮町のスポーツツーリズムについては，詳しくは中澤（2017）を参照されたい。

15）砂浜美術館ホームページ「館長メッセージ」を参照。http://www.sunabi.com/about/message/（2019 年 7 月 20 日アクセス）。

参考文献

梅村仁編（2013）『地方都市の公共経営』南の風社.

NPO 法人砂浜美術館（2012）『砂浜美術館ノートⅡ』.

大野晃（2008）『限界集落と地域再生』静岡新聞社.

黒潮町（2017）『黒潮町まち・ひと・しごと創生総合戦略アクションプラン＜平成 29 年度版＞』.

経済産業省 HP（住民が共に育てる観光まちづくり事例 31）
http://www.mlit.go.jp/common/000213063.pdf（2019 年 7 月 18 日アクセス）.

高知県（2005）『高知県観光ビジョン』.

高知県（2019）『高知県産業振興計画 ver4』.

高知県観光政策課（2019）『平成 29 年県外観光客入込・動態調査報告書』.

四万十ドラマ HP　http://shimanto-drama.jp（2019 年 7 月 18 日アクセス）.

鶴見和子（1996）『内発的発展論の展開』筑摩書房.

寺村安道（2009）「地域観光と地域振興─観光ボランティアガイド組織の活動事例から観光まちづくりを考える─」『RPSPP Discussion PaperNo.12』.

内閣府（2013）『国民生活に関する世論調査』.

中澤純治（2017）「スポーツツーリズムによる地域経済振興の経済分析─高知県黒潮町を事例として─」『笹川スポーツ研究助成研究成果報告書』.

日本観光振興協会（2013）『平成24年度版 観光の実態と志向 第31回国民の観光に関する動向調査』.

安村克己（2005）『観光まちづくりの力学』学文社.

第6章
地域経済の活性化と大阪府の観光戦略
―インバウンドと再開発で変わる大阪―

1　はじめに

（1）地方創生と観光

　日本は GDP の伸び率低下に示される低成長と高齢化・人口減少の進行とともに，グローバル化によって東京一極集中が加速する一方で，地方の過疎衰退が顕著となっている。地方における産業の育成が困難を極める中で，残された唯一ともいえる地域振興の手段が観光である。観光によって地域内に生まれる消費と投資が地域経済を活性化するとともに，観光客に選ばれるように地域の魅力を高めることで，人口の社会増，交流人口・関係人口の増化が期待される。

　観光による地域振興は政府方針ともなって，2003 年の小泉内閣以降，ビジット・ジャパン・キャンペーンが展開され，地域経済の活性化を目指して訪日外国人旅行者（以下，訪日外客数）の引き込みが図られている。

　現在のところ，政府の観光立国を掲げた政策は大きな成功を収めており，二度にわたって目標値が引き上げられている。2003 年に目標として掲げられた訪日外客数 1,000 万人は 2013 年に突破，その後も訪日外客数は伸び続け，2004 年に新たな目標とされた 2,000 万人を 2016 年に超え，改めて 2016 年に2020 年の東京オリンピック開催に合わせて訪日外客数 4,000 万人達成が最新の目標に掲げられた。

　訪日外客数は以後も順調に増え続け，2018 年には 3,000 万人を超えている。訪日外国人の内訳は，日本との距離が近い韓国・中国・台湾の東アジアの国々の旅行者の比率が高く，訪日外客数のトップ3を占めている。

第6章　地域経済の活性化と大阪府の観光戦略　97

訪日外国人の増加状況，経済効果，抱える課題は，それぞれの地域ごとに異なっているが，本稿では「大阪の観光」をテーマに，誘致への取り組み，訪日外客数の推移，地域に与える影響，課題と展望について考察する。

その際に「大阪の観光」をどの地域的な範囲で捉えるべきかが先行する問題となるが，大阪が古くからの歴史を持ち，関西・西日本の行政や経済の中心地であった関係から，大阪市以外に，大阪府あるいは関西や西日本を含めて，大阪の観光拠点として捉えることが可能である。ただ頁数の関係もあり，本稿では大阪市を中心に「大阪の観光」を考察することとし，関連する範囲で大阪府や，関西・西日本を取り上げることとする。

(2) 観光の意義等

最初に観光，観光文化，文化観光の意義を確認しておこう。観光の意義の元となる語源は，中国語で「光」を観ることとされる[1] が，この場合の「光」は，光線としての「ひかり」ではなく，魅力的で輝くものを指すとされている。

したがって，観光の本来的内容は魅力的なものを観ること，すなわち「非日常」の存在で五感（視覚，聴覚，触覚，味覚，嗅覚）を刺激するものを観ることである。そのためには，日常生活の場から離れる必要があることから，観光は中長期あるいは短期の旅行の形をとることが通常である。そのため，観光と観光目的の旅行（観光旅行）は同じ内容を持っている。もっとも，旅行は多様な種類があり，観光だけでなく，ビジネス，買い物，スポーツ，健康回復や療養などを目的とした旅行も存在している。

次の観光文化は，観光が地域に作り出す文化を指しており，人々の観光に対する思考と行動を指している。そもそも文化とは一定地域における共通の行動様式・思考様式を指すもので，地域が異なれば文化も異なる。したがって，観光文化も地域によって異なっており，同じ東アジアでも日本と中国とは観光文化が異なる。日本では観光目的の旅を「旅行」といい，旅は「楽しむ」だけでなく，「学ぶ」「旅情に浸る」「自分を見つめ直す」などの広い意味を持っているが，中国では観光目的の旅のことを「旅遊」と呼び，旅は「楽しむ」ことに

重点が置かれる。

　観光先進国である英国の観光文化は，日本よりもさらに一歩進んでいる。英国では，旅行という「非日常」の機会を短時間の見学・買い物・食事に費やすよりも，自らの知識や教養を高めることに重点を置く人々が多い。例えば英国の観光旅行の一形態であるスタディツアー・アカデミックツアー（学習観光・学術観光）の参加者は，専門的な知識も深く，その知的関心から事前に丹念に下調べをしており，ツアーの性格も日本の同種の観光よりも一層探究的である。

　もっとも日本でもこの動きは徐々に現れており，定番の観光旅行に飽きた人々から，「教養」や「学び」に重点を置いた旅行へのニーズが高まりつつある。

　実際に最近の観光は，商品やサービスを購入・利用することによって商品やサービスの機能的価値を享受する「モノ消費」から，商品やサービスによって得られる経験に価値を見出す「コト消費」に重心が移りつつある。従来の「見学型」ともいうべきただモノを見る・鑑賞するだけでなく，物を造る，衣装を着る，行事に参加する，仕事をするなど，「体験型」の観光に人気が集まっているのも同様の理由からである。

　観光は，観光客を受け入れる地域の文化にも影響を及ぼす。日本の観光地には「おもてなし」の文化があるとされるが，「おもてなし」とは，事業者が観光客からサービスの対価としてお金を受け取るだけでなく，観光客にサービスの対価を超える満足を与えるように配慮することを指しており，日本の観光地が共通して持つ特徴とされる。

　「おもてなし」文化における事業者と観光客の関係は，事業者がサービスを提供し，観光客が対価を払ってそのサービスを享受するだけでなく，双方の言語や動作を交えたコミュニケーションによって共有する時間をともに楽しむ関係であるとも言われる。日本では当然のことと考えられていたが，海外では必ずしもそうではない。実際に中国の観光文化には，事業者が必要以上に観光客とのコミュニケーションをとって，サービスの対価以上の満足を与えようとする考え方はない。

　また観光の目的は，レジャー（余暇を利用して行う娯楽や行楽），学習，スポー

ツ，信仰，健康回復など，観光の対象は，自然，建物，施設，古跡などである。このうち，レジャーや学習などを目的にして文化資源を対象として行う観光が文化観光と呼ばれる。もっとも文化の概念が広い関係から，地域の歴史的・文化的資産たる建物，施設，古跡などの見学のほか，無形の習俗，スポーツ競技，自然と人間の営みの有様などの見学も，文化観光に含まれる。最近の文化観光では，映画やアニメ・漫画の舞台となった場所を訪れて，登場人物に感情移入してストーリーを追体験するコンテンツ・ツーリズムが人気を呼んでいる。SNSによる情報発信はその人気に拍車を掛けている。

(3) 推進組織

　政府の政策方針として観光立国が掲げられ，観光政策の推進者の役割が高まるにしたがって，長らく観光事業者を中心にして考えられてきた観光推進組織にも新しい動きが生まれている。

　これまでの日本は，明治以来の殖産興業・産業報国をスローガンにした「ものづくり」を国家の発展の基礎手段としてきた。そのため観光政策が地域の戦略的課題として取り上げられることは少なく，地域の行政と地元の商工業者が中心となる観光事業者によって組織される観光協会が進めてきた観光政策は，次のような課題を抱えていた。

　第一は，地域の観光事業者によって組織される観光協会が行政から委託金・補助金として得られる事業予算を執行する形が定着し，観光協会が行政の事実上の下請けとなる形が定着してきたことである。第二は，事業内容が一方向・一過性のプロモーションを中心したものとなって，現在では普通のこととなった計画・実行・評価・改善のPDCAのマネジメントサイクルが機能していなかったことである。第三は，観光学部や観光学科を設けた大学や専門学校が少なく，観光に関わる専門人材が不足していたことである。

　結果として行政や観光協会は，地域の観光振興に主導的な役割を果たすことができず，観光振興はもっぱら個々の観光事業者の役割とされてきた。しかし，観光立国が国策として取り上げられ，観光による地域振興の重要性が認識される段階に至ると，地域の魅力を高めるために観光とまちづくりを一体とし

て進める必要が生まれ，観光事業者だけでなく，行政・各種団体・異業種を含めて，地域一体となった取り組みが求められるようになった。

こうした中で，観光とまちづくりを一体化して進める「観光地域プラットフォーム」の必要性が政府レベルで認識されるようになり，従来の枠組みから脱した官民連携による事業型の観光推進組織として，日本版 DMO（Destination Marketing/Management Organization）の設立が求められている。

全国の都道府県・市町村や観光協会・観光連盟などが加入する（公財）日本観光振興協会の中に，DMO 委員会が設置され，各地に設立に向けた働きかけが行われている。DMO の事業内容は，マーケティングやセールスの専門スタッフを置き，地域のブランディング，新たな観光資源の発見，広域観光ルートの開発，大型観光キャンペーンの展開，MICE（meeting, incentive tour, convention/conference, exhibition/event）の企画・誘致，宿・飲食や輸送の手配等行うことが想定されている。もっとも，組織的な問題の解決は手段であって本来的な目的ではない。DMO の設立如何にかかわらず，インバウンド（訪日外国人旅行者）に対する具体的な政策対応が重要になる。

関西では，2017 年 4 月，（一財）関西観光本部が，観光庁に日本版 DMO として登録され，国，日本政府観光局（JNTO），関西各地の自治体・DMO，民間事業者，その他の団体と協働して，関西エリアに対する広域 DMO として活動している。関西観光本部は，関経連，関西広域連合の観光事業を移管して官民で設立された関西国際観光推進本部と，その事務局機能を担っていた（一社）大阪湾ベイエリア開発推進機構（関西地域振興財団）が統合されて発足したものである。

現在の関西観光本部には，関西広域連合（滋賀県，京都府，大阪府，兵庫県，奈良県，和歌山県，鳥取県，徳島県，京都市，大阪市，神戸市，堺市），福井県，三重県，経済団体，観光推進団体，業界団体・事業者，オブザーバーとして国の地方支分部局が参加して，オール関西ともいうべき組織で，2018 年 10 月に策定された「関西ツーリズムグランドデザイン 2021」の実現を目指している。

関西観光本部以外にも「大阪の観光」と関わりのある観光推進組織として，観光庁，政府観光局（JNTO），国の地方支分部局，関西広域連合，関係自治体，

第6章　地域経済の活性化と大阪府の観光戦略　101

図表6-1　観光立国に向けた政府の取り組み

年　月	内　容
2002 年 12 月	国土交通省「グローバル観光戦略」を策定
2003 年 1 月	小泉純一郎首相が「観光立国懇談会」を主宰 首相施政方針演説「2010 年までに訪日外国人旅行者数 1,000 万人」
2003 年 4 月	ビジット・ジャパン事業開始
2006 年 12 月	観光立国推進基本法が成立
2007 年 6 月	観光立国推進基本計画を閣議決定
2008 年 10 月	観光庁設置（その他に特殊法人として 1953 年日本観光協会設立，1964 年国際観光協会に改組，2003 年独立行政法人国際観光振興機構：略称日本政府観光局（JNTO）に業務を引き継ぐ）
2009 年 7 月	中国個人観光ビザ発給開始
2012 年 3 月	観光立国推進基本計画を閣議決定
2013 年 1 月	「日本再生に向けた緊急経済対策」を閣議決定 第 1 回国土交通省観光立国推進本部を開催
2013 年 3 月	第 1 回観光立国推進閣僚会議を開催
2013 年 4 月	第 2 回国土交通省観光立国推進本部を開催
2013 年 6 月	第 2 回観光立国推進閣僚会議を開催 「日本再興戦略 – JAPAN is BACK –」を閣議決定
2013 年 12 月	訪日外国人旅行者数 1,300 万人達成
2014 年 1 月	第 3 回観光立国推進閣僚会議を開催 安倍晋三首相発言「2020 年に訪日外国人旅行者数 2,000 万人を目標」
2014 年 6 月	「観光立国実現に向けたアクション・プログラム 2014」を決定 （「2020 年に向けて，訪日外国人旅行者数 2,000 万人の高みを目指す」ことを明記） 「日本再興戦略」改訂 2014 を閣議決定
2015 年 6 月	「観光立国実現に向けたアクション・プログラム 2015」を決定 「日本再興戦略」改訂 2015 を閣議決定
2015 年 12 月	訪日外国人旅行者数 1,974 万人達成
2016 年 11 月	第 1 回明日の日本を支える観光ビジョン構想会議を開催
2017 年 3 月	第 2 回明日の日本を支える観光ビジョン構想会議を開催 「2020 年に訪日外国人旅行者数 4,000 万人を目標」「2030 年に 6,000 万人を目標」に設定，訪日外国人の旅行消費額は 2020 年に 8 兆円，2040 年に 15 兆円を目標

出所：日本政府観光局（JNTO）HP，日本経済新聞 2018 年 1 月 17 日などから作成。

大阪観光局（大阪府と大阪市の観光事業とコンベンション誘致策を一体的に進める目的で，2013年4月に設立された公益財団法人），関経連，関西地域振興財団（関西ベイエリア事業の機能は継続），歴史街道推進協議会などが存在する。

2　大阪復活の兆し

(1) 大阪経済の地位低下

　大阪経済は，軽工業中心の産業構造が長く続いたため，新たに経済を牽引する役割を担った重工業，電気・機械，自動車等の産業への転換が遅れ，さらにその後の成長産業であるIT産業への転換が遅れたために，大阪経済を日本経済全体の中で見れば，相対的な地位低下が続いている。

　大阪経済の歴史を語る際に取り上げられる華々しい過去が，大正末期から昭和初期の一時期に大阪への人口と産業の集積を背景にして，大阪が市域拡張で面積・人口ともに日本一となった「大大阪」と呼ばれる時代である。その2年前の1923年9月の関東大震災で東京が大きな被害を受けた影響もあったが，1925年4月の第二次市域拡張で，大阪は東京を面積と人口の双方で追い抜くに至った。

　しかしながら，産業の中心が軽工業から重化学工業に移行するとともに，「糸へん」と呼ばれる繊維産業が盛んであった大阪は次第に勢いを失い，「大大阪」と呼ばれた時代もそう長くは続かなかった。第二次大戦時の空襲で，東京も大阪も大きな被害を受けたが，その後の復興の過程でも，繊維中心の軽工業を中核に置くという大阪経済の基本的な特徴は大きく変わることはなかった。

　こうした環境の中で，グローバル化の進展によって，製造機能・卸売機能よりも企画機能・情報機能が重視されるようになり，日本の首都でアジアのヘッドオフィスが集まる東京への一極集中が高まっていく。大阪で生まれ育った名門の大手企業が本社・本社機能を相次いで東京に移転する一方で，それに代わる新たな有力企業も生まれず，大阪は次第にローカルな拠点と化しつつあり，大阪経済と東京経済の格差は拡大している。

　最近では，自動車産業を中心に発展を続ける名古屋経済のキャッチアップに

もさらされている。名古屋・愛知に本社を置く企業は，トヨタ自動車，アイシン，デンソーなど世界をリードする自動車関連企業に加え，日本ガイシ，日本特殊陶業，大同特殊鋼，日本車輌，オーエスジー，マスプロ電工，マキタ，バッファロー，アイホン，サン電子，ダイコク電機，ホシザキ電機，ブラザー工業，パロマ，リンナイ，トヨトミ，メニコン，ホーユー，ノリタケカンパニー，INAX，三菱航空機，パロマなど数も多い。このように「ものづくり」の分野では東京資本にも負けない独自の特徴を持った企業が名古屋・愛知に本社や主要工場を置いている。その結果，製造品出荷額は，国内の1位が愛知県の46.9兆円であり，2位が神奈川県の17.9兆円，3位が大阪府の16.9兆円となっており，愛知県が大阪府を大きく引き離している（経済産業省「2018年工業統計調査表（2017年実績）確報」）。

名古屋経済の地位の高さは，有名大学の就職人気の高い著名な外資系コンサルティングファーム3社のうち，マッキンゼー，ゴールドマンサックスと並ぶボストン・コンサルティング・グループが，大阪ではなく名古屋に中部関西オフィスを置いている事実で象徴されている。

(2) 持ち直す経済指標と人口指標

最近の大阪の主要な経済指標を見てみよう。ここ10年の経済指標の変化を見れば，大阪経済が好転したことがわかる（上山信一・改革評価プロジェクト事務局「大阪の改革〜10年の改革をふり返る〜」（2018年12月20日））。全国平均との比較で直近の状況を見ても，景気動向指数，中小企業景況判断，有効求人倍率，完全失業率のうち完全失業率を除く経済指標は大阪が全国平均を上回っている。唯一の例外である完全失業率においても，最も数値が悪かった2010年には，大阪府7.6，全国平均5.3で，その差が2.3あったが，大阪府の失業率は次第に改善し，2018年3月期には大阪府3.4，全国平均2.5とその差は0.9にまで縮小している。

次に人口指標を見てみよう。総務省の「住民基本台帳人口移動報告 平成30年（2018年）結果」によれば，転入超過は東京都，埼玉県，神奈川県，千葉県，愛知県，福岡県，大阪府，滋賀県の8県となっており，3大都市圏（東京圏，名

古屋圏，大阪圏）で見ると，東京圏（東京都，神奈川県，埼玉県，千葉県）が139,868人の転入超過であるのに対して，名古屋圏（愛知県，岐阜県，三重県）は － 7,376人の転出超過，大阪圏（大阪府，兵庫県，京都府，奈良県）は － 9,438 人の転出超過となっている。圏別で見れば東京圏の一人勝ちが明らかになっている。

この事実は，東京一極集中の勢いが止まらず，東京への転入超過が東京都を超えて隣接県に及んでいること，大都市である名古屋，大阪を抱える名古屋圏，大阪圏も県域や府域を超えるほどの転入超過が進んでいないことを明らかにしている。

しかしながら，大阪圏の中で見ると，大阪府だけが ＋ 2,388 人の増加であり，大阪圏の中で唯一転入超過が見られる。その一方で，兵庫県は － 5,330 人と際立った転出超過を示している。また，大阪圏内にある 4 大都市の人口移動を見ると，大阪市が ＋ 12,081 人，堺市が － 1,073 人，京都市 － 1,273 人，神戸市 － 2,331 人と，大阪市だけが ＋ 12,081 人の転入超過となっており，大阪への人口集中が見られる。この中では，ともに港町の歴史を持つ神戸市と堺市の転出超過が目立っている。

3 大都市圏でみた都道府県別の人口順位は，東京圏は，東京都 13,740,732人，神奈川県 9,189,521 人，埼玉県 7,377,288 人，千葉県 6,311,190 人である。名古屋圏は，愛知県 7,565,309 人，岐阜県 2,044,114 人，三重県 1,824,637 人となっている。これに対して，大阪圏は，大阪府 8,848,988 人，兵庫県 5,570,618人，京都府 2,555,068 人，奈良県 1,362,781 人である（総務省「人口，人口動態及び世帯数（平成 31 年 1 月 1 日現在）」）。

大阪府の人口は，埼玉県・千葉県や愛知県の人口を上回るものの，神奈川県に抜かれて第 3 位の位置にある。

3 大都市圏でみた大都市別の人口順位は，東京圏は，東京都特別区 9,486,618人，横浜市 3,724,796 人，川崎市 1,500,460 人，さいたま市 1,302,256 人，千葉市 970,049 人である。名古屋圏は，名古屋市 2,294,362 人，これに対して，大阪圏は，大阪市 2,714,484 人，京都市 1,412,570 人，神戸市 1,538,025 人，堺市837,773 人である。東京と大阪がそれぞれ関東・関西を代表する地位にあるといわれるものの，大阪市の人口は，関東で第 2 位である横浜市に 100 万人以上

第6章　地域経済の活性化と大阪府の観光戦略　105

図表6－2　大阪府の主要な経済指標の推移

	2008 年	2012 年	2017 年	評価（直近の状況）
景気動向指数	97.3	112.1	123.5	2018.8 の直近値は 130.9 で，全国平均より 15.7 ポイント高い
中小企業景況判断	－ 42.4	－ 26.2	－ 13.7	全国平均よりも 6 ポイント高い
有効求人倍率	0.94	0.77	1.57	2018.3 期の 1.80 は，全国平均の 1 割増
完全失業率（％）	5.3	5.4	3.4	2018.3 期の 3.4 は 2011 最高値から半減

出所：上山信一・改革評価プロジェクト事務局「大阪の改革評価〜 10 年の改革をふり返る〜」（2018 年 12 月 20 日）「主要課題の指標一覧表」から抜粋。

図表6－3　3大都市圏の転入超過数の推移（2014 年〜 2018 年）（人）

区　分	2014 年	2015 年	2016 年	2017 年	2018 年
3 大都市圏	101,761	115,938	113,838	111,293	123,054
東京圏	116,048	127,623	125,282	125,530	139,868
名古屋圏	－ 638	－ 631	－ 924	－ 4,480	－ 7,376
大阪圏	－ 13,651	－ 11,054	－ 10,520	－ 9,777	－ 9,438

出所：総務省統計局「住民基本台帳人口移動報告 平成 30 年（2018 年）結果」より作成。

図表6－4　大阪圏の転入超過数（2018 年）

府県名	転入超過数（－は転出超過）
大阪府	＋ 2,388 人
京都府	－ 2,536 人
兵庫県	－ 5,330 人
奈良県	－ 3,960 人
計	－ 9,438 人

出所：総務省統計局「住民基本台帳人口移動報告 平成 30 年（2018 年）結果」より作成。

図表6－5　大阪圏4大都市の転入超過数（2018年）

都市名	転入超過数（－は転出超過）
大阪市	＋ 12,081 人
堺　　市	－ 1,073 人
京都市	－ 1,273 人
神戸市	－ 2,331 人

出所：総務省統計局「住民基本台帳人口移動報告 平成30年
（2018年）結果」より作成。

も離されている（同上）。

　人口指標からわかることは，大阪府，大阪市は，国内における相対的な地位は下げつつも，ともに人口を増加させており，経済指標の改善と合わせて人口面でも大阪の復活を明らかにしている。

3　インバウンド

(1) 従来の大阪の都市イメージ

　大阪は，今なお西日本を代表する大都市であり，人口や産業が集積するほか，都市機能が充実しており，観光施設も多く，その魅力は多様性に富んでいる。しかしこれまで，大阪経済に占める観光のウェートは高くなかった。

　大阪市を念頭に置いて大阪に対する一般的なイメージを考えてみよう。メディア等に現れる大阪に対する評価は，どちらかと言えば，先にあげた都市別人口順位における大阪の順位以上に大阪を評価して，日本の中枢都市としての役割遂行と将来の発展に期待を込めたプラス評価が多い。

　このようなイメージが生まれる理由の第一は，東の東京，西の大阪として扱われてきた歴史によるところが大きい。実際に，戦国時代の関ヶ原の戦い以降，地政学的な観点から日本を東西に二分する場合に，西日本を代表する都市として大阪を置き，東日本を代表する都市として東京が置かれてきた。また，江戸時代には大阪に各藩の蔵屋敷が集中し蔵米の取引が行われた歴史があり，

第6章 地域経済の活性化と大阪府の観光戦略　107

大阪は「天下の台所」として，幕府が置かれ軍事・政治の中心であった東京と同格に対比されてきた事実がある。

第二は，大阪が，東京に隣接する横浜と異なって独自の文化を持っていることである。大阪よりも人口の多い横浜は，東京の衛星都市としてベッドタウン化していると見られており，港町として発展した横浜の独自文化が次第に薄れていることは事実である。これに対して，政治や経済面での地位は下がったものの，「なにわの文化」として大阪の文化はなお独自性を持っている。

「庶民の町」大阪で生まれた大衆文化としてのトラトラタイガースで知られる阪神ファンの熱狂的な応援，お好み焼・たこ焼きに代表される粉もん，ソース二度づけ禁止ルールの大衆串カツの食文化，吉本新喜劇を中心とするコテコテの笑いの文化が大阪の文化を代表している。その一方で大阪の知識人や船場商人，近代の資本家が支えてきた文楽や能などの伝統的な芸術文化のほか，明治以降に生まれた美術・演劇・音楽などの文化も残されている。さらに古都京都や港町として発展した神戸という異なる個性を持つ大都市と近い。こうした事実は，文化の多様性が大阪の文化のもう1つの特色となっていることを明らかにしている。

第三は，大阪が，古くから栄えた歴史を持つとともに，近代化によって人口と産業の集積が進んだ結果として，多様なニーズに応える都市機能が充実していることである。加えて多くの大手メディアが本社や中枢機能を置いており，産業集積・都市機能・情報発信力の点で，関西や西日本を代表する都市としての実力を持っている。

このような大阪へのプラス評価がある反面で，相反する現実もある。その最大のものが，大阪経済の地位低下である。グローバル化の進展とともに首都東京が世界都市として発展する一方で，大阪はローカルな拠点色を強め，東京に大きく差をつけられている。大阪市の人口は横浜市に抜かれて久しく，先にあげたように現在では横浜市の人口は大阪市よりも100万人以上多い。

また名古屋とその周辺は，自動車産業をはじめとして日本屈指のものづくり産業の集積地で，主要企業の本社および主要工場が名古屋や愛知県に立地しており，何事にも東京に次ぐ2番手の地位にある大阪と異なって東京を凌ぐ面が

少なくない。そのため，現在の大阪は，東京を追いかけるだけでなく，名古屋からの追い上げにも注意を払わなければならなくなっている。

「儲かりまっか」「ぼちぼちでんな」を日々の挨拶言葉としてきた「商人の町」大阪であったが，経済の低迷状態が長く続き，相次ぐ有力企業の東京への本社・本社機能の移転によって経済の地位低下が進み，都市のアイデンティティにも陰りが生じている。

(2) インバウンドによる大阪の賑わい

こうした中で，大阪を巡る明るい話題が生まれている。近年，いわゆるインバウンドと呼ばれる訪日外国人旅行者が大阪都心に一挙に増えて，大阪に賑わいが戻り，活気づいている。特にキタ，ミナミの都心における訪日外国人の人出の多さは驚くばかりである。その中で聞かれる言葉も，中国語，韓国語，英語，スペイン語，ポルトガル語などさまざまである。

このように変わったのは最近のことで，しかもその変化は急激であった。訪日外国人が急増した理由は別稿に委ねるとして，大阪を訪れる訪日外国人が増えた最大の理由として，観光事業者からは大阪が観光のゴールデンルートに位置していることがあげられている。

増え続ける訪日外国人は，日本の首都東京を目指して訪れることが多いが，多くは成田空港から入国して，東京やその周辺を見て回るだけでなく，新幹線や関西国際空港（以下，関空）を利用して大阪に入り，日本を代表する観光都市である京都を訪れ，そして関西を代表する大都市である大阪に宿泊して東京に戻るか，あるいは東京に戻らずにそのまま関空から出国するケースが多い。あるいはその逆コースを辿ることもある。

この東京から大阪までのルートは，いつの頃かゴールデンルートという呼び名が定着している。特に訪日者数が多いアジアの旅行者は，団体旅行あるいは小グループで成田空港から入国して，東京とその周辺，箱根・富士山，名古屋，京都，大阪の人気5スポットを回ることが通常である。この間に要する日時は，おおよそ5日～10日とされ，めぼしい観光スポットを短時間で回れる効率的な定番コースとして人気が高い。確かに短い時間で日本の特徴を知るこ

第6章　地域経済の活性化と大阪府の観光戦略　109

とができるために，経済的でお得なコースであることは間違いない。

　大阪観光局の外国人動向調査[2]によれば，大阪を訪れた外国人は2017年が1,110万人，2018年が1,142万人であるが，その9割は中国・韓国などのアジアの国々の旅行者となっている。多くは大阪を拠点にして京都や奈良など周辺を訪れるが，宿泊地となる大阪での消費額が最も大きい。

　同消費額調査[3]によれば，訪日客1人あたりの消費額は全国が153,029円，宿泊日数が少ない大阪が10万8,200円となっている。東京圏の都市圏人口が3,800万人，大阪圏は2,000万人であることを考慮すれば，東京，大阪を訪れる人数に大差がないことから，都市規模が大きい東京よりも規模が小さい大阪により大きな経済的影響を及ぼすことは当然である。大阪の都心の宿泊施設や飲食店，ショップは盛況をきたし，大阪経済に好影響を与えている。

図表6－6　大阪のインバウンド

	2008年	2012年	2017年	評価（直近の状況）
来阪外国人旅行者（万人）	158	203	1,110	2008年の7倍に増加。増加率全国1位。
インバウンド訪問率（％）	32.4	30.1	44.1	11.7ポイント上昇。訪問率全国1位

出所：上山信一・改革評価プロジェクト事務局「大阪の改革評価～10年の改革をふり返る～」（2018年12月20日）「主要課題の指標一覧表」から抜粋。

図表6－7　訪日外国人旅行客推移（単位：万人）

年	日　本	東　京	大　阪
2013	1,036	490	263
2014	1,341	690	376
2015	1,974	1,028	716
2016	2,404	1,158	940
2017	2,869	1,326	1,110

出所：日本政府観光局。

110

　経済面での発展が今後とも期待されるアジアの人口は44億人といわれており，東京よりも距離的にアジアに近い大阪は観光需要をキャッチできる大きなチャンスを迎えている。現在の観光需要に加えて将来的にはビジネス需要も期待でき，大阪経済の本格的な復活への期待も高まっている。

　インバウンドの急激な増加は「商人の町」として，成長重視，効率性重視を当然の前提としてきた大阪の都市ビジョンにも再考を求めている。これからの大阪は，従来の産業都市・業務都市から，消費都市・集客都市へと重心を移し，経済と文化が高いレベルで共存する巨大な観光都市の面を持ち合わせる必要が生まれている。これまで政治経済の中心である東京を追いかけてきた大阪が，新たな「商人の町」として今後目指すべき東京と異なる都市の姿がようやく見えつつある。

4　再開発

(1) 高まる大阪の魅力

　インバウンドの外国人旅行者が大阪に集中することで，俄然，大阪の観光が注目されるようになってきたが，大阪が好評なのはゴールデンルートに位置しているということだけでなく，大阪の都市魅力が大きく向上してきたこととまったく無関係ではない。近年の大阪は，産業や行政の中心都市でありながら欧州を代表する観光都市でもあるロンドン，パリ，バルセロナのように多様な魅力を持つ都市に近づき，各国から訪れてきた人を何日も楽しませる町へと観光の厚みを増している。

　古い歴史を持つ大阪は，昔から観光資源も多く，名所・見どころも多い。しかし「商人の町」大阪の復活に焦点が集まるがあまり，大阪を観光都市として捉えようという機運はなかなか高まらなかった。

　実際のところ，これまでの大阪は訪れても楽しさが味わえる町ではなかった。神戸における六甲山のように風光明媚な山々を市内に持つわけではなく，古都京都のような伝統文化の保存でも見劣りしていた。海岸沿いは埋め立てで工業用地や港湾用地に変わり，市民が海に触れ合う砂浜も失われ，加えて街中

に緑が少なく潤いに欠けていた。

（2）急激に進む再開発

　大阪経済の復活の原因は，インバウンドだけでなく，これまで大阪市が中心
となって手がけてきた大型再開発が進み，一定の効果が現れてきたことがあげ
られる。阿倍野再開発，うめきた1期，茶屋町・鶴野町の開発など，大型再開
発による都心整備が進んで，大阪の街並みが変化してきた。実際，大阪の都心
部は目に見えて綺麗になって，景観が一変している。

　特に大阪の玄関口であるJR大阪駅，阪急梅田駅周辺は再開発や老朽化した
ビルの建て替えが進んで，地域の様相は2000年初頭とは大きく変わっている。
また新大阪駅周辺も，以前は大型ビルが少なく閑散とした印象があったが，最
近では駅周辺に新しいビルが次々に建設されて，賑やかになっている。梅田と
並ぶキタの中心地の中之島も，京阪中之島線が開通して交通利便性が高まると
ともに，河川や公園の整備が進んで綺麗になり，高層ビルが立ち並ぶように
なった。また，ミナミの心斎橋周辺も道路や植樹帯の整備が進むとともに，古
くなったビルが新しいビルに建て替えられて街の装いを一新している。南海難
波駅やJR天王寺駅周辺も再開発やビルの建て替えが進んで，面目を一新して
いる。

　このように，行政と民間の取り組みによって，東京に比べて大きく遅れてい
た大阪のまちづくりがようやく軌道に乗り，大阪の主要ターミナルの駅前や中
之島，大阪城周辺などの大阪を代表する場所が徐々に綺麗に整備され，街の景
観を変えるようになったことも大きい。

　こうした再開発は，都市を洗練し，都市の魅力を高めるが，その一方で，昔
からの狭い路地や古い町家も大阪の下町らしい景観とそこで繰り広げられる庶
民の文化を残しており，観光資源として注目されている。阪急梅田駅から歩い
ていける距離にある中崎町は，すでに訪日外国人に知られ，人出も多い。それ
以外にも法善寺横丁，黒門市場，新世界，ジャンジャン横丁など，日本の大衆
文化や日本人の日常生活に触れる場所の人気は高い。

　そうした場所が再開発によって失われてしまうと，大阪の魅力であった多様

性が失われてしまう。すべてが近代的で洗練された町に生まれ変わってしまう
と，どこにでもある普通の町となって観光資源としての魅力も薄れてしまう。
大阪の再開発は，そうした意味でデリケートさが要求されている。

(3) 交通インフラ整備

　大阪におけるインバウンドの増加理由に，最近，急速に進んだ大阪の交通イ
ンフラにも注目する必要がある。東京駅を起点にして蜘蛛の巣状に広がる東京
の鉄道網に対して，必ずしも連絡が良いとはいえなかった大阪の鉄道網がここ
にきて急速に改善している。

　新幹線の新大阪駅を拠点にして，JRで京都観光，神戸観光に向かえるほか，
地下鉄御堂筋線に乗り変えれば大阪市中心部の梅田・淀屋橋・本町・心斎橋・
難波につながる。大阪駅まで出れば，環状線の各駅を目指すことができるほ
か，梅田の地下街を歩けば東梅田駅から地下鉄谷町線，西梅田駅から地下鉄四
ツ橋線を利用することができる。北新地駅まで歩けば，東西線で大阪天満宮，
大阪城北詰，京橋に行くことができる。東西線は，1997年3月の関西本線（大
和路線）の難波と今宮をつなぐ地下路線の開通で，京橋から尼崎を結び，京橋
駅では片町線（学研都市線），尼崎駅では東海道本線，福知山線（JR宝塚線）と接
続している。

　また2019年3月に，おおさか東線・北区間（新大阪～放出）が開通して，
2008年3月に開通していたおおさか東線・南区間（放出～久宝寺）とつながり，
久宝寺駅で関西本線（大和路線）に乗り継ぐことによって，新大阪と奈良が結
ばれることとなった。加えて北区間の開通で，おおさか東線と阪急京都線が淡
路で接続するようになった。

　今後は，なにわ筋線（北梅田～新今宮）の2031年春の開業が予定されている。
大阪市，JR西日本，南海電気鉄道などが出資する関西高速鉄道㈱が建設主体
となり，JR西日本と南海電鉄が線路使用料等を支払う上下分離方式が採用さ
れている。うめきた2期に北梅田駅（仮称）が建設されて大阪駅と接続し，中
之島には中之島駅が設置される予定となっている。

　私鉄の整備も進みだした。2008年10月に，京阪本線の天満橋から分岐する

京阪中之島線（天満橋〜中之島）が開通し，京橋や天満橋から中之島の各駅に行けるようになった。ただし，京阪本線の淀屋橋と北浜では大阪メトロとの乗り換えが可能であるが，中之島は地下鉄の空白地域であるため，中之島線における大阪メトロとの乗り換え駅はない。

今後，なにわ筋線が開業すると，京阪中之島線と接続し，関西空港を利用したインバウンド客が中之島駅で乗り換えて京都へ向かうようになる。また構想段階ではあるが，IR（統合型リゾート）が夢洲に開業すれば，京阪中之島線のJR九条駅までの延伸も検討されている。

2009年3月に，阪神なんば線の未開通区間（西九条〜大阪難波）が開通し，尼崎から大阪難波を結ぶ阪神なんば線が全線開通した。これにともなって，阪神と近鉄の相互乗り入れが開始され，神戸・難波・奈良が一本の列車で行けるようになった。2001年3月に，ユニバーサル・スタジオ・ジャパン（USJ）がオープンしたが，阪神なんば線西九条駅でJRゆめ咲線（西九条〜安治川口〜ユニバーサルシティ〜桜島）に乗り継ぐことによって，阪神なんば線はUSJへのアクセス線にもなった。

また2019年3月19日，大阪高速鉄道㈱から申請のあった大阪モノレール線の延伸（門真市〜瓜生堂間）が国土交通省から特許され，2029年の開業が予定されている。現在の大阪モノレール線の本線は，大阪空港と門真市の間21.2kmと，彩都線が万博記念公園から彩都西の間を結んでいるが，この延伸によって，荒本で近鉄けいはんな線，瓜生堂で近鉄奈良線と結ばれる。

大阪のもう1つの玄関口である24時間体制の海上空港である関西国際空港も，LCCの相次ぐ就航で2本の滑走路の需要が満たされるようになった。関西空港駅からは南海特急ラピートで大阪ミナミの中心地である難波まで短時間で行くことができる。難波には近鉄も走っており，近鉄難波線を利用して奈良に足を延ばすことも可能である。JR関西本線（大和路線）を使えば天王寺駅で環状線に連絡する。

なにわ筋線が完成すれば，南海特急ラピートは，関空から難波を経由して北梅田駅に乗り入れ，念願の梅田進出を果たすことになる。さらに中津から福島までが地下化される梅田貨物線（吹田貨物ターミナル〜福島〜西九条）に北梅田駅

でつながり，北梅田経由で新大阪までの直通運転も計画されている[4]。

　地元の通勤客や生活客の利便性を考えた鉄道の整備であったが，個人や小グループ単位でも行動するインバウンドの旅行者にとって，見知らぬ土地でも安心して利用できる交通インフラとなっている。

5　魅力を増す都心エリア

（1）洗練される梅田・中之島

　梅田地区は，2000年代後半から活発な再開発が続き，国内有数の高層ビル街に変貌している。うめきた1期地区はヨドバシカメラ，グランフロント大阪がすでにオープン済みであるが，現在もヨドバシ梅田タワーなどの建設工事が進行中である。他にもいくつかの街区で新しい再開発構想が進められている。うめきた1期に続き，うめきた2期の巨大な開発計画も進んでいる。うめきた2期地区は，都心に生まれる大きな森をイメージした「希望の杜」をコンセプトにして，中央部に約4.5万㎡の都市公園を整備して，北街区と南街区にはホテル，オフィス，住宅などが入る複合高層ビル4棟で構成される。延べ床面積約53万㎡超の町が新たに造られる予定で，2024年夏にまちびらきが予定されている。両街区とグランフロントとはデッキでつながれ，一体的な街になるように工夫される[5]。

　川のまち大阪を象徴する東西3kmの堂島川と土佐堀川に挟まれた細長い中之島地区には，東部は，バラ園や芝生広場を持つ中之島公園が整備され，大阪市立東洋陶器美術館，大阪市中之島公会堂，大阪府立中之島図書館，大阪市役所が存在するが，東洋陶器美術館の隣地に，世界的に有名な建築家安藤忠雄氏が設計・建設して大阪市に寄付する子供のための図書館「こども本の森　中之島」が2020年3月に開館を予定している。建物は3階建て，延べ床面積800㎡で，内部に大きな吹き抜けのある開放的な設計で，運営費は寄付金で賄われ，名誉館長に山中伸弥京都大学iPS細胞研究所所長が就任する。大阪らしい景観を持ち，文化施設が多い中之島地区の魅力を一層高めることが期待される[6]。また御堂筋線を挟んで，日本銀行大阪支店や有名企業のオフィスビルが

続く。

　これに対して，西部の開発はやや遅れていたが，2008 年 5 月に，大阪大学医学部付属病院跡地に，放送局・多目的ホール，50 階建ての高層賃貸マンション，レストラン等で構成される「ほたるまち」のまちびらきが行われた。1989 年には大阪市立科学館が開業していたが，2004 年に万博公園から国立国際美術館が移転しており，新たに国立国際美術館の隣接地に大阪市の大阪中之島美術館が建設される予定で，2021 年度の開業が目指されている。さらに 2018 年 3 月に，中之島フェスティバルタワー・ウエストに中之島香雪美術館が開館している。

　このように中之島は今や，行政やビジネスの中心地であるだけでなく，伝統的建造物が多く残されるとともに，新たな文化施設が加わって文化や芸術の拠点ともなろうとしている。それだけでなく，美しく整備された中之島公園のほか，通りも綺麗に整備されて緑道やプロムナードが設けられ，地域の魅力を一層高めている。

（2）多様な魅力を持つミナミ，USJ のニシ，大阪城のヒガシ

　大阪の都市魅力のアップは，キタの梅田・中之島地区だけでなく，ミナミと呼ばれる中央区，浪速区にまたがる商店街，そして広い意味のミナミに入るその南側の通天閣・新世界地区，さらにその東側の天王寺・阿倍野地区にも及んでいる。

　キタに対峙するミナミは，交通の拠点である難波が中心となっており，限られたエリアで宿泊，観光，食事，ショッピングをかなえることができ，時間の限られた外国人旅行者の人気を呼ぶ原因ともなっている。ミナミには，心斎橋筋商店街，北堀江・南堀江，アメリカ村，大丸心斎橋店，高島屋，難波パークス，日本橋商店街などのショッピングのエリア，道頓堀，法善寺横丁，黒門市場などの飲食のエリア，難波花月，大阪松竹座，国立文楽劇場，道頓堀角座などの劇場もある。そして，その南側の今宮戎・JR 新今宮駅と天王寺公園に囲まれた地区には，通天閣，新世界，ジャンジャン横丁など，さらにその東側の天王寺・阿倍野地区には，天王寺動物園・天王寺公園，阿倍野ハルカス，阿倍

野キューズモール，四天王寺などの名所が揃っている。

　これらに共通する特徴は，ビジネスや文化・芸術が強調されるキタに比べて，大阪らしい生活・文化と触れ合える場所が多いことである。外国人旅行者がキタではなくミナミを選ぶ，その人気の秘密がうかがえる。その一方でミナミでも再開発や老朽化したビルの建て替えが進んでおり，まちは日々綺麗になっている。ただ，規模と勢いの点では梅田・中之島のレベルに至っていない。

　ヒガシと呼ばれるようになった大阪城地区も外国人旅行者の人気スポットとなっている。大阪城天守閣，大阪城公園，大阪城御座船，大阪歴史博物館，難波宮跡，大槻能楽堂・山本能楽堂，水上バスなど，大阪の歴史や文化を知るには格好のポイントとなっている。また最近，ショッピングや飲食などの多様な

図表6－8　各エリアで進む再開発，ビル建替等

【キタ：梅田・中之島地区】	【ヒガシ：大阪城地区】
・旧三和銀行本店建替（2018年3月） ・ヨドバシ梅田タワー（2019年11月） ・オービック御堂筋ビル（2020年1月） ・産経ビル（2020年10月） ・阪神百貨店建替（2022年春） ・未来医療国際拠点（2023年10月） ・大阪中央郵便局跡（2024年3月） ・うめきた2期（2024年夏） ・淀屋橋ツイン再開発（2024年12月・2025年6月）	・ミライザ大阪城（2017年10月） ・クールジャパンパーク大阪（2019年2月） ・大阪府立大学／大阪市立大学の統合 　（森ノ宮駅周辺に新キャンパス計画，時期未定）
【ミナミ：南区，天王寺・阿倍野地区】	【ニシ：湾岸地区】
・なんばスカイオ（2018年10月） ・大丸心斎橋店本館建替（2019年9月） ・エディオンなんば本店（2019年6月） ・星野リゾートOMO7大阪新今宮（2022年4月）	・タグボート大正（2019年秋） ・IR（夢洲）（計画，2024年度中） ・大阪・関西万博（2025年5月）

出所：日本経済新聞2017年6月10日夕刊，2019年5月30日夕刊，2019年7月3日などから作成。

第6章　地域経済の活性化と大阪府の観光戦略　117

ニーズに応えるために，ミライザ大阪城，ジョー・テラス・オオサカがオープンして地域の魅力をさらに高めている。

ニシの湾岸地区は，アジアを代表する観光名所となったユニバーサル・スタジオ・ジャパン（USJ）が外国人旅行者を惹きつけるとともに，海遊館，天保山という人気の観光スポットもある。

6　イベント等で注目される新エリア

（1）IR・万博と夢洲・咲洲

2019年6月に開催されたG20大阪サミット首脳会議，2019年7月の百舌鳥・古市古墳群の世界文化遺産登録，2019年9月～11月に開催されるラグビーワールドカップ2019（東大阪市花園ラグビー場），2021年5月開催のワールドマスターズゲームズ2021関西，2025年5月～11月開催の大阪・関西万博，さらには夢洲へのIR（統合型リゾート）誘致など，引き続く大阪・関西を舞台にしたビッグイベントが大阪を元気にしている。

しかしながら，これらのイベントの効果自体は一過性のもので，大阪にとってはその機会に大阪の名前を世界に広めるとともに，そのレガシーとして都市の魅力を高めることが求められる。

大阪が候補地として立候補したIRについて見てみよう。IRは，カジノに加え，レストラン，大型会議場，劇場，ホテルなどを一体的につくり，運営するものを指している。2016年12月，議員立法によって成立したIR推進法は，自治体と事業者が区域整備計画を作って国に区域認定を申請し，国の認定を得ることとされている。認定区域の上限は3カ所と限られており，2018年秋に実施された国の準備状況調査に対して，申請予定と答えた自治体は，大阪府・大阪市，和歌山県，長崎県の3カ所，検討中と答えたのは，東京都，北海道，横浜市，千葉市の4カ所である。2019年夏と見込まれていた国の基本方針策定は，同時期の参議院選挙の関係もあって，9月に基本方針案が公表され，最終決定は2020年にずれ込む見通しである。なお，2019年8月，横浜市がIR誘致を正式に表明している。

大阪府・大阪市が行ったコンセプト公募の計画内容では，2022年春に用地を引き渡し，3年間の工期を予定している。コンセプト公募の要項には以下の内容が示されている。

49万㎡の敷地に，施設全体の延べ床面積100万㎡を見込む。うち展示場10万㎡以上，宿泊面積3,000室以上，関西の伝統や文化を発信する施設，西日本各地に観光客を送り出す施設，多彩なエンタメ施設を設けることとされている。投資規模は9,300億円，年間来場者は1,500万人，年間売上高4,800億円，カジノ収益の15%に当たる納付金と入場料合わせて年700億円を大阪府・大阪市の収入として見込んでいる。また，夢洲に延伸する地下鉄整備費用の一部202億円の負担を事業者に求めている。

なお，IR誘致を目指す夢洲への交通網については，大阪メトロの延伸計画のほか，いずれも構想段階であるが，JR西日本，近畿日本鉄道，京阪電気鉄道の延伸（構想）がある。コンセプト応募に対して，MGMリゾーツ・インターナショナル（米）（オリックスが連携表明），ギャラクシー・エンターテイメント（香港），ラスベガス・サンズ（米）の3社から応募がなされている[7]。このうち最大手のラスベガス・サンズ（米）は横浜市の誘致表明を受けて夢洲IRへの入札辞退を明らかにした。

2025年5月3日から11月3日の185日間で開催される大阪・関西万博は，「いのち輝く未来社会のデザイン」をメインテーマとし，「多様で心身ともに健康な生き方，持続可能な社会・経済システム」をサブテーマに掲げる。少子高齢化や貧困，エネルギーなどの課題を解決するための「未来社会の実験場」として位置づけられている。

会場は大阪の湾岸地区にかつて「埋め立て未利用地の活用・新たな都心づくり」を目的に打ち出された「テクノポート大阪」（バブル経済の破綻によって事業は途中で中止）が計画された南港地区（咲洲コスモスクエア），北港北地区（舞洲），北港南地区（夢洲）の3つの人工島の1つ，夢洲に設ける。総面積390haのうち，155haが会場予定地とされ，約2,800万人の入場者数，経済波及効果約2兆円が想定されている。肝心の会場整備費は1,250億円，会場までの地下鉄延伸などの費用が730億円と見込まれている。会場へのアクセスは，大阪メトロ

第6章 地域経済の活性化と大阪府の観光戦略 119

図表6－9 大阪府・大阪市，和歌山県のIRプラン

場　所	和歌山マリーナシティ	大阪・夢洲
敷地面積（万㎡）	20.5	49
投資額（億円）	2,800	9,300
来場者数（年，万人）	400	1,500
経済波及効果（運営，年，億円）	3,000	7,600
雇用創出効果（運営，年，万人）	2	8.8
自治体の納付金・入場料収入（年，億円）	283	700

（注）　大阪府・大阪市のコンセプト募集要項，和歌山県IR基本構想などから作成。
出所：日本経済新聞2019年6月19日。

図表6－10　コンセプト公募からIR開業，大阪・関西万博までのスケジュール（案）

2019年4月	大阪府・大阪市がコンセプト公募（RFC） 国が基本方針決定（遅れる気配）
2019年秋	大阪府・大阪市が事業者公募（RFP）
2020年春	大阪府・大阪市が事業者選定
2020年以降	大阪府・大阪市が区域認定申請 国が区域認定
2022年春	事業者に土地引き渡し
2024年度中	IR開業
2025年5月	大阪・関西万博開幕

出所：日本経済新聞2019年6月19日。

中央線が咲洲のコスモスクエア駅から夢洲まで延伸される予定になっている。

　大阪府・大阪市の計画では，IRと万博がほぼ同時期に開業することが想定されているが，IRについては未だ候補として名乗り上げたにすぎず正式決定でないこと，また多大な事業費を要する地下鉄延伸が間に合うかなど，残された問題も多い。

（2）世界文化遺産指定と大阪南部

　大阪市南部で市境を接する大阪府内の堺市，および堺市の北東に位置する羽曳野市・藤井寺市の百舌鳥・古市古墳群が，2019年7月6日，アゼルバイジャンで開催されていた国連教育科学文化機関（ユネスコ）第43回世界遺産委員会によって，世界文化遺産に登録すると決定された。

　念願の世界文化遺産に登録されることが決定した百舌鳥・古市古墳群は，大阪の観光を一層多様化し，魅力的なものにするとともに，遅れている大阪府南部の観光資源の開発に行政や観光事業者の目を改めて向けさせるきっかけになることが期待されている。

　これによって国内で世界遺産登録は23件，うち文化遺産が19件，自然遺産4件となる。国内の世界遺産が増えたので，世界遺産に対する関心は以前ほどではないが，関西2府4県のうちで世界遺産がないのは大阪だけであったので，百舌鳥・古市古墳群の世界遺産の決定は，大阪の観光を推進する機運を高めるものとなっている。

　登録された古墳群は計49基で，百舌鳥エリア（堺市）の23基（宮内庁指定陵墓14）と，古市エリア（羽曳野市・藤井寺市）の26基（同15基）によって構成されている。陵墓は計29基で，他は国史跡として保全管理されている。地域内には他にも登録外の大小40基の古墳があり，合わせて計89基が現存する。両エリアの古墳群は，4世紀後半から6世紀前半までの築造時期で，古市古墳群が百舌鳥古墳群よりも早くから築造されたことと，百舌鳥で造られなくなった後も造られ続けたことはわかっているが，両古墳群の関係性は未だ学術的に明らかにされていない（百舌鳥・古市古墳群世界文化遺産登録推進会議HP，『ザ・古墳群　百舌鳥と古市　全89基』ほか）。

　古墳群が持つ歴史的価値，規模の壮大さは，世界に通用するレベルであることは以前から知られていたが，古墳が点在していること，陵墓指定された主要古墳に立ち入れないこと，古墳の近くまで住宅地が迫っており地域一帯を捉えた場合に神聖さ・静謐さに欠けることが問題点とされていた。

　世界文化遺産登録後もこれらの問題は残されている。両古墳群ともに，道路が狭いところや駐車場がないところがあって自動車で回ることは難しく，古墳

間にも相当な距離があって徒歩で複数の古墳を見て歩くことも限界がある。そのため，古墳近くの駅前に用意してある電動自転車をレンタルして回る方法が一般的である。

宮内庁管理の陵墓には，一般人が参詣できる拝所が整備されているが，そこから先への立ち入りはできず，事前にかなりの歴史知識がないと古墳の大きさや多様な形を体感したり，埋葬者への思いを膨らませることは難しい。また，陵墓はもちろん，陵墓以外の古墳も周囲に柵や網が設けられており，古墳内に入ることができないものが多い。

その中で，古市古墳群には，古墳内に入って墳丘に登れる古墳が大型古墳を含めて6基ある。両古墳群の中で最も古いとされる津堂城山古墳（全長210m，高さ16.9mの前方後円墳），津堂城山古墳に次いで古く，後円部の墳頂からの眺望が優れる古室山古墳（全長150m，高さ39mの前方後円墳），大鳥塚古墳（全長110m，高さ12mの前方後円墳，墳丘の一部に削られた跡あり），鍋塚古墳（全長63m，高さ7mの方墳），鉢塚古墳（全長60m，高さ6.5mの前方後円墳），野中古墳（全長37m，高さ5mの方墳，南側の全長225mの墓山古墳の陪塚）である。なお世界文化遺産に推薦されなかった野中宮山古墳（全長154m，高さ14.1mの前方後円墳，古墳内に野中神社が存在），割塚古墳（全長30m，高さ3mの方墳）にも登ることができる。これらの古墳は有名な巨大古墳には規模の点で劣るが，誰にも親しめる古墳として人気化することが予想される（古市古墳群の「中に入って登れる！」古墳9選HP）。

仁徳陵エリアには，百舌鳥古墳群では，国内最大の面積464.124㎡を有する仁徳天皇陵（全長486m，高さ35.8mの前方後円墳），3位の履中天皇陵（全長365m，高さ27.6mの前方後円墳），7位のニサンザイ古墳（全長300m，高さ25.9mの前方後円墳）など5世紀に作られた古墳が多い。仁徳天皇陵の周囲には陪塚と考えられるものが10基以上あり，仁徳天皇陵の価値と存在感を一層高めている。

仁徳天皇陵とその南にある履中天皇陵の間には大仙公園が設置されており，敷地内に堺市博物館が設けられている。

仁徳天皇陵の北にある反正天皇陵（全長148m，高さ13mの前方後円墳）は，履中天皇陵，仁徳天皇陵と同方向に並ぶ古墳で百舌鳥古墳群の最北端に位置し，百舌鳥古墳群の中では7番目の大きさである。3つの天皇陵は，いずれも前方

部を南に向けて当時の海岸線と平行に造られていることから，海から来た大陸の使者が古墳を見ながら北上し，大和に入るように造られたのではないかと推測されている。

百舌鳥八幡エリアのいたすけ古墳（全長146m，高さ12.2mの前方後円墳）は，昭和30年頃，開発による破壊の危機を住民の保存運動によって免れ，昭和31年（1956年）に国史跡に指定されたもので，文化財保護の歴史を語る上でも貴重な古墳となっている。濠の中には，土取り用に建設された橋の残骸の一部が今も残る。いたすけ古墳の東南にあるニサンザイ古墳（前述）は美しい古墳として知られ，古墳の前方部側には濠を挟んで御陵公園が整備され，濠の外周3分の2ほどの遊歩道が設けられている。

百舌鳥古墳群で墳丘に登れる古墳は少ないが，世界文化遺産推薦外の定の山古墳（全長69m，高さ7mの前方後円墳），御廟表塚古墳（全長84.8m，高さ8mの前方後円墳）の2古墳がその代表となっている。

1つ1つの古墳は場所が離れているので，古墳群を鳥瞰するためには，堺市役所21階，藤井寺市役所の屋上ロビー，古墳群の概要を理解するには，堺市博物館，大阪府立近つ飛鳥博物館（大阪府河南町）を訪れることが望ましいとされる。出土品は，古墳に近接する藤井寺市立生涯学習センター「アイセルシュラホール」，津堂城山古墳ガイダンス施設「まほらしろやま」，蜂塚公園管理棟「時と緑の交流館」で見ることができる（日本経済新聞2019年7月11日，神戸新聞2019年7月7日，読売新聞2019年7月17日ほか）。

百舌鳥・古市古墳群は，そのスケールの大きさで，これまで注目されることが少なかった大阪南部観光のハイライトとなる可能性を持っているが，古墳のすぐ間近に迫った開発圧力をどのように防ぐか，世界遺産登録の基準である真正性（オーセンティシティ）をどのように定義して観光と保全を両立させるか，点在する古墳群をどのように観光客に楽しんでもらうかなど，観光への課題は多く残されている。

7 おわりに

インバウンドと再開発で活気づく大阪であるが，予期できない自然リスク，政治リスク[8]もあれば，観光客の求めるニーズ変化も考えられる。オーバーツーリズムが引き起こす観光公害もある。現在の観光ブームが一巡した後のことを指摘する声もある。

しかし，人間の基本的な欲求を考えると，経済的な豊かさを達成した人々が，興味の充足や非日常の体験という目的から外国旅行をしたいという思いがなくなることは考えられない。いち早く経済的な豊かさを達成した欧州・米国，急激に豊かになりつつあるアジア，そして経済発展によって次第に豊かさを手に入れつつある国々の人たちが，観光を目的にして海外旅行する動きは止まらないだろう。

日本は，1億人を超す人口を持ち，温暖な気候の小さな島国の中で豊かな自然と共生しながら，さまざまな文化を形成してきた。そしてアジアの小国でありながら，第二次大戦の無条件降伏という全面的な敗北から立ち上がり，先進国の仲間入りを果たした。現在も GDP 第3位の先進国である。高度な都市機能が揃っており，生活利便性が高いことに加えて，豊かな自然や多様な文化を持つ日本は世界でも貴重であり，観光のポテンシャルは高く，今後も日本が観光地として世界各国の人々から選ばれる可能性は高い。

そんな日本の中で，大阪の観光が持つ魅力とは何であろうか。政治・経済の中心地である東京には，宿泊施設，新旧の名所，ショッピング，食べ物，娯楽など，あらゆるものが揃っている。総合力で劣る大阪が観光客を惹きつけるためには，大阪ならではの個性，魅力を持ち続けることが求められている。

大阪がインバウンドに支持されている理由は，本稿の分析でも明らかになるように，都市機能がキタ，ミナミを中心に充実していることと，その地域内や周辺に多様な特色，魅力を持った観光資源があることである。言い換えれば，都市の利便性を享受しつつ，短時間で行ける場所に異文化と過去・現在・未来を「学び」「体験」できる多様な魅力が詰まっているところにある。

そのためには，近代化された綺麗で便利な大阪だけでなく，昔ながらのディープ（Deep）な大阪を残していくことが重要になる。一方で都市の成長を図って機能的で洗練された街並みを形成しつつも，他方で古い建物や大阪らしい文化を残してどこか懐かしい雰囲気を合わせ持つ，多様性のあるまちづくりが求められている。

確かに，行政やビジネスの拠点であることと，観光とは直接的な関係はない。しかしながらその中で，世界の一流都市と遜色ない都市機能の整備を進めるとともに，「お堅い」東京と異なって，「ゆるゆる」と表現される大阪の自由度・開放感，「京都は着倒れ，大阪は食倒れ，神戸は履倒れ」という言葉で象徴される大阪の食文化，「商人の町」大阪から生み出された庶民の大衆文化，「八百八橋」とも歌われる市内を流れる川が創りだす景観，近代大阪を象徴する歴史的建造物，街中に残されたレトロな路地や町家など，大阪ならではの文化や施設，景観を守り，磨いていくことが，大阪を一流の観光都市へ導くものと考えられる。

大阪の観光の魅力はその多様性にあるが，それは大阪市内の観光資源だけを指しているのではない。大阪北部，大阪西部，大阪南部にも，それぞれ魅力的な観光資源が多く，大阪中心部との観光ネットワーク，あるいは大阪の観光全体の中への取り込みが必要である。

またその対象は大阪府内に限らない。大阪は，関西そして西日本のゲートウェイであり，観光の基地的役割を担っている。現在は関西を訪れる外国人旅行者の大部分が大阪市と京都市に集中しているが，それらの外国人旅行者を神戸，姫路，瀬戸内海，奈良，高野山，南紀，熊野古道，伊勢志摩などを回遊させるような観光ルートの開発も，大阪の観光の多様性を深めるであろう。

【注】

1）小学館『日本国語大辞典』第二版第三巻，p.1263 は以下のように記述している。

「易経－観卦」に「観=国之光=。利=用賓=于王=」とあるように，漢籍ではもともと国の威光を見る意で，国の文物や礼制を観察するという意味があった。日本でも中世以

降はほぼ同様の意で用いられてきたが，現在のような単なる遊興の意味で用いられるようになるのは，比較的新しく，明治期後半からである。

2）大阪観光局「平成 30 年 関西国際空港 外国人動向調査結果」。
　（https://s3-ap-northeast-1.amazonaws.com/content.osaka-info.jp/press_release/ インバウンド動向調査結果 2018 全期 . pdf）。

3）大阪観光局「来阪インバウンド消費額調査 2018 年」（2018 年 6 月 21 日）。
　（https://s3-ap-northeast-1.amazonaws.com/content.osaka-info.jp/press_release/2019.6.21%E3%80%80 記者会見 /2018 年インバウンド消費額調査 . pdf）。

4）朝日新聞 2019 年 7 月 10 日，神戸新聞 2019 年 7 月 10 日，日本経済新聞 2019 年 7 月 11日などを参照。

5）UR 都市機構西日本支社「うめきた 2 期地区開発事業者募集における開発事業者の決定について」（平成 30 年 7 月 12 日）
　（https://www.ur-net.go.jp/west/press/lrmhph000000dsl5-att/ur201807press_umekita-2ki_jigyousya.pdf）。

6）読売新聞 2019 年 7 月 12 日などを参照。

7）日本経済新聞 2019 年 9 月 20 日などを参照。

8）元徴用工訴訟問題や輸出管理厳格化などを巡る日本と韓国の対立は，韓国からの訪日旅行者数の減少を招いている。

参考文献

内田宗治（2018）『外国人が見た日本』中央公論新社.

大阪観光局 HP（https://osaka-info.jp）.

大阪市 HP「国際観光都市・大阪を目指して」（2017 年 12 月 16 日）
　（https://www.city.osaka.lg.jp/templates/chonaikaigi2/cmsfiles/contents/0000423/423228/171226topkaigisaisyuushiryo.pdf）.

大阪市経済戦略局「大阪の観光地域街づくりアクションプログラム」（2016 年 11 月）
　（https://www.city.osaka.lg.jp/keizaisenryaku/cmsfiles/contents/0000381/381414/actionprogram.pdf）.

大阪市政策企画室「大阪の改革評価〜 10 年の改革をふり返る〜」（2018 年 12 月 20 日）
　（https://www.city.osaka.lg.jp/seisakukikakushitsu/cmsfiles/contents/0000456/456720/furikaeri.pdf）.

大阪府・大阪市「大阪都市魅力創造戦略 2020 〜世界的な創造都市，国際エンターテイメント都市へ加速〜」（2016 年 11 月）
　（http://www.pref.osaka.lg.jp/attach/18716/00000000/strategy2020.pdf）.

加藤政洋（2019）『大阪―都市の記憶を掘り起こす』筑摩書房.

観光庁 HP（http://www.mlit.go.jp/kankocho/）.

関西観光本部 HP（https://kansai.or.jp）.

神田剛（2019）『底抜けオオサカ観光局』加藤文明社.

久世仁士（2015）『古市古墳群をあるく』創元社.

久世仁士（2014）『百舌鳥古墳群をあるく』創元社.

堺市 HP（https://www.city.sakai.lg.jp）.

「ザ・古墳群」制作委員会（2018）『ザ・古墳群　百舌鳥と古市　全89基』140B.

JTB 総合研究所 HP（https://www.tourism.jp）.

総務省統計局「住民基本台帳に基づく人口，人口動態及び世帯数」
　　（https://www.soumu.go.jp/main_sosiki/jichi_gyousei/daityo/jikou_jinkoudoutai-
　　setaisuu.html）.

総務省統計局「住民基本台帳人口移動報告 平成 30 年（2018 年）結果」
　　（https://www.stat.go.jp/data/idou/2018np/kihon/youyaku/index.html）.

デービッド・アトキンソン（2019）『日本人の勝算：人口減少×高齢化×資本主義』東洋経
　　済新報社.

デービッド・アトキンソン（2017）『世界一訪れたい日本のつくりかた』東洋経済新報社.

デービッド・アトキンソン（2015）『新・観光立国論』東洋経済新報社.

東京都の統計「住民基本台帳による東京都の世帯と人口」
　　（https://www.toukei.metro.tokyo.jp/juukiy/2019/jy/19000001.html）.

日本政府観光局 HP（https://www.jnto.go.jp）.

橋本行史（2019）「古民家再生の意義と事業の仕組み―大阪南部の古民家再生事業を例と
　　して―」工業経営学会国際大会論文集.

橋本行史（2019）「港湾都市の視点から―神戸と堺の比較―」『政策創造研究』第 13 号，関
　　西大学政策創造学部.

羽曳野市 HP（https://www.city.habikino.lg.jp）.

原武史（1998）『「民都」大阪対「帝都」東京』講談社.

藤井寺市 HP（https://www.city.fujiidera.lg.jp）.

百舌鳥・古市古墳群世界文化遺産登録推進会議 HP（http://www.muzu-furuichi.jp）.

第7章
地域経済の活性化と東京都の観光戦略

1 はじめに

　ラグビーワールドカップ 2019 日本大会，東京 2020 オリンピック・パラリンピック競技大会と，世界的なビッグイベントの開催が予定されている東京においては，同期間中に世界中から集まる選手・役員等の大会参加者，観客や応援団，マスメディアなどへの対応準備が進められている。オリンピック・パラリンピック大会をサポートする大会ボランティア応募者数だけを見ても，総勢204,680 人（2019 年 1 月 18 日現在の内訳（%）：男女比／ 36：64，国籍比／日本国籍 64：日本国籍以外 36）が登録を済ませている。このような状況を踏まえると，東京における観光戦略は，ここ数年は，イベント主導型の訪日客対応を中心とした観光基盤整備に注力せざるをえないであろう。

　しかしながら，これらのイベントには開催期間があるのであるから，イベントを開催することでどのような成果をあげ，それを将来に向けて何をどのように引き継げるのか，今後の中長期にわたる経済発展のためには，どのような戦略を描いたら良いのか，検討を積み重ねることが必要となる。特に，東京がこれまで取り組んできた事業の大きな柱の 1 つは，国際都市間競争において「国際ビジネス都市」としての地位を確立し，生き残りをかけることであった。これらのビッグイベントも，都市間競争を勝ち抜くための社会基盤整備に活用することが想定されている。その意味では，東京の観光産業への取り組みは，「地域経済活性化のための観光戦略」というより，最終的には「国際的な都市間競争に向けての観光戦略」にあると言った方が的確であるのかもしれない。

　とはいえ，観光戦略を，東京のビジネス都市としての機能強化に集約されるだけのものに限定することも適切ではない。江戸時代から続く歴史や芸能など

の文化活動，世界遺産に登録された小笠原諸島に代表される島嶼部の自然環境保全，さらに，訪日外国旅行者を日本各地に展開するための受け入れ窓口としてのハブ機能など，独自の戦略的プロモーション活動も重要である。

そこで，本章では，東京都の観光戦略について，国際都市間競争のための基盤整備に向けた取り組みを出発点とし，今後予定されている東京2020オリンピック・パラリンピック競技大会での取り組みをそこに重ね合わせ，さらには産業振興策としての観光施策を組み合わせることで，観光戦略のあるべき姿を，あるいは現行の観光政策に欠けている点を，多面的かつ重層的に捉えることを試みることとする。

2　これまでの再開発計画の推移

（1）都市再生特別地区における取り組み

1990年代のバブル崩壊後の低迷する日本経済の立て直しと21世紀に向けた経済社会構造のあり方を検討するため，1998年，内閣総理大臣の諮問機関として「経済戦略会議」が設置された。そこでは，短期的課題として，金融機関等の抱える不良債権の早期処理を図り，中長期的課題として，都市の再生と金融システム・情報インフラ整備等を含む構造改革が提言された。これを受け，2002年，都市再生特別措置法が10年間の時限立法で制定され，都市再生本部

図表 7 - 1　東京都内の主な国際競争拠点都市整備事業の対象地域

事業個所	主な施設等	主な実施主体
環状 2 号線新橋・虎ノ門地区	虎ノ門ヒルズ等	東京都
八重洲バスターミナル（A）（B）（C）		（独）都市再生機構
品川駅北側周辺地区	高輪ゲートウェイ駅等	（独）都市再生機構
渋谷駅街区整備事業	東急プラザ渋谷等	渋谷区他
東京都市計画道路事業等	東京駅丸の内駅前広場	東京都建設局

出所：国土交通省「国際競争拠点都市整備事業」（pdf）参照。

の下，「都市再生特別地区」が指定された。この特区では，建物の用途や容積率，高さ制限について規制が緩和され，空中権取引（容積率移転取引）などの新しい取引も認められるようになった。2018年現在，全国で87地区が指定されているが，そのうち45地区は東京23区にある。その理由は，同法による都市再生緊急整備地域内のうち，都市の国際競争力強化を図る「国際競争拠点都市整備事業」に指定された地域が東京都に多く存するからである（図表7－1参照）。

(2) 国家戦略特区における取り組み

2013年になると，新たな成長戦略の起爆剤として国家戦略特別区域法が制定され，医療や農業，雇用創出などの分野について，国が主導して規制緩和や税制の優遇，金融支援等を行う「国家戦略特区」制度が設けられた。東京は"国際ビジネス・イノベーション拠点"を目指して，"世界で一番ビジネスがしやすい環境"の整備を提案した（図表7－2参照）。

図表7－2　東京都の国家戦略特区の主な提案内容

分　野	主な提案内容	主な地区
都市計画法等の特例の活用	外国人を呼び込む「職住近接の空間」創出など	有楽町地区，日比谷地区，虎ノ門地区，田町・品川地区など
エリアマネジメントにかかる道路法の特例の活用	街路や道路空間を活用したイベントなど	新宿副都心地区，大崎駅周辺，蒲田駅周辺，自由が丘駅周辺など
旅館業法の特例の活用	民泊など	大田区など
海外高度金融人材の集積の促進	金融ビジネス拠点づくりとライフサイエンスの連携など	大手町，常盤橋地区，日本橋地区，兜町地区など
東京開業ワンストップサービスセンター等の設置	外資系企業やベンチャー企業の各種手続きの一元化など	JETRO本部　渋谷，丸の内のサテライトセンター等

出所：東京都『東京の特区』パンフレット等参照。

130

（3）その他の大規模再開発の状況

　国や東京都の主導する特区事業に歩調を合わせて，2020年のオリンピック・イヤーを目指して，民間事業者による大規模な都市開発も各所で計画・実施されている（図表7−3参照）。

図表7−3　東京都内の主な大規模再開発事業計画

地　区	主な施設名称等	竣工予定
渋　谷	渋谷ソラスタ，渋谷フクラス，渋谷スクランブルスクエア　など	2019
池　袋	キュープラザ池袋，Hareza池袋，池袋西口公園再開発　など	2019-20
田町・品川	msb（結ぶ）田町，高輪ゲートウェイ新駅開発プロジェクト，泉岳寺駅地区第二種市街地再開発事業　など	2020-24
常盤橋・日本橋	東京駅前常盤橋プロジェクト，Coredo室町テラス　など	2019-27
虎ノ門・日比谷	東京ワールドゲート，東京虎ノ門グローバルスクエア，地下鉄日比谷線新駅設置プロジェクト　など	2019-20
青海・有明	東京国際クルーズターミナル，有明北3-1地区大規模複合施設プロジェクト　など	2020

出所：ぴあMOOK（2019）『新しいTOKYO 2020』参照。

　それぞれの地区の大規模再開発事業は，商業地区における集客力の向上や経済の活発化を目的としていることは確かだが，それは単に国内外の旅行者を増やすことだけを狙ったものではなく，防災や防犯，バリアフリー化などの市民生活の質の向上，公共サービスや自然へのアクセスや移動手段の拡充といった都市環境の改善，さらには街のブランドや地域イメージの向上などに結びつくことが期待されている。個性的な街づくりの取り組みがあって初めて，新たな住民や観光客を惹きつけることになるからである。

（4）小　括

　21世紀に入り，中国を筆頭として東アジア圏の経済的台頭が著しく，国際社会における日本の地位が相対的に低下しているとの危機感から，国や自治体

の構造改革プロジェクトが急務となっている。その中で，東京の再開発事業は，東京が日本の首都として国際的な都市間競争に立ち向かうことを要請されていることから生じている。しかも，その都市間競争は，国際都市としての総合力をロンドンやパリ，ニューヨークなどと競うだけでなく，東アジアにおけるビジネス拠点の中の中枢都市（ヘッドクォーター）としての座を競う競争でもあり，香港やシンガポール，ソウル，上海等と直接争う状況に置かれている。

　ビジネスの中枢拠点を巡る都市間競争では，グローバル企業が経済活動を行いやすいビジネス環境が整備されていることだけでなく，そこで働く外国人およびその家族が安全に暮らすことのできる治安の良さや，高い水準の教育環境，災害に強い防災対策等，都市環境の総合力などでも勝負しなければならない。しかし，もしこのような「ビジネス中枢都市」としての魅力を高めることができれば，それは大勢の外国人が継続して訪れる観光都市としての基盤整備にも大いに役立つことは明らかであろう。

3　東京2020オリンピック・パラリンピック競技大会における施策

（1）東京2020大会の基本方針

　東京の観光施策に大きく関わる直近のイベントとして，東京2020オリンピック・パラリンピック競技大会を取り上げることとする。

　東京2020大会では，IOC『オリンピック・アジェンダ2020』に盛り込まれた持続可能性に関する＜提言4＞「オリンピック競技大会のすべての側面に持続可能性を導入する」，ならびに＜提言5＞「オリンピック・ムーブメントの日常業務に持続可能性を導入する」に立脚し，さらには，国連『持続可能な開発のための2030アジェンダ（SDGs）』に則して，スポーツが持続可能な開発に重要な役割を果たすことができることを認識し，それに基づいて開催することを基本方針としている。"誰一人取り残さない"ことを目指すSDGsを東京2020大会でどのように具現化するのか，その基本コンセプトは大会ビジョンに表されている（図表7-4参照）。

図表 7 - 4　東京 2020 大会ビジョン

スポーツには世界と未来を変える力がある。
「すべての人が自己ベストを目指し（全員が自己ベスト）」
「一人ひとりが互いを認め合い（多様性と調和）」
「そして，未来につなげよう（未来への継承）」
の 3 つを基本コンセプトとし，史上最もイノベーティブで，
世界にポジティブな変革をもたらす大会とする。

東京 2020 大会の持続可能性コンセプト
Be better, together
より良い未来へ，ともに進もう。

出所：Tokyo2020 ホームページ参照。

(2) 東京 2020 大会におけるガバナンス体制

　都市開催が基本のオリンピック・パラリンピックではあるが，これまでの大会と同様，国を挙げて支援がなされ，世界に向けて大会に関する情報発信が行われている。具体的には，公益財団法人東京オリンピック・パラリンピック競技大会組織委員会は，東京 2020 大会の計画策定から運営準備，調達や会場・インフラの整備，開催期間の運営，開催後の大会レガシーの継承に至るまで，世界に対して一貫した報告義務を果たすこととしている。これは，国際標準化機構（ISO）が定めた国際規格「ISO20121：2012（イベントの持続可能性に関するマネジメントシステム）」に則った運用を行うことを宣言しているからである。同規格は，一過性のイベントであっても，経済・社会・環境にプラスとマイナスの両面の影響を与えることに鑑み，イベントに関わる組織や個人に対して持続可能性に配慮した行動を求めるものである。2012 年ロンドン・オリンピック大会が同規格に則って取り組まれ[1]，成功を収めたことから世界中の注目を集めた。その後のワールドカップや COP21（第 21 回気候変動枠組条約締約国会議パリ会議）等の国際的イベントも，同規格に基づいた運営がなされている。

(3) 『持続可能性進捗状況報告書』の概要

　東京 2020 大会の持続可能性に対する取り組みについては，大会組織委員会

が『持続可能性進捗状況報告書』(2019年3月) を作成し，報告している。東京2020大会を持続可能なものとするために選ばれた主要テーマは，「気候変動」，「資源管理」，「大気・水・緑・生物多様性等」，「人権・労働，公正な事業慣行等」，「参加・協働，情報発信（エンゲージメント）」の5つである。これに，これらを実施する上で共通する横断的なマネジメントテーマとして「調達・サプライチェーン管理」を掲げる。この概要をまとめると図表7-5のようになる。

図表7-5　東京2020大会の持続可能性の主要テーマ（概要）

＜気候変動＞
Towards Zero Carbon（脱炭素社会の実現に向けて）
パリ協定がスタートする2020年に開催される東京2020大会において，可能な限りの省エネ・再エネへの転換を軸としたマネジメントを実施することにより，世界に先駆けて脱炭素化の礎を全員参加で築く
＜資源管理＞
Zero Wasting（資源を一切ムダにしない）
サプライチェーン全体で資源をムダなく活用し，資源採取による森林破壊・土地の荒廃等と，廃棄による環境負荷をゼロにすることを目指して，全員で取り組む
＜大気・水・緑・生物多様性等＞
City within Nature/Nature within the City（自然共生都市の実現）
大会後のレガシーも見据え，大会開催を通じて豊かな生態系ネットワークの回復・形成を図り，かつ快適とレジリエンスを向上させる新たな都市のシステムの創出に寄与する
＜人権・労働，公正な事業慣行等＞
Celebrating Diversity - Inspiring Inclusive Games for Everyone （多様性の祝祭〜誰もが主役の開かれた大会）
大会に関わる全ての人々の人権を尊重するため，大会準備運営のあらゆる分野においてダイバーシティ＆インクルージョンを可能な限り最大限確保する また，国連『ビジネスと人権に関する指導原則』に則って大会運営を行い，大会全体として，人種や肌の色，性別，性的指向，性自認，言語，宗教，政治，社会的身分，年齢，障がいの有無等による差別等がなく，児童労働や強制労働，過重労働を含め，間接的にも助長せず，助長していない場合であっても人権への負の影響を防止又は軽減する大会となるよう努める さらに，腐敗行為や反競争的な取引等に関与しない公正な事業慣行が確保された大会を目指す

<参加・協働，情報発信（エンゲージメント）>
United in Partnership & Equality - Inspiring Inclusive Games for Everyone （パートナーシップによる大会づくり～誰もが主役の開かれた大会）
国境や世代を超えた様々な主体との交流や研修等を通じた参加・協議の推進，及び社会全体で多様な主体が参画するダイバーシティ＆インクルージョンとエンゲージメントが確保された社会の構築のため，誰もが主役の開かれた東京2020大会を多くの方々の参加・協働により創り上げていく
<その他の横断的マネジメントテーマ～調達・サプライチェーン管理>
東京2020大会の準備・運営に当たっては多くの物品・サービス及びライセンス商品の調達が行われるが，そこでは日本国内のみならず世界中のサプライチェーン上の関係者がかかわってくるため，大会組織委員会は「持続可能性に配慮した調達コード」を策定して運用するとともに，その不遵守に関する通報受付窓口も設置する

出所：東京2020大会組織委員会（2019）『持続可能性進捗状況報告書』，22-24頁参照。

　この5つの主要テーマに基づいて実施される具体的な施策としては，競技会場の施設整備はもとより，防災・テロ対策，夏季期間中の暑さ対策やバリアフリー化，ボランティアを含めた多言語対応の促進など，世界中からの訪問客が安心して参加できるような体制をとるとしている。併せて，大会を円滑に実施するために，市民生活や勤務態様の見直しや，交通需要マネジメント（TDM）[2]，時差Bizなどを取り込んだ"働き方改革"もあわせて進めていくとしている。

　また，大会の準備運営にあたっては，さまざまな資材等を大量に調達する必要が生じることから，調達活動そのものが持続可能性に寄与することを目的として，『持続可能性に配慮した調達コード』を策定[3]し，直接のサプライヤーだけでなく，調達に関わるサプライチェーン全体を視野においた購買意思決定を行うこととした。ここでは，調達する工事や物品・サービスが環境や社会に配慮しているだけでなく，サプライヤーの事業そのものにおいて，人権・倫理への違背がなく，公正な労働慣行や腐敗の防止に資するものであることが求められる。ビジネス上のリスク管理だけでなく，ビジネスが与えるすべての影響について，現在のみならず将来にわたって配慮することが求められるのである。

第7章 地域経済の活性化と東京都の観光戦略 135

　このような持続可能性に基づいた施策は，観光振興にも直結する。それは，道路や交通網の整備や地区の再開発，施設や名所の新設などのハード面だけでなく，人権問題や事業慣行を見直したり配慮したりすることによって，より大きな範囲の人たちの参画を促すことになるし，彼らが協働してビッグイベントに取り組むことは，観光戦略において欠かすことのできない人的側面をカバーするものとなるからである。

　現在，京都や鎌倉に代表される古都や歴史的文化遺産周辺地域等において，観光客の増加によって引き起こされる交通渋滞や，大量の廃棄物の排出・放置などが，地域住民の生活環境を脅かすほどの脅威（観光公害／オーバーツーリズム）となりつつある。そこに異なる言語や習慣，社会文化的背景の違いに起因するコミュニケーション不全が重なると，地元住民と観光客との間に相互不信や無益な対立を煽ることとなる。こうした状況の多くは，持続可能性に向けた取り組み（ないしはSDGsへの参画）に照らせば，かなりの課題が包摂され，あるいは関連付けられることに気付く。東京2020大会は期間限定のイベントであるが，そこでの持続可能性活動体験は，その後の自治体経営や住民の生活意識に大きく作用するであろう。このことを意図的に具現化しようとするものが，「レガシー継承」である。

（4）東京2020大会のレガシー継承

　1964年の東京オリンピックでは，日本武道館や国立代々木競技場などの競技施設以外にも，首都高速道路や東海道新幹線などの遺産が生まれ，今日まで受け継がれてきたことから，東京2020大会でも，人々の生活や社会，経済状況，都市のあり方などに対して，有形無形の財産を残すことが期待されている。過去のオリンピック大会の中には，膨大な負債を抱えてその後の市民生活に大きな負担を残し，せっかく建設した競技場が廃墟となってしまう事例もみられた。そのため，未来に何を残し，何を残さないのか，開催の準備段階から取り組もうという活動が始まっている。

　東京2020大会組織委員会は，『東京2020アクション＆レガシープラン―東京2020大会に参画しよう。そして，未来につなげよう。―』（2017年版・2018

年版）を策定し，①スポーツ・健康（アスリート委員会），②街づくり・持続可能性（街づくり・持続可能性委員会），③文化・教育（文化・教育委員会），④経済・テクノロジー（経済・テクノロジー委員会），⑤復興・オールジャパン・世界への発信（メディア委員会），の５つの分野で検討を始めている。これを東京都の施策レベルに落とし込むと，次のようにまとめられる。

① スポーツによる健康増進

　スポーツを日常生活に取り込むことを奨励し，東京全体を「スポーツフィールド」とする。アスリートの活躍する場を確保するとともに，障害者スポーツの活性化や選手の発掘・育成・強化，ユニバーサルデザインのまちづくり，心身の両面のバリアフリー化，さらには受動喫煙防止対策等も積極的に進める。

② 「スマートシティ」の構築

　新たに建設される競技施設等は，国際スポーツ大会等を招致して恒久的に利活用し，選手村等の臨海地域については，都心とBRT（Bus Rapid Transit）等で結び，さらに水素エネルギー等の最新環境対策を施して，緑が連続し海に開かれた街づくりに取り組む。

③ 「文化共生都市東京」の発信

　「ボランティアマインド」や「障害者理解」，「豊かな国際感覚」等の資質を有する人材育成を基本として，生活情報や防災情報の多言語による一元的な提供に取り組み，人権尊重を理念とするオリンピック憲章の精神が実現できる多文化共生社会づくりに努める。また，東京の魅力を世界に発信する機会であるので，芸術文化へのアクセス環境を充実させるとともに，生の東京の姿を映し出す「東京発アール・ブリュット（Art Brut：生の芸術）」の普及促進に努める。

④ 世界一の「ビジネス都市東京」の実現

　大会による経済効果を最大限に生かし，東京を国際ビジネス拠点として整備するとともに，国際金融都市として再生する。同時に，東京を世界有数の観光

第 7 章　地域経済の活性化と東京都の観光戦略　137

都市とするために，外国人旅行者が快適に滞在できる環境を整備するとともに，その成果や経済効果が日本全国に広く波及する仕組みを構築する。

⑤　「オール東京」のエンゲージメント

　都民の記憶に残る大会とするため，カウントダウン・イベントや都民協働のプロジェクトを企画する。例えば，『都市鉱山からつくる！みんなのメダルプロジェクト』や，東京都パラリンピック体験プログラム『NO LIMITS CHALLENGE』，『日本の木材活用リレー〜みんなで作る選手村ビレッジプラザ〜』などを展開するとともに，都市ボランティア等を育成し，全員参加の大会とする。また，被災地との絆を強固なものとして，スポーツの力で被災地に元気を届け，『未来（あした）への道 1000km縦断リレー』などを通じて，被災地が復興へ歩む姿を世界に発信する。

(5)　小　括

　オリンピック・パラリンピック競技会を，それに参加する選手たちとともに，人類の歴史に残り，人々の心に刻まれるイベントにしようと考えるとき，IOC『オリンピック・アジェンダ2020』に盛り込まれた「持続可能性」の理念は，1つの大きな指針となると思われる。東京2020大会が，この「持続可能性」について見識を深め，その方向性を明確にしながら未来に残すべき「レガシー」を築こうとする姿勢は高く評価されよう。こうした取り組みが，東京の都市としての魅力を高め，国際競争力を勝ち取る一助となり，世界に向けての強力なアピールとなる。

　もっとも，オリンピック・レガシーの観点からみると，そこで検討されている「持続可能性」が，"東京"という都市空間を前提とした時間軸のみで語られ，パリ（2024年夏季），北京（2022年冬季），ロサンゼルス（2028年夏季），ミラノ／コルティーナ・ダンペッツォ（2026年冬季）といったこの後に続くオリンピック開催地に何を伝えるのか，何を継承していくのかといった視点は弱い。オリンピック・アジェンダに盛り込まれた「持続可能性」の理念が，そもそも2012年ロンドン大会の「レガシー」であることを忘れてはなるまい。

4　PRIME 観光都市・東京

(1) 東京都観光産業振興実行プランの策定

　東京都では，これまでみてきたような国際的な都市間競争への対抗策や，オリンピック開催都市としての施策だけでなく，産業振興の一環として，観光産業の振興・育成のための総合的かつ体系的な中長期的政策プランを策定している。それが『PRIME 観光都市・東京〜東京都観光産業振興実行プラン 2018』である。まさに，"地域経済の活性化"に向けた観光産業振興政策である。国際競争拠点都市整備事業や，東京 2020 大会の開催運営整備事業と重奏し，内包する点も少なくないが，産業振興に軸足を置いたことからわかる論点もあるので，この点を中心にこの実行プランを見ていくこととする。

(2) 観光をめぐる現状〜『観光実行プラン 2018』による分析
1) 外国人旅行者の動向

　東京を訪れる国内旅行者数は 5 億人超で横ばいに転じたが，東京を訪れる外国人旅行者数は，アジアからの旅行者を中心に 10 年間で約 2.7 倍（2016 年 1,310 万人）に増加した。外国人旅行者が消費する金額も，旅行者数の増加に伴って増加したが，2015 年頃にピークを示して以降，減少傾向となった。具体的には，ピーク時（2015 年）の旅行消費額は 1 人当たり 17.6 万円だったのが，2017 年には 15.4 万円に下がった。国籍・地域別に比べると，中国をはじめとするアジア圏からの旅行者の 1 人当たり消費額が低下し，相対的に，欧米豪からの旅行者の消費額が増加した。いわゆる "爆買い"の終焉である。とはいえ，2017 年のデータをみると，中国だけで全体の 38.4%（1 兆 6,946 億円）を占め，台湾，韓国，香港と続くので，アジアの国々だけで全体の 8 割以上を占めていることには変わりがない。

2) MICE 開催件数の状況

　国際会議の開催件数では，2007 年 126 件から 2016 年 225 件に増加し，10 年

第 7 章　地域経済の活性化と東京都の観光戦略　139

図表 7 - 6　国際会議の開催件数についての開催地別ランキング 2018

開催国	会議数	ランク	開催都市	会議数
アメリカ	947	1	パ　リ	212
ドイツ	642	2	ウィーン	172
スペイン	595	3	マドリッド	165
フランス	579	4	バルセロナ	163
イギリス	574	5	ベルリン	162
イタリア	522	6	リスボン	152
日　本	492	7	ロンドン	150
中　国	449	8	シンガポール	145
オランダ	355	9	プラハ	136
カナダ	315	10	バンコク	135
ポルトガル	306	11	ブエノスアイレス	133
韓　国	273	12	香　港	129
オーストラリア	265	13	アムステルダム	123
スウェーデン	257	14	東　京	123
ベルギー	252	15	ソウル	122

出所：ICCA ホームページ参照。

間で約 1.8 倍になった。そのため，東京の MICE[4] 開催都市としての地位は向
上していると分析するものの，しかし，シンガポールや香港，ソウル等の競合
都市と比べると後れを取っている状況にあり，MICE 誘致を進めるさらなる施
策が必要としている。実際，ICCA（国際会議協会）が公表した 2018 年の国際会
議の都市別ランキングをみても，アジア圏で優位にあるとはいえない状況で
あった（図表 7 - 6 参照）。

3) 宿泊状況と受け入れ環境整備

　都市部の大規模再開発に伴って大型宿泊施設の新設も増えているため，都内
の宿泊施設数や客室数は増加傾向にある。2016 年の客室稼働率は 79%（種類別；
ビジネスホテル 83%，シティホテル 81%，旅館 60%）となっており，全国平均 60%

を大きく上回っている。

また，国家戦略特区の指定を受けた大田区では，規制緩和措置として民泊事業が認められたが，2017年6月には住宅宿泊事業法が制定され，都内各地域においても同法に基づく住宅宿泊事業の実施が可能となった。安価で簡易に利用できるので民泊利用者は急増しているが，それに伴うトラブルも多発しているため，運営上のルール整備も急務になっている。

また，インターネット環境が徐々に整備され，旅行中に最新の観光情報に直接アクセスすることが容易になり始めた。リアルタイムでの情報収集ができれば，交通情報や防災速報などの緊急時対応にも展開できるので期待が寄せられるが，多言語対応が不十分などの課題も顕在化している。

4) 多摩・島しょ地域への観光客の状況

多摩・島しょ地域には，豊かな自然や郷土料理などの観光資源があり，都心部にはない魅力があるのであるが，2016年度に東京を訪れた外国人旅行者の訪問地域は，新宿・大久保，浅草，銀座，渋谷，秋葉原などの都心繁華街が中心で，多摩地区や島しょ地区にはなかなか足を伸ばしてはいない。

多摩・島しょ地域を訪れた観光客数でみても，東京全体の旅行者数が増加する中で，西多摩地域への観光客数は長期的にみて横ばいで，世界遺産登録を受けた小笠原諸島を含む島しょ地域への観光客数も，40万人台でほぼ横ばいの状況となっている。

5) 観光産業振興のための財源の確保

産業振興のために法定外目的税として2002年に創設した「宿泊税」による税収は，外国人旅行客の増加に伴って増えてきており，観光施策を財政面から支える柱となっている。今後も安定的な財源を確保するために不可欠であるとしている。

(3) 実行プランの実施状況

東京都観光産業振興実行プランは，事業年度ごとに数値目標とその達成状況

第7章　地域経済の活性化と東京都の観光戦略　141

を検証するマネジメントプロセス（PDCA サイクル）に基づいて運用されている。そこで，ここでは 2017 年度の実施状況がどのように検証され，何が 2018 年度に引き継がれたのかについて確認することとする。

1）『観光実行プラン 2017』の概要

　『東京都観光産業振興実行プラン 2017』では，今後の取り組み項目として次の 5 つの視点と数値目標を定め，その目標達成に向けた 6 つの戦略を策定した（図表 7 - 7 参照）。

図表 7 - 7 　『観光実行プラン 2017』の施策体系

＜今後の取り組みの 5 つの視点＞				
観光を有力産業に発展させる取組	将来を見据えた新たな観光資源開発	魅力の発信と効果的な誘致活動	受入環境の充実	東京の様々な主体の連携強化
＜数値目標＞			2020 年	2024 年
訪都外国人旅行者数			2,500 万人	3,000 万人
訪都外国人リピーター数			1,500 万人	1,800 万人
訪都外国人消費額			2 兆 7,000 億円	－
訪都国内旅行者数			6 億人	－
訪都国内旅行者消費額			6 兆円	－
＜目標達成に向けた 6 つの戦略＞				
① 消費拡大に向けた観光経営	② 集客力が高く良質な観光資源開発	③ 観光プロモーションの新たな展開 ④ MICE 誘致の新たな展開	⑤ 外国人旅行者の受入環境の向上	⑥ 日本各地と連携した観光振興

出所：『東京都観光産業振興実行プラン 2018』参照。

2）『観光実行プラン 2017』の戦略別実績

　『観光実行プラン 2017』で定めた 6 つの戦略ごとの施策展開状況とその実績は，図表 7 - 8 のようにまとめることができる。

図表 7 − 8 『観光実行プラン 2017』の戦略別実績

戦 略	＜主な実施施策＞	＜主な実績＞	今後の方向性
①消費拡大に向けた観光経営	インバウンド対応力の向上のためのWi-Fiの整備，トイレの洋式化や案内表示の多言語化の支援	宿泊施設支援；100件多言語コールセンターサービス提供；宿泊施設 526件，飲食店 397件，免税店 1,546件，タクシー 1,400台	一人当たりの買い物消費額が減少するなど，外国人旅行者による消費行動が変化しており，観光事業者がそうした消費行動の変化や多様なニーズを踏まえた態勢づくりが出来るように支援する
	人材育成のための観光事業者向けのセミナーの開催	観光事業者向けセミナーの開催；614名	
	消費喚起のため，クレジットカード決済端末の導入支援や観光タクシー利用促進	観光タクシードライバーの育成；42名	
②集客力が高く良質な観光資源開発	新たな観光資源の開発のため，水辺イベント等への支援や都内建造物等のライトアップや夜景紹介マップの作成を支援	自然・建造物のライトアップ支援（紅葉ライトアップ；6件）建造物の常設ライトアップ；1件）	外国人旅行者数が増加傾向にあることから，外国人旅行者の関心や興味に対応するため，既存の観光資源をブラッシュアップするとともに，魅力ある地域資源の更なる発掘を支援する
	多摩・島しょ地域への旅行者誘致のため，観光情報発信や外国人向け観光ツアーの造成・販売支援，観光スポットを周遊するモニターツアー等の実施	島しょ地域のプレミアム付宿泊旅行商品券「しまぽ通貨」の発行神津島百観音モニターツアーや，多摩エリアの宇宙関係施設モニターツアーの実施　など	
	観光関連団体への支援	観光まちづくり専門家などのアドバイザー派遣；4件	
③観光プロモーションの新たな展開	海外発信力を強化するため，アイコンとキャッチフレーズ「Tokyo Tokyo Old meets New」を作成・発表「東京おみやげ」の製作・販売	Tokyo Tokyo Old meets Newアイコン公式サイトの開設	外国人旅行者のそれぞれのニーズや特性に応じたプロモーションを徹底し，これまでの市場に加え，増加が期待される新たな国・地域の開拓を行うとともに，大きな消費が期待できる富裕層向け誘致の取組を強化する
	現地広告への出稿や旅行博への出展など，アジアや欧米豪地域を対象に観光プロモーションを戦略的に展開	現地旅行博出展；16市場パンフレットの作成・配布海外旅行事業者向けセミナーの開催；20件580名	
	海外富裕層誘致のため，パリとニューヨークで東京観光レップを活用したプロモーションを実施	海外メディア招聘；52件110名海外旅行事業者招聘；8件30名ニューヨーク市内のバス停留所や公共無料 Wi-Fi での PR	

第 7 章　地域経済の活性化と東京都の観光戦略　143

④ MICE 誘致の新たな展開	MICE 誘致強化のため，政府観光局や民間事業者団体等と「東京都 MICE 連携推進協議会」を立ち上げるとともに，都心部だけでなく，多摩地域での MICE 開催を増やすための支援や人材育成を行う	MICE 受入拠点地域の育成； 大手町・丸の内・有楽町地区 六本木地区，臨海副都心地区 日本橋・八重洲地区 品川・田町・芝・高輪・白金・港南地区 八王子地区	開催地としての魅力を増やし，誘致競争力を向上させるため，「ユニークベニュー」の活用推進に向けた取組を強化する
	国内の誘致団体に対する経費支援や，外国人参加者向けの体験プログラムの提供	都の国際会議に対する開催経費支援；19 件	
	歴史的建造物や文化施設等を「ユニークベニュー」としてレセプション会場等に利用	会場設営支援；民間施設 10 件 　　　　　　都立施設 2 件	
⑤ 外国人旅行者の受入環境の向上	観光案内体制を充実するため，観光案内標識や無料 Wi-Fi やデジタルサイネージのほか，都内各地の観光案内窓口や広域的観光案内拠点を整備	立川に「東京観光情報センター多摩」を整備 広域観光案内拠点整備；4 地域 観光案内窓口の拡充・機能強化；10 地域 42 か所	多言語対応の取組を強化するとともに，多様化する外国人旅行者のニーズに対応し，様々な旅行者が快適に観光のできる環境整備を進める
	観光ボランティアの育成を進め，都庁ガイドツアーや，新宿・銀座・浅草地域等での観光案内を実施	おもてなし親善大使育成；562 人 観光ボランティア登録；2,496 人	
	多様な文化や習慣に対する理解の促進と，障害者や高齢者等が積極的に外出して快適に旅行を楽しむことができる「アクセシブル・ツーリズム」の充実を図る	リフト付観光バスの導入支援；18 台 乗降場等のバリアフリー化支援；3 自治体	
⑥ 日本各地と連携した観光振興	日本各地域と連携し，観光ルートの構築や外国人旅行者に向けた観光の魅力を発信	東北，中国・四国地域に加え，九州地域全体と連携を開始	ラグビーワールドカップ 2019 等の機会を活用し，東京から日本各地の魅力を発信する
	海外企業からのニーズが高い国内周遊型の報奨・研修旅行の誘致	札幌市や石川県，名古屋市，京都市，福岡市，沖縄県との協力関係の構築	
	都庁展望室にて全国観光 PR コーナーや日本全国物産展を運営 東京に集積する各自治体のアンテナショップの情報発信を実施	日本全国物産展；購入者 54,202 人 全国観光 PR コーナー来場者数；177,031 人	

出所：『東京都観光産業振興実行プラン 2018』参照。

3) 『観光実行プラン 2018』の策定

　『観光実行プラン 2017』の検証結果を踏まえて『観光実行プラン 2018』が策定された。基本フレームは同じであるが，今後の取り組み項目に「東京 2020 大会とその先を見据えた観光振興」が追加され，6つの視点となった。また，観光産業振興に向けた6つの戦略のテーマも同一であるが，達成すべき数値目標が詳細なものとなった（図表7－9参照）。

図表7－9　『観光実行プラン 2018』における数値目標

＜総合目標＞		2015	2016	2020	2024
訪都外国人旅行者数	総計（単位：万人）	1,189	1,310	2,500	3,000
（内訳）	欧米豪	219	259	500	
	東アジア	755	822	1,550	
	東南アジア＋インド	161	173	370	
	その他	54	56	80	
訪都外国人リピーター数				1,500	1,800
訪都外国人消費額	総額（単位：億円）	11,150	10,880	27,000	
訪都国内旅行者数	総計（単位：万人）	51,670	51,430	60,000	
訪都国内旅行者消費額	総額（単位：億円）	48,470	46,017	60,000	

＜政策目標＞		目標年次	目標値	実績値
観光案内の充実	広域拠点の整備	2019	10 地域及び大会会場周辺	4 地域（2016）
	街なか観光案内の展開			
	観光案内窓口の拡充・強化	2019	200 ヵ所	42 ヵ所（2016）
	多摩地区観光センター整備	2017	1 ヵ所	1 ヵ所（2017）
デジタルサイネージの設置		2019	150 基	19 基（2017）
観光案内サインの設置		2019	600 基	138 基（2016）
外国人旅行者の無料 Wi-Fi 利用環境満足度		2020	90％以上	71.2％（2017）
Wi-Fi アンテナの設置		2019	700 ヵ所	101 ヵ所（2016）
ボランティアの育成・活用	観光ボランティアの活用	2020	3,000 人	2,496 人（2016）
	おもてなし親善大使の育成	2020	1,000 人	562 人（2016）
アクセシブル・ツーリズムの充実	宿泊施設のバリアフリー化	2019	累計 150 件	－
	観光バス等のバリアフリー化	2019	50 台	18 台（2016）
国際会議（MICE）開催件数		2024	330 件	225 件（2016）

出所：『東京都観光産業振興実行プラン 2018』参照。

4)『観光実行プラン』の戦略性

　観光産業に関連する事業は，旅行業，宿泊業，運輸業，飲食業，レジャー産業，食品業，小売業，イベント産業，会議施設，通訳・翻訳業など，多岐にわたる。そのため，経済波及効果も大きく，「平成23年東京都産業連関表」を用いた2016年調査では，東京に訪れた旅行者の消費行動がもたらした波及効果を約11兆円と推計している。観光産業が地域経済活性化の大きな柱として期待される所以である。

　しかしながら，こうした波及効果は，事業活動が相互に密接に結びついたところで大きくなるのであって，それぞれの事業者がバラバラに活動を行っている場合には期待通りの効果は得られない。関係当事者の行動を同じ方向に向かわせ，相互に連携を取りつつ持てる資源を最大限に有効活用して目的を達成する，そのために必要となるのが「戦略」である。このような観点で『観光実行プラン』の施策体系（図表7−7, 7−8）を見ると，その戦略性の乏しさに気付く。「取組の視点」や「数値目標」，「戦略」の項目はあるが，それらがどのように結びつき，何をすればどの数値目標が達成されて，それが最終的にどの目的を達成し，いかなる成果が得られるのかがわからないのである。PDCAサイクルはあるが，それは方針管理のためのマネジメント・ツールであって，戦略そのものでも，戦略を描くツール[5]でもない。結局のところ，取り得る施策を出し合って分野ごとにまとめ，得られた結果をそこに並べただけのように見えてしまうのである。

　この点については，先に見た国際競争拠点都市整備のための特区制度や，オリンピック・アジェンダに掲げられた持続可能性の理念に導かれた東京2020大会組織委員会の取り組みと比較すれば，一目瞭然であろう。特区制度は，特定の区域内での特定の規制緩和を中心とした取り組みであるから，特区を利用した大規模な再開発はどんなにたくさん集めても，それ自体は再開発の集合体に過ぎない。東京の国際的都市間競争力をいかに強化できるのかは，その先の話となる。他方，持続可能性を達成しようとする東京2020大会の取り組みは，スポーツイベントの枠を超えて，環境や資源管理，人権，労働慣行，人々の協働といった問題にまで踏み込み，最終的に何を未来へ継承すべきか，東京の未

来を見つめている。まさに「持続可能な開発」という未来に向けた目的を達成するために，今何をすべきか，誰がすべきか，どうすべきか，といった思考がめぐらされているのである。幸いなことに，『観光実行プラン 2018』に，東京 2020 大会の取り組み活動も組み込まれた。形の上では『観光実行プラン』の中の一項目であるが，東京 2020 大会における運営活動が，東京の"観光戦略"を実質的に牽引するようになることが望まれる。

5　おわりに

東京都の観光戦略について，国際的な都市間競争のための基盤整備から東京 2020 大会の持続可能性活動への展開，さらには観光産業振興の観点から検討された実行プランと，視点を移しながら検討してきた。観光分野における産業振興政策の戦略性という切り口だけで見る限り，あまり有効なアプローチがとられているようには見えなかった。しかし，国際的都市間競争に対するこれまでの対応の集積と，現在取り組まれている持続可能性を掲げる東京 2020 大会の活動の成果を，観光事業が進むべき方向に統合することで，観光戦略のベクトルを強化することができるのではないかと考える。

我が国の観光産業に対しては，デービッド・アトキンソン（2015）等では，諸外国と比べて労働生産性が低く人材の育成が遅れている点や，未整備なままの文化財，多言語対応ができないことによる機会損失，日本語だけの不案内によるイメージダウンなど，厳しい声も寄せられている。このような中で，真っ先に取り組まなければならない課題は，観光を通じて何を見せるのか，換言すれば，自分たちはどのような街づくりをしたいのか，そのビジョンを明確にすることであろう。

この点に関し，東京都は 2019 年 1 月，『「3 つのシティ」の実現に向けた政策の強化（2019 年度）〜 2020 年に向けた実行プラン〜』を公表し，東京の成長戦略の方向性を明確にした。この中では，「新しい東京」の姿として，①「誰もが安心して暮らし，希望と活力を持てる東京」，②「成長を生み続けるサスティナブルな東京」，③「日本の成長エンジンとして世界の中で輝く東京」を

描き，この「新しい東京」を実現するためのキーコンセプトとして，①安全・安心・元気な「セーフシティ」，②誰もがいきいきと生活できる，活躍できる「ダイバーシティ」，③世界に開かれた，環境先進都市，国際金融・経済都市「スマートシティ」という「3つのシティ」概念を提案している。この提案に対する賛否は別にして，とにもかくにも未来に向けた一歩が踏み出された，と考えている。

【注】

1）2012年ロンドン・オリンピック大会は，"One Planet Living（地球1個分の暮らし）"を基本テーマとして，準備段階から開催後の跡地利用に至るまでのイベント・ライフサイクル全体の持続可能性を考慮し，温室効果ガス排出量の削減や廃棄物ゼロエミッション，持続可能な調達などに取り組んだ。

2）交通需要マネジメント（Transportation Demand Management）とは，道路容量の拡大にばかり頼るのではなく，交通需要者の交通行動の変更を促すことで，交通量の発生抑制や平準化を調整し，交通混雑の緩和をしていく取り組みである。具体的には，①パーク＆ライド／バスライドの利活用，②オフピーク出勤やフレックスタイムによるピーク時間シフト，交通管制や渋滞情報提供による経路変更，③カープールやカーシェアリング等による乗車率・積載率の効率化，④ロードプライシングやナンバー規制，炭素税等による交通発生量の抑制や調整，などがある。

3）持続可能な調達については，「ISO20400：2017 Sustainable procurement - Guidance」として国際規格となった。持続可能性を組織の調達戦略と事業プロセスに統合して，説明責任や透明性，人権尊重，倫理的行動などを確保することを要求事項としている。

4）MICEとは，Meeting（会議），Incentive tour（招待旅行），Convention／Conference（大会・学会），Exhibition（展示会）の総称で，ビジネス関連旅行の参加目的を指している。

5）戦略（戦略マップ）を策定するためのツールにはさまざまなものがあるが，基本ステップとしては，実現したいと考えるビジョンを明確にして，その実現のために不可欠となる戦略上の目標（戦略目標）を立案し，その戦略目標を達成するための重要成功要因（CSF: Critical Success Factor）を抽出した上で，それがきちんと成果を上げているかどうかを確認するためのカギとなる重要業績指標（KPI: Key Performance Indicator）を設定することが必要となろう。

参考文献

●東京都のホームページから入手した資料

『国家戦略特区提案書～世界で一番ビジネスのしやすい国際都市づくり特区』（2013 年 9 月）.

『TOKYO Leading the World in Business』（パンフレット＆リーフレット）.

『都民ファーストでつくる「新しい東京」～ 2020 年に向けた実行プラン』（2016 年 12 月）.

『PRIME 観光都市・東京～東京都観光産業振興実行プラン 2018』（2018 年 2 月）.

『「3 つのシティ」の実現に向けた政策の強化（2019 年度）～ 2020 年に向けた実行プラン～』（2019 年 1 月）.

●公益財団法人東京オリンピック・パラリンピック競技大会組織委員会のホームページから入手した資料

『オリンピック・アジェンダ 2020　20 ＋ 20 提言』（2014 年 11 月 18 日）.

『持続可能性に配慮した運営計画フレームワーク』（2016 年 1 月）.

『持続可能性に配慮した運営方針』（2018 年 5 月）.

『持続可能性に配慮した運営計画　第二版』（2018 年 6 月）.

『持続可能性に配慮した調達コード　基本原則』（2016 年 1 月）.

『持続可能性に配慮した調達コード（第 3 版）』（2019 年 1 月）.

『東京 2020 アクション＆レガシープラン 2017 ～東京 2020 大会に参画しよう。そして，未来につなげよう。～』（2017 年 7 月）.

『東京 2020 アクション＆レガシープラン 2018 ～東京 2020 大会に参画しよう。そして，未来につなげよう。～』（2018 年 7 月）.

『持続可能性進捗状況報告書』（2019 年 3 月）.

●その他の文献資料等

ICCA（International Congress and Convention Association）ホームページ.

ISO20121：2012 Event sustainability management systems - Requirements with guidance for use.（英和対訳版：イベントの持続可能性に関するマネジメントシステム－要求事項と利用手引）日本規格協会.

ISO20400：2017 Sustainable procurement - Guidance.

国土交通省ホームページ（国際競争拠点都市整備事業）.

デービッド・アトキンソン（2015）『新・観光立国論』東洋経済新報社.

デービッド・アトキンソン（2017）『世界一訪れたい日本のつくりかた－新・観光立国論【実践編】』東洋経済新報社.

内閣府『東京都　都市再生プロジェクトについて（東京圏国家戦略特別区域）』（2019 年 5 月）.

野村総合研究所編（2014）『東京・首都圏はこう変わる！未来計画 2020』（日経ムック），日

本経済新聞出版社.

ぴあ MOOK（2019）『新しい東京 2020』.

第8章
地域経済の活性化と埼玉県の観光戦略

1　はじめに

　都道府県の魅力を調査するブランド総合研究所の観光意欲度ランキングで常に下位に位置する埼玉県だが，2018年調査でも47都道府県中46位となってしまった[1]。そもそも埼玉県は，東京都の北側に長く境界を接する地理的条件から，首都東京から連続する住宅地・業務地として発展してきたため，地域経済および人口問題については比較的恵まれてきた。こうしたことから，埼玉県民の多くは地元意識が希薄であり[2]，また県外の人たちも埼玉県に対する認識が極めて低く，行政も観光振興に力を入れる必要性に乏しかったといえる。

　しかしながら，埼玉県は古くは秩父観音霊場で参詣者を集め，近代には鉄道会社によって長瀞・秩父をはじめとする観光開発が積極的に行われたり，最近ではアニメーションや漫画作品の舞台を巡って来県する観光客が増えたりと，実は観光地としての側面も大きいのである。

　本章は，埼玉県の観光について，特にニューツーリズムの観点から紹介し，持続可能な観光を模索していく。

2　埼玉県の観光の現状

　埼玉県は、首都圏の一角を成し、県内総生産は名目値で22兆3,323億円[3]と全国第5位、人口も727万人[4]と全国第5位を誇り、また1920年以来一貫して人口増加が続いている。ただし、埼玉県に居住する者の多くが県外で働いたり、県外へ通学しており、県外への従業・通学者数は107万人（全国第2位）、特に東京都への従業・通学者数は93万人であり、いわゆる東京のベッドタウンの様相となっている。一方で、県外から埼玉県へ通勤・通学してくる者も26万人いる（全国第4位）。

　埼玉県の県内総生産を産業別でみてみると、2015年現在、第一次産業が0.5％、第二次産業が27.5％、第三次産業が71.1％となっており、農業の割合が極めて小さく、商業・サービス業に大きく依存していることがわかる。ただし、これについて、日本の産業別構造と比較し、特化係数を算出してみると、第一次産業が0.46、第二次産業が1.02、第三次産業が1.00となる。特化係数は、1の場合に国全体の産業構成比と同じであることを示し、1よりも大きい産業は当該部門のウェイトが全国水準を上回っていることを示すものである。

ここで，第三次産業から観光に深く関連する「運輸・郵便業」と「宿泊・飲食サービス業」について埼玉県の特化係数を算出すると，運輸・郵便業が0.87，宿泊・飲食サービス業が0.84と，全国水準を下回っており，他の都道府県に比べて埼玉県は，観光関連産業のウェイトが小さいことがわかる。また，埼玉県の「県内総生産額」と「運輸・郵便業」・「宿泊・飲食サービス業」について，2006年度の生産額を100として時系列で見てみると，県内総生産額が近年は以前の水準を上回って上昇しているのに対して，観光関連の2項目は最近は上昇傾向にあるものの以前の水準には達していないことがわかる（図表8－1）。

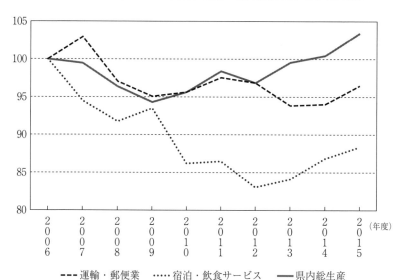

図表8－1 埼玉県における県内総生産額と観光関連産業の生産額の推移

資料：埼玉県（2017）『埼玉の市町村民経済計算』。

埼玉県の観光について，年間の観光目的の入込客数（県外・県内・海外からの宿泊・日帰り旅行者の延べ数）を見てみると，最近は増加傾向にあり（図表8－2），他の都道府県との比較可能な2016年のデータでは1億740万人回となっており，これは調査結果を公表している43都道府県中で東京都に次ぐ第2位となっている[5]（図表8－3）。

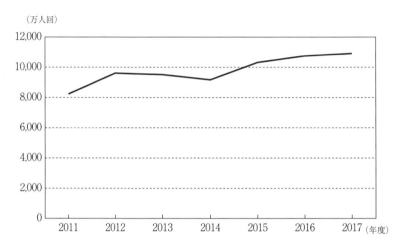

図表8－2　埼玉県の観光目的の入込客数の推移

（注）　観光目的の年間入込客数のみ合算（県外からの宿泊者，県外からの日帰り者，県内の宿泊者，県内の日帰り者，海外からの宿泊者，海外からの日帰り者）。
資料：埼玉県『埼玉県観光入込客統計』。

ただし，これを宿泊者のみに限定して比べてみると，埼玉県はわずか129万人回であり，調査を公表している都道府県の中でも下から3番目という少なさである（図表8－4）。さらにその観光目的の入込客数に占める宿泊者の割合については1.2％と全国最下位であり，埼玉県の観光客の特徴が極めて日帰り志向であることがわかる。

近年注目されているインバウンド（訪日外国人旅行者）について，年間の観光目的の入込客数のうち海外からの宿泊・日帰り者を見てみると，埼玉県は8万

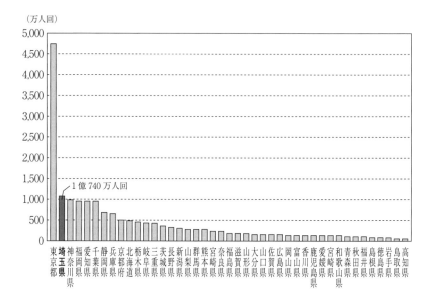

図表 8-3 観光入込客数の都道府県比較 (2016年)

(注) 観光目的の年間入込客数のみ合算（県外からの宿泊者，県外からの日帰り者，県内の宿泊者，県内の日帰り者，海外からの宿泊者，海外からの日帰り者）。
資料：観光庁『共通基準による観光入込客数』。

1千人回であり，これは全国的に見ても少ない方である（図表8-5）。しかしながら，時系列比較の可能な2011年からの埼玉県の観光入込客数の内訳を見てみると，国内からの観光者に比べ，海外からの観光者が急激に増加していることがわかる（図表8-6）。

　2016年に観光目的の入込客が1回の旅行で埼玉県内で消費した金額（観光消費額単価）は，図表8-7のとおりである。この中で，宿泊者の観光消費額は，比較可能な43都道府県中で県内観光者が第42位，県外からの観光者が最下位となっている。また，同じく日帰り者の観光消費額は，県内観光者が第25位であるものの，県外からの観光者については第36位となっている。いずれにしても，全体的に日本人の観光客が埼玉県内で消費する金額は少ないといえる。これに対して，埼玉県を観光する訪日外国人について見てみると，宿泊を伴う場合は43都道府県中で第5位，日帰りの場合が29都道府県中で第13位

第 8 章 地域経済の活性化と埼玉県の観光戦略 155

図表 8 − 4 宿泊を伴う観光入込客数の都道府県比較（2016 年）

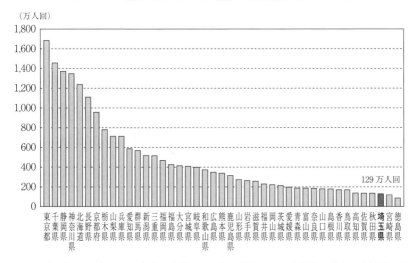

（注） 観光目的の年間入込客数の宿泊のみ合算（県外からの宿泊者，県内の宿泊者，海外からの宿泊者）。
資料：観光庁『共通基準による観光入込客数』。

図表 8 − 5 海外からの観光入込客数の都道府県比較（2016 年）

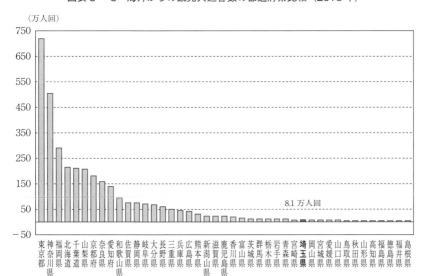

（注） 海外からの観光目的の年間入込客数（宿泊および日帰り）。
資料：観光庁『共通基準による観光入込客数』。

と，比較的上位に位置している。

図表8-6　埼玉県の観光目的の入込客の内訳の推移

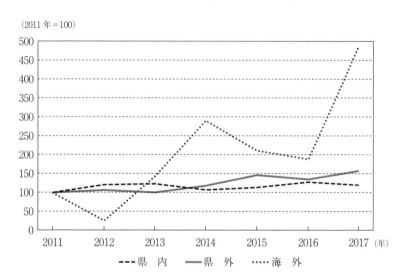

（注）観光目的の年間入込客数について，2011年の値を100として指数化した。
資料：埼玉県『埼玉県観光入込客統計』。

図表8-7　埼玉県の観光目的入込客の観光消費額単価

(円／人回)

	県　内	県　外	訪日外国人
宿　泊	10,446	18,409	71,117
日帰り	3,613	5,703	10,554

資料：観光庁『共通基準による観光入込客数』。

3　ニューツーリズムと埼玉県の観光資源

　観光客は，観光旅行に行く際に，複数の観光地について，それらの観光地から得られるであろう便益（観光期待）とそこに行くための費用（交通費，所要時

間，不便さなど）の差が最も大きくなる観光地を選択する。すなわち，より魅力
的な観光資源ないしは観光対象のある地域であり，かつアクセス性の良い（移
動抵抗の少ない）地域が，観光客をより多く惹き付けることになる。

　埼玉県は，大都市東京に隣接しており，東京からの鉄道路線・高速道路も充
実していることから，交通費（運賃，ガソリン代，通行料金など）や所要時間と
いった面では他県に比べると強みがある。ただし，鉄道の多くは通勤型電車が
使用されており混雑も見られ，バス路線については本数が少ないうえに一部で
は路線情報があまり提供されておらず，また自動車についても歩車分離されて
いなかったり狭小箇所が多い道路が見られるとともに駐車場が少ない地域もあ
るなど，観光アクセス交通はあまり快適であるとはいえない。そのような中，
西武鉄道が東京の池袋駅から埼玉県の西武秩父駅までを結ぶ有料特急列車に新
形車両 Laview（ラビュー）を投入したり，東武鉄道が同じく池袋駅から埼玉県
の川越駅や小川町駅に至る区間に最速の川越特急を設定したりと，昨今は鉄道
会社による埼玉県の観光地へのアクセス性の改善が見られる。

　一方で，観光客に選択してもらえる地域になるには，その観光地から得られ
る便益が最大化されるように，観光資源を発掘・加工・連携して人々にとって
魅力的な観光対象となるように提供する必要がある。特に，昨今のニューツー
リズム（new tourism）では，観光資源ないしは観光対象について，地域特有性，
物語性，体験，学び，癒しが求められる。ニューツーリズムとは，従来の大人
数による物見遊山的ないわゆるマスツーリズム（オールドツーリズム）に対して，
少人数・個人によるテーマ性の強い観光であり，旅行先での人・自然・文化と
のふれあいを重視する観光のことをいう。本節では，埼玉県の観光資源につい
て，このニューツーリズムの観点から見ていこう。

（1）アメニティと観光

　アメニティ（amenity）とは，もともとイギリスの環境思想であり，都市計画
家ウィリアム・ホルフォード（William Holford）は，「然るべき所に，然るべき
ものがある」状態としている[6]。どこへ行っても画一的な観光施設や土産物，
飲食物が多い中，このアメニティの考えは観光者に選ばれる観光地になるため

にも必須であると思われる。すなわち，ニューツーリズムの観点からは，他にはないこの地域特有の観光資源を掘り起こし，この地域らしい観光対象を開発する必要があるのである。

　埼玉県は，東京の郊外として発展してきたため，全体的には建造物や文化などはほとんど東京と同様の，いわば現代日本の典型の様相となっており，個性に乏しいとされる。しかしながら，地域ごとに見てみると，江戸幕府の重要な拠点であった川越には城下町の風情と蔵造の街並みが形成され，県の西部は狭山茶の茶畑が広がり，秩父には深い山の中に温泉が湧いたり農村が残り，また熊谷のフライや行田のゼリーフライ，さいたまのスタカレーなどといった独特の食文化もあり，熊谷市押切の荒川河原の虫の声や川越の時の鐘の音は環境省の「残したい日本の音風景100選」にも選ばれている。

　"埼玉らしさ"を表明することは難しくとも，"川越らしさ"や"秩父特有"といった各地のアメニティを観光者にアピールすることは案外簡単かもしれない。観光者は，自分の生活する社会とは異なる景観・文化・物産・体験を求めている。そのためには，歴史的建造物・街並みや固有の景観・自然環境・遺跡を保全・適正活用することはもちろん重要であるが，それだけでなく地域固有の飲食を提供したり，土産物を地場産品にこだわることもとても重要である。さらに，ニューツーリズムで選ばれるアメニティのある観光地となるには，地域の伝統・風習を守るだけでなく，場合によっては生活スタイルそのものを演出することも必要になってくるのかもしれない。

(2) 聖地巡礼とパワースポット

　昨今の御朱印ブームにより，老若男女問わず神社・仏閣を巡る旅が盛んである。こうした信仰心に基づいた（あるいはそれを大義名分とした）巡礼の旅は，昔から四国八十八箇所（四国遍路）や伊勢詣（お蔭参り）が有名であるが，埼玉県にも秩父三十四箇所観音霊場巡り[7]があり，毎年多くの参詣者を集めている。また，神社・仏閣あるいは神聖視されている自然物・人工物などはパワースポットと呼ばれ，数多くの善男善女を集めているが，埼玉県では秩父の三峰神社が高い人気を誇り，その神社が頒布する限定のお守りを目当てに道路渋滞が

第8章　地域経済の活性化と埼玉県の観光戦略　159

十数キロメートルにも及んだこともある。

　科学技術の進んだ現代においてさえも，その信心の程度に差はあれど，人々は神仏に自らの願いを祈る。その願いは，長寿・健康であり，恋愛・縁結びであり，あるいは金運や出世，学問や受験など欲望の多岐にわたり，そしてそれぞれの願いに応じたご利益を授けてくれる寺社・パワースポットがある。

　こうした寺社およびパワースポットは，従来より地域の観光資源として活用されており，埼玉県では前述の秩父のほかにも，越生町の七福神めぐりや寄居町の十二支守り本尊まいりなどの巡礼があり，さいたま市の大宮氷川神社や川越市の喜多院，川越氷川神社などは地域の観光の中心にもなっている。さらに，寺社によっては，精進料理を振舞ったり，宿坊を併設したり，写経や座禅，滝行などの修行を体験できるところもあり，外国人旅行者にも人気となっている。また，国宝の妻沼聖天山歓喜院がある熊谷市の妻沼では，この本尊の大聖歓喜天が縁結びのご利益があるとして，「縁結びの街めぬま連絡協議会」を結成し，観光ガイドを行ったり，門前町周辺の飲食店と協力して縁結びメニューを開発したり，商工会と協力してキャラクター「えんむちゃん」を作成したりしている。

　過熱しすぎている御朱印ブームにはやや疑問も感じてしまうが，信仰心の程度に関わらず御朱印やパワーグッズ，ご利益を求めて寺社を巡る観光は，かつての日本の寺社詣が信仰と娯楽を併せ持ったものであり，それによって門前町が発達していったという史実からも，地域経済の発展にとってむしろ歓迎すべき現象であろう。人々の欲望は無限であることから，その現世利益を求める寺社・パワースポット訪問は尽きることはないと思われる。なお，こうした寺社・パワースポットには必ず縁起・伝承・逸話が残っており，さらにこうした場所のスピリチュアルな雰囲気には心身の安寧をもたらす作用がある。このような歴史や物語性，癒しは，ニューツーリズムの観点から観光者を惹きつける大きな要素であると思われる。

(3) "新" 聖地巡礼とサブカルチャー

　映画やドラマ，小説やマンガの舞台となった場所を訪れ，その主人公・登場

人物に想いを寄せ，物語を追体験する観光旅行をコンテンツ・ツーリズム（contents tourism）と呼ぶ。人々のこうした行動は，和歌の歌枕を訪れることを喜びとした古の時代まで遡ることができるし，近現代においても歌碑・句碑や文学碑は地域の観光資源となっている。しかし，こうしたコンテンツ・ツーリズムがにわかに脚光を浴びたのは，アニメーションやマンガの愛好者たちが作品に登場する場所を探し当て，その場所で登場人物の恰好に成りきるという行動（いわゆるコスプレ）がメディアに取り上げられるようになってからであろう。彼らは，作品舞台（と想定される場所）を"聖地"と呼び，2000年代あたりから愛好者がそうした場所を旅することを"聖地巡礼"と称するようになった。

その先駆けともいえるのが，マンガおよびアニメーションの『らき☆すた』[8]のファンが埼玉県久喜市の鷲宮神社を作品舞台の1つであるとして訪れるようになり，神社の参拝客や門前の商店街の売り上げが増大したことである。当初は奇異なファッション・行動のファンに対して地域住民は警戒していたものの，次第に交流が生まれ，そこに商工会も受入体制を敷いていき，ファンを歓迎するようになった。そして，『らき☆すた』にちなんだイベントやツアー，関連グッズの販売などにより，大きな経済効果が生じた。日本政策投資銀行地域企画部（2017）は，『らき☆すた』のテレビ放送が始まった2007年からの10年間での地域経済効果が31億3,700万円にのぼると試算している[9]。

埼玉県には，このほかにも，秩父市を舞台とした『あの日見た花の名前を僕達はまだ知らない。』[10]や春日部市を舞台とした『クレヨンしんちゃん』[11]，飯能市を舞台にした『ヤマノススメ』[12]など，ライトノベル（小説）やアニメーション，マンガ作品の舞台となった地域が数多くあり，埼玉県産業労働部観光課も「アニメだ！埼玉事業」として，このような新たな聖地巡礼のための情報発信やイベントを行い，観光振興の中心事業として推進している。また，坂戸市にある道教寺院の聖天宮は，珍しい中国・台湾風の建物の中でカンフー（中国武術）系のゲーム・マンガのキャラクターのコスプレをする愛好者たちが集まってくるようになり，寺院側もその愛好者たちの撮影会のために施設や更衣室などを開放している。

こうした若者文化・サブカルチャーを活用した観光は，地域に大きな経済効

果を生み出す可能性を含んでいる。また，日本のアニメーションやマンガ，ゲームは海外にも広く浸透し多くの愛好者がいるため，インバウンド集客も期待できる。しかしながら，いわゆるマニアやオタクと呼ばれる作品に対して人一倍の愛着心を持つ層は，その作品の扱いについて強いこだわりがあるため，行政主導の安易かつ恣意的な"聖地化"や地域の露骨な商業主義には時として厳しい批判・嫌悪感を持たれることもあり，期待されたような観光集客を見込めない恐れもある。コンテンツ・ツーリズム，特にアニメやマンガ，サブカルチャーを活用した観光まちづくりを行う際には，行政・商業者側が作品を深く理解し，作品・登場人物の世界観を大切にした観光対象を構築するとともに，個性の強いファンをも受け入れる地域住民の懐の深さが必要となるであろう。

（4）ガストロノミー・ツーリズム

　B級グルメが注目されるようになって久しい。それ以前からも，観光地では郷土料理が提供され，観光者はその土地の食材を購入することを喜びとしてきた。また，食べ歩きや料理巡りなど，食事・料理そのものを目的とする観光も広く行われている。このように，食は観光目的の大きな要素を占めることがしばしば指摘されている[13]。

　埼玉県にも，上述したような地元だけで昔から日常的に食べられてきたいわゆるB級グルメ（地元食）や，伝統的な名物として提供されてきた郷土料理（浦和や川越の鰻，川島のすったてなど）および食材（狭山茶や深谷ネギ，サツマイモなど）が数多く存在する。さらに，昨今のB級グルメのブームにより，新しく地域の名物にしようと考案された料理も乱立しており，中には飲食店が安易に地名を付けた料理を提供しただけであったり，開発したが一過性で終わってしまったという事例もある。そのような中，埼玉県産業労働部は，2013年から，埼玉県産食材や伝統的に定着している食材を使用するなどした埼玉ならではの料理に対して「埼玉S級グルメ」として認定し，埼玉県の料理・食材のブランド化戦略を行っている。しかしながら，例えば，埼玉県が推奨している伝統の味として"うどん"があるが，一般的に"うどん"と言えば，日本三大饂飩と呼ばれる香川県さぬきうどん・秋田県稲庭うどん・群馬県水沢うどんや，饂

飩発祥とされる博多うどん，庶民の日常食として広まっている大阪うどんが有名であり，埼玉県のうどんは生産量全国2位であるにもかかわらず残念ながらあまり認知されていないようである。

　こうした食材・料理を中心にした観光PRは，多くの都道府県で行っており，どの地域でも観光集客を図るために，食に関するブランド化や新商品の開発，フードツーリズムのコーディネートなどといった観光戦略を実施している。こうした中で注目を集めているのが，ガストロノミー・ツーリズム（gastronomy tourism）である[14]。ガストロノミー・ツーリズムとは，国連世界観光機関（UNWTO：UN World Tourism Organization）によると，「その地域の気候・風土が生んだ食材・習慣・伝統・歴史などによって育まれた食を楽しみ，その地域の食文化に触れることを目的としたツーリズム」と定義される[15]。具体的には，例えば，ワインの産地でワインを飲んだり購入したりするだけでなく，ワイナリーを見学して製造方法を学んだり，原料となる葡萄の収穫を体験したり，ワインに合う料理を食べたりするなど，ワインを中心にした一連の体験型観光があげられる。すなわちそれは，単に観光地で料理を賞味するだけでなく，料理・食材・食様式を通じて地域の食文化を学び体験する観光であり，したがってガストロノミー・ツーリズムを推進することは，地域に経済的利益をもたらすだけでなく，地域文化の保全をも期待でき，地域住民のシビック・プライド（civic pride）の醸成にもつながるのである。

　和食がユネスコ無形文化遺産に登録されるなど，海外からも和食・日本の食文化に注目が集まっていることから，インバウンドが急増している埼玉県でも外国人により満足してもらうためにもガストロノミー・ツーリズムを構築する必要がある。また，他の都道府県でも観光戦略としてさまざまな飲食物をPRしている中，こうした地域との差別化を図り，観光者に選んでもらえる県になるには，都市化・近代化によって忘れられてしまった食・食文化を掘り起こし復活させたり，食の知識・物語性を付加した食事の提供を推奨したり，埼玉県産ないしは地元産にこだわった飲食物の提供店の情報を収集・発信したりするなど，官民をあげた取り組みが必要であろう。

（5）道の駅と大学の連携による着地型観光

　観光者に人気の道の駅は，全都道府県で現在1,100カ所を超える施設が整備されている。道の駅は，国と地方自治体が連携して1991年より整備されてきた道路施設であるが，道路利用者のための休憩・商業・情報発信機能としてだけではなく，地域住民の交流の場としても機能しており，観光振興ないしは地域活性化の拠点として注目されている。こうした機能をさらに有効的に高めようと，2015年より国土交通省は観光振興・地域づくりを学ぶ大学生の活動の場として道の駅を活用する取り組みを始めている（「道の駅」と大学の連携・交流に関する取り組み）。

　埼玉県において，こうした大学と連携している道の駅は，果樹公園あしがくぼ（秩父郡横瀬町），いちごの里よしみ（比企郡吉見町），おがわまち（比企郡小川町）の3カ所であり（2018年度），それぞれで大学生が観光イベントの企画・開催や土産物の開発など観光活性化に携わっている。ここでは，それらの取り組みのうち，道の駅おがわまちを拠点とした城西大学の観光振興活動を紹介する。

　道の駅おがわまちは，武蔵の小京都と称され，ユネスコの無形文化遺産にも登録された細川紙の産地である小川町に所在しており，埼玉県内の伝統工芸品の展示や手漉き和紙体験および和紙製品を購入できる埼玉伝統工芸会館と地元産野菜の直売所および地粉うどんのレストランを有する施設であり，小川町だけでなく秩父・長瀞方面および埼玉県北部への観光の拠点となっている。

　この道の駅おがわまちを拠点に，城西大学現代政策学部の筆者のゼミナール（庭田ゼミ3年生・4年生）では，2016年度より観光まちづくり活動として，観光プロモーション動画の制作と地場産食品の開発等を進めている。

　観光プロモーション動画の制作は，"よそ者"の視点から町の埋もれた地域資源を発掘し，若者の感性で動画に加工することで，新たな観光的魅力を発信していこうという目的がある。動画作品のテーマは，毎年ゼミに入ってきた学生がフィールドワークと議論によって決めていくが，2018年度は小川町を舞台にした恋愛ドラマを，2019年度はディープな地域資源の紹介を企画し，それぞれ撮影を進めている。こうした動画の企画・シナリオ作成の段階から，学生たちは何度も現地を訪れて地域のさまざまな人たちと取材・撮影を通して交

図表 8 - 8　学生たちによる観光プロモーション動画の撮影

流してきているが，その中で地元の人から「こんな当たり前の景色が面白いのか」と驚かれたこともあるそうである。なお，制作した動画は，小川町役場・道の駅等の関係者からの意見を踏まえて完成させ，インターネットで公開している（図表 8 - 8）。

　地場産食品の開発は，もともと小川町の伝統工芸である和紙の製造過程で発生する廃棄物の活用を考えたことから始まった。和紙の原料となる楮は，繊維を取り出す皮の部分以外は廃棄されてしまうが，その際に大量に出る葉を使って，道の駅で提供する食べ物にしたいと考えたのである。そして，城西大学の薬学部医療栄養学科に楮の葉の栄養成分を解析してもらったところ，カルシウムと食物繊維が豊富に含まれていることがわかった。道の駅おがわまちは，ワインディングロードが人気の定峰峠などに行く拠点としてオートバイや自転車が集まってくる。そこで，埃や汗で汚れてしまったライダーやサイクリストたちでも手軽に栄養補給できる地場産食品，そして六次産業化というのをコンセプトに，楮の葉の粉末を練りこんだ小麦粉の皮で地元産有機野菜を包んだ「栄養ちゃんとトルティーヤ」の開発を進めている。このプロジェクトは毎年ゼミ学生に引き継がれていっており，いまだに完成には至っていないが，ゼミ学生たちは原料となる楮の葉や有機野菜を手に入れるために地元農家を訪れたり，道の駅で観光客相手に試食会・仮販売を行ったりするなど，新たな交流も生まれている。

　以上のような大学・大学生の取り組みは，着地型観光の起爆剤として期待で

きる。上述した城西大学の道の駅での観光プロモーション・商品開発の事例以外にも，全国のさまざまな自治体・観光施設で大学生が観光情報の発信や観光マップの作成，体験プログラム・イベントの企画，土産品の開発などのプロジェクトに関与している。これらは，大学生の授業・研修・ボランティアといった形で行われることが多いため，各プロジェクトの継続性やクオリティといった面ではやや難があるかもしれない。しかしながら，こうした観光まちづくり活動を通じて外部の大学生が地域内に入り込んでくることにより，さまざまな主体に着地型観光の意識が芽生え，観光とは無関係であった事業者も含めて域内の多様な主体が観光まちづくりという目的で連携するようになるかもしれない。

4 おわりに

国際連合は，2015年9月の第70回総会において，「我々の世界を変革する：持続可能な開発のための2030アジェンダ」[16] を採択し，17の分野からなる目標と169の達成項目からなる"持続可能な開発目標"いわゆるSDGs (Sustainable Development Goals) に対して，全世界の人々・組織が取り組むことを求めた。これを受けて，日本政府も2016年5月に，すべての国務大臣を構成員とする「持続可能な開発目標（SDGs）推進本部」を立ち上げた。

SDGsの各目標に設定された達成項目の中から観光に関するものを見てみると，目標8（包摂的かつ持続可能な経済成長及びすべての人々の完全かつ生産的な雇用と働きがいのある人間らしい雇用を促進する）の中に「2030年までに，雇用創出，地方の文化振興・産品販促につながる持続可能な観光業を促進するための政策を立案し実施する。」，目標12（持続可能な生産消費形態を確保する）の中に「雇用創出，地方の文化振興・産品販促につながる持続可能な観光業に対して持続可能な開発がもたらす影響を測定する手法を開発・導入する。」，目標14（持続可能な開発のために海洋・海洋資源を保全し，持続可能な形で利用する）の中に「2030年までに，漁業，水産養殖及び観光の持続可能な管理などを通じ，小島嶼開発途上国及び後発開発途上国の海洋資源の持続的な利用による経済的便益を増大させる。」という3つの項目が掲げられている。

また，国連世界観光機関（UNWTO）は，観光が世界の経済成長の原動力であるとして，それが起業・企業の育成，弱者の自立促進・地位向上，農業の発展，健康・福祉の推進，地域間格差の是正，都市の再生，文化・自然資源の保全，環境・生態系の保護，文化・信仰を超えた寛容・理解，利害関係者の連携を強化するとし，観光と持続可能な開発目標を整理している[17]。

　今後の観光政策ないしは観光戦略には，この持続可能性を考慮しなければならない。2018 年 6 月，観光庁は持続可能な観光に関する課題として，顕在化してきている観光地における旅行者の増大と地域住民の生活との共存・共生の問題に対応するために，「持続可能な観光推進本部」を設置した。地域のキャパシティを超えた観光客の流入が，公共交通・施設の混雑，道路の渋滞，ゴミや騒音，自然破壊などの問題を発生させることで地域住民の生活を妨げ，環境・景観を悪化させ，住民と観光客との間で軋轢を生み，そしてそれが観光客の満足度を低下させている。こうしたオーバーツーリズム（観光公害）は，世界中の観光地で問題となっているが，埼玉県でも生じている。例えば，小江戸・蔵の街で昨今人気が急上昇している川越には，年間 730 万人もの観光客が訪れるようになり，蔵造の街並みが続く県道 39 号線の札の辻から仲町の区間（歩道と車道はカラー舗装で区分されている）は歩行者が車道にまで溢れて自動車渋滞を引き起こしたり（歴史的景観を求めて来た観光客はそれを阻害する自動車渋滞に不満を持ち，住民は通勤・通学に使う自動車やバスが遅延することに不満を持つ），食べ歩きをする観光客が私有地などの住民の生活空間に入り込んでゴミを捨てたりする（食べ歩きをする観光客はゴミ箱や休憩所の少ないことに不満を持ち，住民は静穏な暮らしを脅かされることに不満を持つ）など，観光公害の問題としてメディアにも取り上げられている[18]（図表 8 - 9）。

　今後，埼玉県の観光・経済が持続的に発展し続けるためには，一部の地域に集中している観光客数の適正化，すなわち集中地域での観光インフラ整備による観光容量拡大と観光需要の抑制，そして県内の他の観光地への観光客の誘導・分散化が必要であろう。特に，これまで述べてきたように埼玉県内には魅力的かつ有望なニューツーリズムの要素が数多く存在しているため，これらを多くの観光客にプロモーションして観光期待を高めるとともに，各地のアクセ

図表8－9　車道に溢れる観光客（川越）

ス性をさらに改善して移動抵抗を減少させることで，県内各地に観光需要を分散させることができると考えられる。観光行動に影響を与える観光情報について，実際の観光客が発信する SNS や口コミ情報の有用性が指摘されているが[19]，埼玉県内全域に観光客が遍在するようになれば，こうした観光客からの情報発信により埼玉県各地の多彩な魅力が広く知られるようになり，埼玉県への観光意欲度を向上させてくれると期待される。そのためにも，県だけでなく県内の多くの自治体が，より魅力的な着地型観光プログラムの開発に力を入れることが求められる。

【注】

1）ブランド総合研究所「地域ブランド調査 2018」における「観光意欲度」のランキング。
2）ブランド総合研究所「地域ブランド調査 2018」における「愛着度」ランキングは 46 位だった。
3）内閣府「2015 年度県民経済計算」。
4）総務省「2015 年国勢調査」。
5）観光庁「共通基準による観光入込客数 年間値：平成 28 年」。
6）Holford,W.（1959）*Preserving Amenities*, Central Electricity Generating Board.
7）秩父三十四箇所は，西国三十三所と坂東三十三箇所とを合わせて日本百観音と呼ばれている。

8）美水かがみ原作の4コママンガ。テレビアニメやゲーム，小説などにもなった。

9）日本政策投資銀行地域企画部（2017）。

10）岡田麿里脚本のテレビアニメ。小説やマンガ，ゲーム，実写ドラマにもなった。

11）臼井儀人のマンガおよびそれを原作とした国民的人気のテレビアニメ，アニメ映画。

12）しろ原作のマンガおよびテレビアニメ。

13）例えば，James Mak（2004）など。

14）ガストロノミー（gastronomy）とは，料理を中心として芸術・歴史・科学などさまざまな文化的要素を考察する総合的学問のことであり，しばしば美食学や美味学と訳される。

15）World Tourism Organization（2019）.

16）外務省仮訳（https://www.mofa.go.jp/mofaj/files/000101402.pdf）。

17）国連世界観光機関駐日事務所（2015）。

18）例えば，日本経済新聞電子版2019年5月3日号や，TBSテレビ噂の東京マガジン2019年6月9日放送など。

19）国土交通省総合政策局（2008）。

参考文献

James Mak（2004）*Tourism and the Economy,* University of Hawai'i Press（ジェームズ・マック著，瀧口治・藤井大司郎監訳（2005）『観光経済学入門』日本評論社）.

World Tourism Organization（2019）, *Gastronomy Tourism – The Case of Japan,* UNWTO.

大藪多可志（2010）『観光と地域再生』海文堂出版.

国土交通省総合政策局（2008）『観光地が取り組む効果的な観光情報提供のための資料集』国土交通省.

埼玉県産業労働部観光課（2017）『第2期埼玉県観光づくり基本計画（平成29年度～平成33年度）』埼玉県.

総合観光学会編（2006）『競争時代における観光からの地域づくり戦略』同文舘出版.

総合観光学会編（2010）『観光まちづくりと地域資源の活用』同文舘出版.

谷口知司・福井弘幸編著（2017）『これからの観光を考える』晃洋書房.

日本政策投資銀行地域企画部編（2017）『コンテンツと地域活性化～日本アニメ100年，聖地巡礼を中心に～』日本政策投資銀行.

庭田文近（2018）「ソーシャル・キャピタルとハイウェイオアシス」，『高速道路と自動車』第61巻第12号.

山村高淑（2008）「アニメ聖地の成立とその展開に関する研究：アニメ作品「らき☆すた」による埼玉県鷲宮町の旅客誘致に関する一考察」，『国際広報メディア・観光学ジャーナル』第7号.

第9章
地域経済の活性化と千葉県の観光戦略
―千葉県南房総地域の現状と課題を中心に―

1 はじめに

　千葉県は，県内の観光振興を図るために『第1次観光立県ちば推進基本計画』（2008年度から2012年度），『第2次観光立県ちば推進基本計画』（2014年度から2018年度），そして，『第3次観光立県ちば推進基本計画』（2019年度から2023年度）とそれぞれ5年間の基本計画を実施している。『第1次観光立県ちば推進基本計画』において，同県の強みとして，「温暖な気候，多様で美しい自然」「様々な食材の宝庫」「東京圏の一角に位置」など3つの点をあげている（千葉県，2008）。一方で，同県の課題として，「観光地へのアクセスの改善などの基盤整備」「観光の質の向上」「広域的・面的な連携，多様な分野の資源や人材の活用」「地域の環境・景観との調和」の4つの点があげられている。『第1次観光立県ちば推進基本計画』では，「観光入込客数」「宿泊客数」「平均宿泊数」「旅行総消費額」「外国人来訪者数」「国際会議等の開催件数と経済波及効果」「旅行者満足度」の7項目について，2008年度の実績をもとに2012年度までの具体的な数値目標を掲げていた。しかし，2011年の東日本大震災の影響により，「観光入込客数」「宿泊客数」「平均宿泊数」などの項目において目標を達成することができなかった。『第2次観光立県ちば推進基本計画』では，2017年の時点で観光入込客数の目標数値を上回ることができなかったが，その他の項目である「宿泊客数」「外国人延べ宿泊客数」「旅行総消費額」「観光に関する経済波及効果」「旅行者満足度」において目標値を上回る結果となった。
　そこで，2019年度から実施されている『第3次観光立県ちば推進基本計画』

では，千葉県は都市部と農村部が共存しており，県内各地域によって特徴が異なるため，それぞれの地域の特徴を活かした観光振興の取り組みを行っている（千葉県，2019）。

千葉県内の観光入込客数は着実に増加しているが，安房地域等では依然として震災前の水準を回復していない。そこで，本章では，事例として，千葉県南房総地域（以下，南房総地域）を訪れる旅行者に焦点をあてる。『千葉県観光調査報告書』では，千葉県は東葛飾地域，印旛地域，香取地域，海匝地域，山武地域，長生地域，君津地域，夷隅地域，安房地域の9つの地域に分けられている。そこで，本研究では，南房総地域として，君津地域の袖ケ浦市，木更津市，君津市，富津市と安房地域の鴨川市，鋸南町，南房総市，館山市の8市町を対象地域とする。図表9－1は，千葉県の過去15年（2003年～2017年）の観光入込客数（延べ人数）を示しており，2003年は約1億3,618万人の観光客が訪れているが，その後，2007年までの4年間は若干ではあるが観光入込客数は

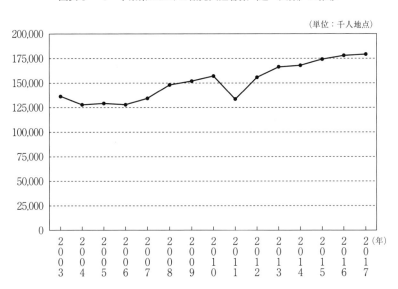

図表9－1 千葉県における観光入込客数（延べ人数）の推移

出所：千葉県「千葉県観光入込調査報告書（平成15年～平成29年）」より筆者作成。

第 9 章　地域経済の活性化と千葉県の観光戦略　171

低迷している。2008 年から 2010 年までの 3 年間は再び観光客数が増加している。2011 年は，東日本大震災の影響で観光入込客数は減少しているが，翌年の 2012 年から 2016 年にかけては増加傾向にある。

　また，図表 9 − 2 は 2017 年の千葉県における地域別の観光入込客数（延べ人数）を示している。

図表 9 − 2　千葉県における観光入込客数（延べ人数）の推移

（単位：千人地点）

	千　葉	東葛飾	印　旛	香　取	海　匝	山　武	長　生	夷　隅	安　房	君　津	合　計
2017 年	31,216	59,565	25,563	8,454	5,678	5,411	4,523	2,657	11,720	24,547	179,335

出所：千葉県（2018）『平成 29 年 千葉県観光入込調査報告書』。

　本研究の対象地域である南房総地域（君津地域と安房地域）は，千葉県における 2016 年の観光入込客数の約 2 割を占めている。君津地域（袖ケ浦市，木更津市，君津市，富津市）は約 2,454 万人，安房地域（鴨川市，鋸南町，南房総市，館山市）は約 1,172 万人であり，地域別の観光入込客数では全体の 4 番目と 5 番目に当たる[1]。一方，東京都に近い東葛飾地域，そして県庁所在地のある千葉地域の観光入込客数は全体の 5 割を占めている。

　さらに，図表 9 − 3 は千葉県全体の観光入込客数[2] から見た南房総地域の位置を偏差を用いて表している。

　南房総地域では，木更津市と南房総市が千葉県の観光入込客数の平均値を年間を通じて上回っている。南房総地域は，1997 年の川崎市と木更津市を結ぶ東京湾アクアラインの開通およびそれに伴う高速バス路線の充実によって，対岸からのアクセスが非常に良くなっている。そして，富津市には，神奈川県横須賀市とをつなぐカーフェリーが発着しており，南房総半島の玄関口となっているので，横須賀市方面からも観光客が訪れている。また，近年，クルーズによる観光需要が高まっていることを受け，木更津港や館山港などを活用した外航クルーズ船等の寄港地として誘致活動が進められており，南房総地域は更なる観光客増の可能性を持っている。さらに，鴨川市，君津市，富津市，袖ケ浦市は，一定時期に限り平均値を上回っている。地域経済分析システム（以下，

図表9-3 千葉県全体の観光入込客数から見た南房総地域

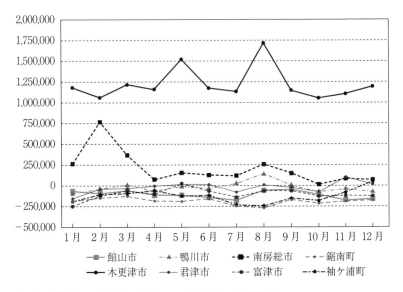

出所：千葉県から市町村の月別データを入手し、筆者作成。

RESAS）を用いて平均値以上となった地域の旅行者動向を目的別で見ると、木更津市は「三井アウトレットパーク木更津」、南房総市は「道の駅とみうら 枇杷倶楽部」、鴨川市は「鴨川シーワールド」、君津市は「濃溝の滝」、富津市は「マザー牧場」、袖ケ浦市は「東京ドイツ村」が観光入込客数の増加に貢献している。このように観光客を引き付けているのは一部の施設であり、今後、千葉県全域および南房総地域の観光入込客数の増加を目指す取り組みをするには、新たな観光資源の発掘・創出が必要となる。そのためには、まず南房総地域の観光動向を明らかにする必要がある。

2　観光動機に関する先行研究

　日本国内の観光動機に関する先行研究では次のような研究成果が公表されており、観光動機を誘発する重要項目が提示されている。また、観光動機に関す

る研究では，しばしば観光動機を push 要因（発動要因）と pull 要因（誘引要因）に分けて，分析することがある。

佐々木（2007）は，観光動機を push 要因（発動要因）と pull 要因（誘引要因）に分けて，次のように観光行動の解説を行っている。

「観光旅行者にとっての発動要因とは，さまざまなタイプの生活行動や余暇活動があるなかで，とくに「観光旅行」という行動に駆り立てるはたらきをする心理的要因である。（中略）他方，誘引要因は観光旅行で具体的な目的地（訪問先の地域・施設）を選ばせるようにはたらく心理的要因であり，目的地の自然条件，社会・文化的要素，雰囲気，娯楽機会などについての知識・情報からつくられるイメージや魅力などの認知的要因が中心になっている」(p.52)。

小口・花井（2013）は，push 要因すなわち発動要因は，人に旅行という行動を引き起こす個人要因であり，pull 要因すなわち誘引要因は，人をある特定の場所に引き寄せる要因であると説明している。

そこで本研究では，日本人を対象にした観光動機に関する研究成果を紹介し，本研究の位置づけを行うとともに観光動機を図る上での重要項目を述べる。

佐々木（2000）は，観光動機を緊張解消，娯楽追求，関係強化，知識増進，自己拡大の5つの特性に集約できると説明している。また，岡本（2014）は，松本市・安曇野市における観光動向を調査する際に6因子（緊張緩和，現地交流，自己拡大，自然体感，文化見聞，意外性）を用いて分析をしている。その中で男女別の平均値の差異について調査しており，「自然体感」において男女の平均値に差がある傾向を見出している。さらに林・藤原（2008）は7因子（刺激性，健康回復，文化見聞，自然体験，自己拡大，現地交流，意外性）が観光動機の要因構造を形成していると述べている。

上記の他にも観光動機に関する事例研究が公表されており，倉嶋（2014）は，東京居住者を対象に地方への観光ニーズを明らかにしている。倉嶋は，観光

ニーズを食・グルメ型，リラックス型，歴史・文化探訪型，野外活動型，趣味・アミューズメント型，＋α型の6つのキーワードで整理し，東京居住者の観光動機を調査している。その結果，東京居住者にとって，リラックス型の旅行が観光を誘発すると指摘している。

　山本（2016）は，観光動機を明らかにするために5つの要素（自然，観光，歴史，グルメ，温泉）を用いて，名古屋市内と金沢市内の大学生を対象にアンケート調査を実施している。その結果，回答者には観光地に精通している如何に関係なく，総合的な関心の度合いが訪問意向に影響を与えると指摘している。このように観光動機に関する研究には，さまざまな要因が紹介されており，観光動機を調査することはその地域を訪れる観光者の訪問理由を考察する上でも有効な手段である。

　近年，南房総地域を訪れる観光者の観光動機に関する研究も少なからず公表されている。于・内山・岩本（2017）は，千葉県鴨川市，館山市，南房総市と鋸南町の観光地，いわゆる地方観光に焦点をあて，インバウンド観光の可能性と現状の問題点をSWOT分析を用いて分析している。于・内山・岩本は，SWOT分析を通じて上記の地域には世界的に有名な観光地はないが，日本人の普段の生活を近距離で体験でき，本物の日本の魅力を味わえる場所であると指摘している。その他に南房総地域の旅行者の観光動機を調査した先行研究では，岩本・内山・于・山本（2018）が，南房総地域を訪れる旅行者の観光動機を把握するためにpush/pull要因からなるアンケート調査を用いて明らかにしている。調査の結果，push要因に関する質問項目（11問）の中で南房総地域を訪れる観光客の多くが心身を休めることを主目的にしている。一方で，pull要因に関する質問項目（11問）の中で旅行者は，南房総地域において非日常的な空間を楽しむために自然景観に期待をしていることがわかった。また，岩本・内山・于・山本（2018）は，日帰りと宿泊の旅行形態別に旅行者の観光動向の違いを明らかにしている。日帰りと宿泊の2つの旅行形態を要因とするt検定の結果では，宿泊客の方が日帰り客より，話題のスポットへの訪問を重要視する。日帰り客の方が宿泊客より温泉に行くことを重要視することを明らかにした。

第9章　地域経済の活性化と千葉県の観光戦略　175

　このように観光動機に関する研究には，さまざまな要因が紹介されており，観光動機を調査することは地域の観光資源を考察する上でも有効な手段であるといえる。これまでの先行研究では，日帰り観光客と宿泊者における観光動機の差異に焦点を当てた論文は少ない。そこで，本研究では，上記の点に焦点を当てるため，先行研究を参考に南房総地域の特徴に適した項目を抽出し，アンケート調査の項目に活用する。

　先行研究で述べられているように観光動機には地域の特性が含まれるため，南房総地域の地域特性に合わせた調査を行う。しかし，南房総地域の観光動向に関する先行研究は少なく，極めて限定的である。そのため，本研究では，より踏み込んで南房総地域を訪れる観光者の観光動機に関する調査だけでなく，性別や旅行形態による観光動機の違いを明らかにする。

3　千葉県南房総地域における観光動向の分析

　南房総地域を訪れる観光者特性を明らかにするために，2017年9月24日（日），11月3日（金）そして2018年1月20日（土）の計3回にわたり，東京湾アクアラインにあるパーキングエリアの海ほたるにてアンケート調査を実施した。本研究では，千葉県の南房総地域への観光者を対象にしており，居住地域において千葉県と答えた回答者は除外し，他地域からの観光者計396名のうち260名を有効回答とした。

　本アンケート調査は，3部構成である。第1部では，回答者の属性情報を質問項目としている。属性情報では，回答者に対して性別，年齢，職業，居住地域について質問している。第2部では，南房総地域を訪れる際の交通手段，旅行形態，南房総地域への訪問回数，同行者を質問項目としている。第3部では，回答者に対して南房総地域を旅行する際の重要項目について，5段階評価（「極めて重要」「重要」「どちらでもない」「重要でない」「全く重要でない」）を採用している。また，第3部の質問項目は，RESASを用いて地域の観光特性を把握し，先行研究の観光動機に関するアンケート項目の中からその特性になった質問項目を参考にしている。質問項目は，次の8領域（「新名所」「自然・景観」「歴史」

「文化」「レジャー」「観光施設」「グルメ」「おみやげ」）からなる 11 の質問項目を用いている。本研究では，各項目の平均値を分析し，さらに t 検定によって性別と旅行形態による旅行者の観光動機の違いを明らかにしている。

　図表 9 - 4 では，性別の割合は女性が 119 名（46%）で男性が 141 名（54%）である。回答者の年齢層であるが，40 代が最も多い 69 名（27%）であり，次いで 30 代が 55 名（21%）となっている。50 代と 20 代が 44 名（17%），40 名（15%）と続き，60 代が 27 名（10%）である。70 代が 21 名（8%）で最も少ない年齢層は 4 名（2%）の 10 代である。回答者の職業では，5 割の回答者が会社員で 135 名（52%）である。次いで公務員・団体職員が 31 名（12%）で，パート・アルバイトが 24 名（9%），主婦・主夫が 20 名（8%），自営業が 17 名（7%），無職が 15 名（6%），専門学校・大学生・大学院生が 8 名（3%），その他が 5 名（2%），中・高校生が 4 名（2%），農業が 1 名（1% 以下）となっている。

　回答者の居住地域の上位 3 都道府県を見ると，東京都が 92 名（35%），神奈川県が 75 名（29%），埼玉県が 37 名（14%）となっている。続いて，茨城県が 9 名（3%），栃木県が 8 名（3%），静岡県が 7 名（3%），長野県が 4 名（2%）であった。宮城県，福島県，愛知県，熊本県がそれぞれ 2 名（1%）であった。さらにその他として山形県，富山県，山梨県，岐阜県，広島県，香川県，福岡県，大分県，台湾がそれぞれ 1 名（1% 以下）であった。

　図表 9 - 5 では，自家用車の使用が最も多く，全体の 8 割以上を占めている。次いで，レンタカーが 19 名（7%）であり，貸し切りバスが 12 名（5%），その他が 8 名（3%），路線バスが 4 名（2%），タクシーが 1 名（1% 以下）となっている。回答者の旅行形態では，日帰り観光客が 166 名（64%）で宿泊客が 94 名（36%）である。南房総地域への訪問回数であるが，5 回以上が最も多く 143 名（55%）である。初めてと答えた回答者が 42 名（16%）と二番目に多く，3 回目と答えた回答者が 36 名（14%），2 回目が 27 名（10%），4 回目が 12 名（5%）である。

　回答者の同行者においては，小学校以下の子連れ家族旅行と答えた回答者が 55 名（21%），次いで夫婦二人での 51 名（20%）が多く，親連れ家族旅行が 44 名（17%）と三番目に多い。友人との旅行が 26 名（10%）が四番目に多く，恋人

第 9 章　地域経済の活性化と千葉県の観光戦略　177

図表 9 − 4　回答者の特性

(N = 260)

	回答者数	割合（%）
性　別		
女性	119	46
男性	141	54
年　齢		
10 代	4	2
20 代	40	15
30 代	55	21
40 代	69	27
50 代	44	17
60 代	27	10
70 代以上	21	8
職　業		
会社員	135	52
公務員・団体職員	31	12
自営業	17	7
農業	1	0
中・高校生	4	2
専門学校・大学生・大学院生	8	3
パート・アルバイト	24	9
主婦・主夫	20	8
無職	15	6
その他	5	2
居住地域		
宮城県	2	1
福島県	2	1
茨城県	9	3
栃木県	8	3
群馬県	11	4
埼玉県	37	14
東京都	92	35
神奈川県	75	29
静岡県	7	3
長野県	4	2
愛知県	2	1
熊本県	2	1
その他	9	3

出所：筆者作成。

図表 9 - 5　回答者の南房総地域への訪問概要

(N = 260)

	回答者数	割合（%）
交通手段		
自家用車	216	83
レンタカー	19	7
タクシー	1	0
路線バス	4	2
貸し切りバス	12	5
その他	8	3
旅行形態		
日帰り	166	64
宿泊	94	36
南房総地域への訪問回数		
初めて	42	16
2 回	27	10
3 回	36	14
4 回	12	5
5 回	143	55
回答者の同行者		
一人旅	9	3
恋人との旅行	24	9
夫婦二人での旅行	51	20
友人との旅行	26	10
小学校以下の子連れ家族旅行	55	21
中学生以上の子連れ家族旅行	10	4
親連れ家族旅行	44	17
その他の家族旅行	24	9
職場やサークルなど団体旅行	12	5
その他	5	2
観光情報の収集源（複数回答）		
新聞	4	2
旅行情報誌・旅行ガイド	81	31
テレビ・ラジオ番組	38	15
旅行情報のウェブサイト	75	29
旅行代理店のウェブサイト	13	5
親族・友人・知人のクチコミ	40	15
旅行会社の窓口	7	3
インターネットの掲示板	124	48
SNS	41	16
駅などのポスター，パンフレット	13	5
その他	3	1
特にない	14	5

出所：筆者作成。

との旅行とその他の家族旅行がそれぞれ 24 名（9%）である。職場やサークルなどの団体旅行が 12 名（5%）で，一人旅が 9 名（3%），その他が 5 名（2%）である。

　回答者が旅行をする際の情報収集手段の結果を示しており，最も回答者数が多かったのは，インターネットの掲示板（124 名，48%）である。次いで，旅行情報誌・旅行ガイド（81 名，31%）の回答者数が二番目に多い。三番目に回答者数が多い質問項目は，旅行情報のウェブサイト（75 名，29%）である。SNS と親族・友人・知人のクチコミが 41 名（16%）と 40 名（15%）であり，テレビ・ラジオ番組が 38 名（15%）となっている。その他には，駅などのポスター，パンフレットと旅行代理店のウェブサイトがそれぞれ 13 名（5%）であり，新聞（4 名，2%）とその他（3 名，1%）という結果となっている。一方で，特にないと答えた回答者も 14 名（5%）おり，観光の情報収集をしない層も少なからずいる。

　図表 9 − 6 では，回答者に南房総地域を旅行する際の重要項目について 5 段

図表 9 − 6　南房総地域を旅行する際の重要項目

(N = 260)

質問項目	平均値 (M)	標準偏差 (SD)
1　話題のスポットへ行く	3.95	1.010
2　自然・景観を楽しむ	4.42	0.744
3　名所・旧跡を楽しむ	4.00	0.971
4　近代遺跡を訪れる	3.50	1.049
5　祭り，コンサート，イベントに行く	3.05	1.141
6　美術館・博物館などを訪れる	3.18	1.109
7　アウトドアやスポーツなどを楽しむ	3.53	1.180
8　温泉を楽しむ	4.23	0.959
9　おいしい食べ物を味わう	4.67	0.608
10　ドライブ・ツーリングを楽しむ	4.14	0.961
11　特産物や土産物を購入する	4.09	0.978

出所：筆者作成。

図表 9 - 7　性別に見る南房総地域を旅行する際の重要項目

(N = 260)

	「女性」N = 119		「男性」N = 141		
	平均値	標準偏差	平均値	標準偏差	t 検定
話題のスポットへ行く	4.02	0.965	3.89	1.047	0.979
自然・景観を楽しむ	4.50	0.735	4.36	0.749	1.451
名所・旧跡を楽しむ	4.06	0.941	3.95	0.995	0.897
近代遺跡を訪れる	3.64	1.023	3.39	1.061	1.913
祭り，コンサート，イベントに行く	3.16	1.186	2.95	1.098	1.476
美術館・博物館などを訪れる	3.35	1.197	3.04	1.010	2.286*
アウトドアやスポーツなどを楽しむ	3.50	1.149	3.56	1.209	− 0.381
温泉を楽しむ	4.43	0.829	4.06	1.030	3.106*
おいしい食べ物を味わう	4.73	0.548	4.61	0.652	1.628
ドライブ・ツーリングを楽しむ	4.18	0.920	4.10	0.995	0.715
特産物や土産物を購入する	4.30	0.898	3.91	1.011	3.242*

*$p < .05$
出所：筆者作成。

階評価（「極めて重要」「重要」「どちらでもない」「重要でない」「全く重要でない」）で質問をしており，「おいしい食べ物を味わう」（$M = 4.67$）がすべての質問項目の中で最も平均値が高かった。次いで「自然・景観を楽しむ」（$M = 4.42$）が二番目に平均値が高く，他にも平均値が4.0以上の質問項目は，順に「温泉を楽しむ」（$M = 4.23$），「ドライブ・ツーリングを楽しむ」（$M = 4.14$），「特産物や土産物を購入する」（$M = 4.09$），「名所・旧跡を楽しむ」（$M = 4.00$）となっている。一方で，平均値が4.0未満となっている質問項目は，順に「話題のスポットへ行く」（$M = 3.95$），「アウトドアやスポーツなどを楽しむ」（$M = 3.53$），「近代遺跡を訪れる」（$M = 3.50$），「美術館・博物館などを訪れる」（$M = 3.18$），「祭り，コンサート，イベントに行く」（$M = 3.05$）となっている。また，標準偏差においては，「アウトドアやスポーツなどを楽しむ」（$SD = 1.180$）が最も高い。

　図表 9 - 7 は，南房総地域を旅行する際の重要項目を t 検定を用いて，性別

第9章　地域経済の活性化と千葉県の観光戦略　181

図表9－8　旅行形態に見る南房総地域を旅行する際の重要項目

(N = 260)

	「日帰り」 N = 166		「宿泊」 N = 94		
	平均値	標準偏差	平均値	標準偏差	t 検定
話題のスポットへ行く	3.86	1.058	4.12	0.902	－ 2.018*
自然・景観を楽しむ	4.43	0.716	4.41	0.795	0.133
名所・旧跡を楽しむ	3.98	0.972	4.04	0.972	－ 0.531
近代遺跡を訪れる	3.46	1.054	3.59	1.041	－ 0.940
祭り，コンサート，イベントに行く	3.00	1.112	3.13	1.193	－ 0.866
美術館・博物館などを訪れる	3.13	1.098	3.27	1.128	－ 0.932
アウトドアやスポーツなどを楽しむ	3.53	1.148	3.54	1.241	－ 0.081
温泉を楽しむ	4.12	0.990	4.43	0.874	－ 2.489*
おいしい食べ物を味わう	4.67	0.636	4.66	0.559	0.116
ドライブ・ツーリングを楽しむ	4.22	0.922	4.00	1.016	1.756
特産物や土産物を購入する	4.04	1.032	4.19	0.871	－ 1.232

出所：筆者作成。

による差異を示している。性別を要因とするt検定の結果，「美術館・博物館などを訪れる」「温泉を楽しむ」「特産物や土産物を購入する」において，女性の方が男性よりも重要視する傾向が見られる。その他の質問項目においては，差異が認められなかった。

　図表9－8では，観光形態を要因とするt検定の結果，「話題のスポット」については，宿泊の回答者の方が日帰りの回答者よりも重要視する傾向が見られる。また，「温泉を楽しむ」については，日帰りの回答者の方が宿泊の回答者よりも重要視する傾向が見られる。その他の質問項目においては，差異が認められなかった。

4　千葉県南房総地域における観光動向調査結果の考察

　本研究の調査では，南房総地域を訪問する旅行者の多くが東京都，埼玉県，

神奈川県からの訪問者であり，海ほたるを通る回答者の多くが近隣の県からの訪問者である。この結果は，交通手段の８割が自家用車を使用していることに起因している。東京都，埼玉県，神奈川県出身の回答者にとって，南房総地域は自家用車で身近にいける観光地であると捉えることができる。一方で，本研究では貸し切りバス使用者の回答者数が少ないため，団体旅行でのバスの使用が増えると海ほたるの渋滞緩和につながる可能性がある。南房総地域を訪れる観光者の多くが，近隣の県からの訪問者であるにもかかわらず，宿泊客が３割を超えているため，利便性が良いからと行って日帰りを選択せず，宿泊を選択する魅力がこの地域にあることを示している。また，南房総地域への訪問回数においては，約８割の回答者がリピーターであり，訪問回数が５回以上に上る回答者が５割を超えている。この結果から南房総地域を訪れる旅行者の多くがリピーターであり，再訪を誘発する要素を南房総地域は有しているといえる。また，回答者の同行者については，小学校以下の子連れ家族旅行，中学生以上の子連れ家族旅行，親連れ家族旅行，その他の家族旅行など家族旅行が全体の５割を占めていることから，南房総地域への訪問において回答者の多くが家族旅行であることを示している。観光情報の収集手段として，回答者の多くがインターネットから情報を入手している。一方で，旅行情報誌・旅行ガイドから情報を得ている回答者も３割いるため，インターネットによる観光情報の発信を充実しつつも旅行情報誌・旅行ガイドの活用方法についても模索する必要がある。さらにSNSを参考にすると答えた回答者もいるため，多様な情報発信手段を効果的に発信することも課題としてあげられる。

　南房総地域を旅行する際の重要項目では，最も平均値が高い項目が「おいしい食べ物を味わう」であり，南房総地域の地域素材が回答者にとって最も魅力的であることを示している。南房総地域は，太平洋と山に囲まれており，山の幸と海の幸が豊富である。また地域食材を使った食べ物を提供していることが回答者に認知されている。また，回答者は「自然・景観を楽しむ」や「温泉を楽しむ」を重要視しているため，自然資源を活用した観光に人気があることを示している。一方で，近代遺跡においても平均値が高く，南房総地域の訪問理由として，名所巡りの人気も高いことがうかがえる。さらに，ドライブ・ツー

リングの重要性が高いので，南房総地域への訪問をドライブ・ツーリングを楽しむ手段の１つとして考えている。しかし，本研究の調査は，海ほたるのみで実施しており，移動手段に自家用車の使用が８割に及んでいるため，結果的にドライブ・ツーリングの重要度が高まった可能性もある。

　「特産物や土産物を購入する」に関する平均値も他の項目に比べ若干劣るが，特産物や土産物も南房総地域の魅力として捉えることができる。他の項目に比べ，美術館・博物館，アウトドアやスポーツに関する項目が低いのは，他の場所でも体験できることが起因している可能性がある。一方で，回答者の多くが南房総地域の観光地としての魅力として自然・景観や温泉などを重要視していることが，他の項目への関心を下げていることにもつながっている。回答者が描く南房総地域へのイメージが地域特産として山の幸と海の幸が豊富であること，自然景観や温泉が楽しめる地域として定着していると考えられる。最も平均値が低かった祭り，コンサート，イベントにおいても同様で，他の地域では体験できないことを提供する必要がある。また，祭り，コンサート，イベントの平均値が低かった理由には，アンケート調査を行った2017年９月11月と2018年１月の時期に大きな集客を伴う祭り，コンサート，イベントが実施されていない可能性も考えられる。

　性別に見る南房総地域を旅行する際の重要項目の差異においては，「美術館・博物館などを訪れる」「温泉を楽しむ」「特産物や土産物を購入する」において，女性の方が男性よりも重要視する傾向が見られる。美術館・博物館の平均値は，他の項目に比べ高くないが，性別における差異が認められており，美術館・博物館は男性より女性の方が重要視することを示している。また，温泉，特産物や土産物においても同様で，男性より女性の方が重要視している。そのため，本研究の成果は，南房総地域への集客において，性別を考慮した観光プランや観光グッズ，そして地域の観光資源の活用方法を議論することで，既存の観光資源の多様化を実現し，それぞれのニーズに合わせた観光の提供を検討する一資料となりうる。

　観光形態別に見ると，南房総地域を旅行する際の重要項目の差異においては，南房総地域に宿泊する旅行者が，話題のスポットへの訪問を日帰り旅行者

よりも重要視しているのは，宿泊することで時間的余裕があり，複数の話題の
スポットへアクセスができるからだと考えられる。また，南房総地域に日帰り
で訪れる旅行者が，宿泊よりも温泉に行く傾向にあるのは，首都圏からの利便
性を活かし，気軽に日帰りでの入浴が可能となったからだと考えられる。

5　おわりに

　本研究では，南房総地域への旅行者の動機に加え，性別と旅行形態による差
異についても明らかにしている。アンケート調査を実施した東京湾アクアライ
ンのパーキングエリアである海ほたるは，千葉県木更津市にある人工島で種々
楽しめる施設があり，観光スポットとなっている。日本夜景遺産にも指定され
ており，休日は大変混雑している。この海ほたると同じ木更津市にある「三井
アウトレットパーク木更津」は，成田空港，羽田空港の他に首都圏各駅から直
通高速バスが運行しているため，「三井アウトレットパーク木更津」を目的地
にしている高速バス利用者は，アンケート調査に入っていない。今回，事例と
して取り上げた南房総地域は，回答者にとって自然・景観を楽しむ場であり，
温泉や特産物や土産物も魅力的な観光資源となっている。さらに，性別によっ
て魅力に思う観光資源の違いもあり，本研究では女性の方が男性より美術館・
博物館，温泉，特産物や土産物を観光するさいの重要項目としてあげているこ
とがわかった。そのため，南房総地域への観光を促進するためには，インフラ
整備だけでなく，女性向けの商品開発や女性好みの施設の充実が必要である。
　本研究の調査結果では，リピーターが多いため，南房総地域はリピーターが
楽しむことができる豊富な観光資源を有していると評価できる。近隣の県に住
む人々が容易に訪れることができ，身近な地域にもかかわらず，自然・景観，
地域素材を使った飲食物が提供できるところが南房総地域の最大の魅力であ
る。しかし，南房総地域に焦点を当てた論文は少なく，本研究の成果が南房総
地域を訪れる旅行者の観光動機のすべてを明らかにしているとはいえない。ま
た，本研究では t 検定を用いて，性別と旅行形態による観光動機の違いを明ら
かにしているが，因子分析や回帰分析を行い，より詳細な調査を実施する必要

がある。さらに今後も継続的な調査を行い，南房総地域を訪れる人々の観光ニーズの動向を時系列を用いて把握することも大切である。また，観光スポットである海ほたるでアンケート調査を実施したため，移動手段の限られた旅行者への調査になった可能性がある。南房総地域の人気観光地での調査を実施すれば，より詳しい結果が導き出せる。さらに今後の研究では，東京湾アクアラインという1つのルートだけでなく，カーフェリーや高速道路，一般道といった複数のルートそして公共交通機関を用いた旅行者への調査が必要である。また，観光動機に関する因子について体系化をしていく必要がある。さらに南房総地域への旅行者のリピーター要因について明らかにすることも今後の課題である。

【注】

1）千葉県（2018）『平成29年 千葉県観光入込調査報告書』によると，東葛飾地域が約5,956万人と観光入込客数が最も多く，2番目に千葉地域（約3,121万人）と続いている。3番目に多い地域は印旛地域（約2,556万人）である。
2）図表9-3の千葉県の市町村の月別観光入込客数は2016年のデータを用いている。

参考文献

岩本英和・内山達也・于航・山本剛（2018）「南房総地域を訪れる旅行者の観光動機に関する一考察」『城西国際大学』26（6），43-56頁．

岩本英和・内山達也・于航・山本剛（2018）「旅行形態別に見る旅行者の観光動向に関する研究：千葉県南房総地域を事例に―」『日本観光研究学会全国大会学術論文集』33，125-128頁．

于航・内山達也・岩本英和（2017）「安房地域におけるインバウンド観光の可能性と問題点」『城西国際大学紀要』25（6），19-36頁．

岡本卓也（2014）「観光動機の違いが観光情報収集と訪問地選択に与える影響：長野県松本市・安曇野市における観光者動向からの検討」『地域ブランド研究』9，31-42頁．

小口孝司・花井友美（2013）「観光者の欲求・動機とパーソナリティ」橋本俊哉（編）『観光行動論』原書房，24-42頁．

倉嶋英二（2014）「首都圏→地方への観光ニーズを探る：東京居住者に対する「国内旅行ア

ンケート調査」から」『北陸経済研究』(424)，3-24 頁.

佐々木土師二（2007）『観光旅行の心理学』北大路書房.

佐々木土師二（2000）『旅行者行動の心理学』関西大学出版部.

千葉県（2008）「第 1 次観光立県ちば推進基本計画」（2019 年 6 月 15 日閲覧）.
　　https://www.pref.chiba.lg.jp/sanshin/documents/kankou-keikaku.pdf

千葉県（2014）「第 2 次観光立県ちば推進基本計画」（2019 年 6 月 15 日閲覧）.
　　https://www.pref.chiba.lg.jp/kankou/press/2013/documents/dai2ji-kihon-keikaku-part1.
　　pdf
　　https://www.pref.chiba.lg.jp/kankou/press/2013/documents/dai2ji-kihon-keikaku-part2.
　　pdf

千葉県（2019）「第 3 次観光立県ちば推進基本計画」（2019 年 6 月 16 日閲覧）.
　　https://www.pref.chiba.lg.jp/kankou/press/2018/documents/dai3zikeikaku.pdf

千葉県（2018）「千葉県観光入込調査報告書」（2018 年 12 月 30 日閲覧）.
　　https://www.pref.chiba.lg.jp/kankou/toukeidata/kankoukyaku/documents/h29kanko-
　　irikomi-houkokusyo-301119teiseiban.pdf

林幸史・藤原武弘（2008）「訪問地域，旅行形態，年齢別にみた日本人海外旅行者の観光動
　　機」『実験社会心理学研究』48（1），17-31 頁.

山本真嗣（2015）「近隣観光地への訪問意向に影響を与える要因の考察：大学生を対象とし
　　たアンケート調査の結果から」『金沢星稜大学論集』48（2），63-67 頁.

第10章

地域経済の活性化と富山県の観光戦略
―「新・富山県観光振興戦略プラン」の PDCA から見る課題―

1 はじめに

　富山県は豊富な電力と水，日本海側で新潟に次ぐ貿易量を誇る伏木富山港を有し[1]，ものづくりの拠点として発展してきた。医薬品事業や，アルミニウム等の金属，機械，電子部品産業など製造業が圧倒的に強い富山県において[2]，観光産業が強化される契機となったのは 2015 年 3 月の北陸新幹線開業である。北陸新幹線開業を控えた 2008 年 12 月，富山県は「元気とやま観光振興条例」[3] を施行し，以降，これに基づく観光振興戦略として 2010 年 3 月に「富山県観光振興戦略プラン」（以下，「2010 年観光戦略」，対象年度：2010 - 2014 年度）が，続いて 2016 年 3 月には「新・富山県観光振興戦略プラン」（以下，「新観光戦略」，対象年度：2015 - 2019 年度）が策定，推進された。

　2010 年以降，2 つの観光戦略が策定，推進されてきたものの，富山県の2017 年の観光消費額は 1,561 億円と，2019 年 3 月時点で観光消費額を開示している 31 都道府県のうち 26 位にとどまっている[4]。このような状況に対して「新観光戦略」では 2019 年度の観光消費額の目標値を 2,067 億円と掲げ，新たな戦略に取り組んでいるが，これにより富山県の観光は大きく前進することになるのだろうか。そこで，本稿では「新観光戦略」にかかわる PDCA を検証することにより，富山県の観光戦略の現状と，戦略目標の実現に向けた課題につき検討する。

　具体的には，まず 2 節において富山県の観光の現状ならびに「新観光戦略」の位置づけにつき整理した上で，3 節において「新観光戦略」の PDCA につき検証する。Plan については「新観光戦略」策定にあたっての課題認識や目

標の設定，そして目標を達成するための計画執行体系につき整理，考察する。そして，Do，Check の状況については事業活動と財務の2つの側面から検証する。まず，事業活動の検証については，政策・施策体系に沿って執行状況ならびに評価状況につき見る。そして財務面については政策・施策を実現するための事業費に関する予算・決算情報等を整理・検証する。こうして「新観光戦略」に関して計画，執行，評価の過程を事業活動と財務の両面から整理，検証することにより，同戦略の目標実現に向けた現状と今後の課題につき考察する。

2　富山県の観光の現状

(1) 富山県内の主な観光地

　富山県の主な観光地については図表 10 - 1 の通りである。富山湾は沿岸から急傾斜の深海で「天然のいけす」と言われる魚介類の宝庫であり，伝統的な

図表 10 - 1　富山県観光地等入込数ランキング（2017 年，延べ数）

		千　人	前年比
1.	富岩運河環水公園	2,515	+ 63.0%
2.	氷見漁港場外市場ひみ番屋街	1,184	− 4.4%
3.	道の駅福光	1,095	− 1.0%
4.	海王丸パーク	1,006	− 0.9%
5.	立山黒部アルペンルート	929	+ 0.8%
6.	高岡古城公園	859	+ 3.1%
7.	県民公園太閤山ランド	791	− 2.1%
8.	五箇山	710	− 8.7%
9.	道の駅カモンパーク新港	709	− 5.7%
10.	桜が池	663	− 0.7%

出所：富山県観光・交通・地域振興局観光振興室（公社）とやま観光推進機構「平成 29 年富山県観光客入込数等（H29.1.1 〜 H29.12.31）」，3 頁。

主要観光地は氷見の寒ブリで有名な「ひみ番屋街」や，帆船海王丸の係留・展示施設であると同時に新湊市場に近い「海王丸パーク」など，いずれも「海の幸」にかかわるものだ。これらにならぶ観光資源は雄大な自然を誇る立山連峰で，立山黒部アルペンルート，黒部峡谷鉄道，宇奈月温泉などがある。そのほか，文化遺産としては1995年に世界遺産に認定された五箇山が[5]，そして観光関連のイベントではとなみチューリップフェア（2017年入込客数323千人）や，おわら風の盆（同260千人）などがある。

そして，北陸新幹線開通以降，新たな観光スポットとして入込数が大幅に増加したのが富岩運河環水公園である。同公園は富山駅に近く，新幹線開通に向けて「2010年観光戦略」において整備が促進された。2017年には公園内に富山県美術館が新設され，同公園の入込客数は前年比63％増の251万5千人にのぼっている。

（2）観光客数と観光消費額の現状

2015年3月14日の北陸新幹線（長野―金沢間）開業により，東京―富山間は最短で2時間8分となり，東京からの陸路アクセスは開業前よりも1時間近く短縮した。これにより北陸新幹線の乗車人員（上越妙高・糸魚川間）は，開業前の年間約314万人から開業後は同約925万人（開業前年間比約2.95倍）となり，2018年3月以降の1年間も同2.7倍水準となっている[6]。新幹線開業効果は観光客入込数にも見ることができる[7]。図表10－2の通り，2014年は行楽シーズンの悪天候や高速道路料金割引の終了，縮小等により観光客入込数は前年比1.3％減となっていたが[8]，2015年は北陸新幹線開業効果で前年比17.5％増の34,126千人となり，2016年，2017年も高水準を維持している。観光消費額については図表10－3の通りである。年度統計であるため，2015年3月の北陸新幹線効果は2014年度に反映されており，2014年度が前年比22.5％増，2015年度が26.5％増と高い伸びを示している。しかしながら2016年度以降は開業効果一巡で減少し，新幹線開業後の観光消費額は1,500億円前後で推移している。

図表 10 － 2　富山県観光入込数の推移

（暦年）	富山県観光客入込数（千人）	前年比
2012	27,587	6.3%
2013	29,416	6.6%
2014	29,036	－ 1.3%
2015	34,126	17.5%
2016	35,270	3.4%
2017	36,411	3.2%

出所：富山県観光・交通・地域振興局観光振興室（公社）とやま観光推進機構公表の「富山
　　　県観光客入込数等」（平成 23 年～ 28 年推計版，29 年版）をもとに筆者作成。

図表 10 － 3　富山県の観光消費額の推移（宿泊客および日帰り客，観光客およびビジネス目的）

（年度）	観光消費額（億円）	前年比
2012	1,035	－ 30.2%
2013	1,055	1.9%
2014	1,292	22.5%
2015	1,635	26.5%
2016	1,448	－ 11.4%
2017	1,561	7.8%

出所：観光庁「共通基準による観光客入込統計」。

　北陸新幹線開業により観光客数，観光消費額とも増加したものの，他都道府
県と比較すると未だ低水準である。例えば他都道府県と比較可能なデータとし
て都道府県別宿泊者数があるが，富山県は全国 37 位にとどまっている[9]。ま
た，北信越 5 県との比較でも富山県の観光消費額は最も低い（図表 10 － 4）。な
かでも富山県の西に隣接し，人口が同規模である石川県との差は顕著であり，
富山県の観光消費額，延べ宿泊者数はいずれも石川県の半分以下にとどまって
いる。

第 10 章　地域経済の活性化と富山県の観光戦略　191

図表 10 − 4　北信越 5 県の観光関連指標の比較

(2017 年)

	観光消費額 (億円) ※	延べ宿泊者数 (万人泊)	外国人延べ宿泊 者数 (万人泊)	定員稼働率	客室稼働率
富山	1,448	363	28	31.3%	51.9%
石川	3,115	853	73	42.6%	63.7%
福井	1,465	358	7	25.5%	41.1%
長野	7,320	1,820	132	22.6%	37.6%
岐阜	3,114	596	94	30.8%	50.0%

※ 2016 年実績

出所：観光庁「宿泊旅行統計調査」，石川県 (2017)『統計からみた石川県の観光
(平成 28)』をもとに筆者作成。

(3)「2010 年観光戦略」と「新観光戦略」

　このような現状に対して県ではどのような観光戦略を推進してきたのであろ
うか。富山県は 2008 年の「元気とやま観光振興条例」策定以降，観光産業振
興を推進してきており，観光戦略の基本方針を示すものとして [10]，2010 年に
「2010 年観光戦略」，2016 年 3 月に「新観光戦略」を策定している。「2010 年
観光戦略」が北陸新幹線開業の準備時期の基本計画と位置づけることができる
のに対して，「新観光戦略」は北陸新幹線開業効果の持続・進化を目指すもの
となっている。この新旧観光戦略は，観光推進体制の整備，観光資源の企画・
開発という観点から次のように整理することができる。

　まず，観光推進体制整備については，「2010 年観光戦略」では，「官民一体，
県民こぞってのおもてなし環境の整備」をスローガンに，観光産業や周辺産業
の振興・連携や県民の観光に対する意識醸成などに関する政策が中心となって
いる。製造業中心に発展してきた富山県において，観光が重要産業であるとの
意識を県民で共有するという，まさに観光振興のスタートアップのための政策
である。これに対して，2016 年の「新観光戦略」では，観光産業振興に向け
た体制整備（日本版 DMO）などより具体的な体制整備の在り方が示されてい
る。

192

　次に観光資源の企画・開発という観点から整理すると，「2010年観光戦略」
は，富山駅周辺施設の整備や環水公園，富山鮨等食文化のPRなど，北陸新幹
線開業前の準備に焦点を当てているといえる。これに対して「新観光戦略」で
は「海のあるスイス」をスローガンとして掲げ，五箇山や世界で最も美しい湾
クラブにかかわる交通アクセスの強化など，来県した観光客を県内の観光地に
誘導する回遊型観光地のPRを重要戦略と位置づけている。

　このように，県では北陸新幹線の開業前，開業後の環境変化を踏まえて観光
戦略を策定し，推進してきた。「2010年戦略」で進められた富山駅周辺の観光
地の整備等については，新幹線客数の増加を富岩環水公園の入込客数の大幅増
につなげるなどの成果につながった。そのため，2016年の「新観光戦略」で
は，増加した観光客数をいかに観光消費に結びつけるかが課題となっている。
次章では「新観光戦略」において示された政策，事業計画がこの課題にいかに
対応しているのか，そしてこれらの計画が適切に実施されているのか，同戦略
のPDCAプロセスを辿ることにより検討したい。

3　富山県の「新観光戦略」のPDCA

(1) 富山県の「新観光戦略」にかかわるPDCAの体系

　「新観光戦略」は，富山県の観光振興にかかわる目標，基本方針ならびに施
策の基本となる事項，体制整備に関する事項，その他観光の振興を総合的かつ
戦略的に推進するために必要な事項を定めるものである[11]。ここで示された
観光戦略にかかわる基本方針や施策は総合計画に反映され，政策，施策，事業
に具体化される。そのため「新観光戦略」のPDCAを検証するためには，「新
観光戦略」のみならず，同戦略にかかわる総合計画，政策評価，予算・決算を
複合的に検証する必要がある。

　図表10-5は，「新観光戦略」のPDCAに関して，計画，執行・評価の観
点から整理したものである。まず，計画 (plan) の体系について見てみよう。
観光戦略にかかわる基本方針や目標，政策，施策の基本事項となる点は「新観
光戦略」において示される。同戦略では5年間の計画・目標を示しているが，

第 10 章　地域経済の活性化と富山県の観光戦略　193

図表 10 − 5　「新観光戦略」の PDCA にかかわる計画，執行，評価の体系

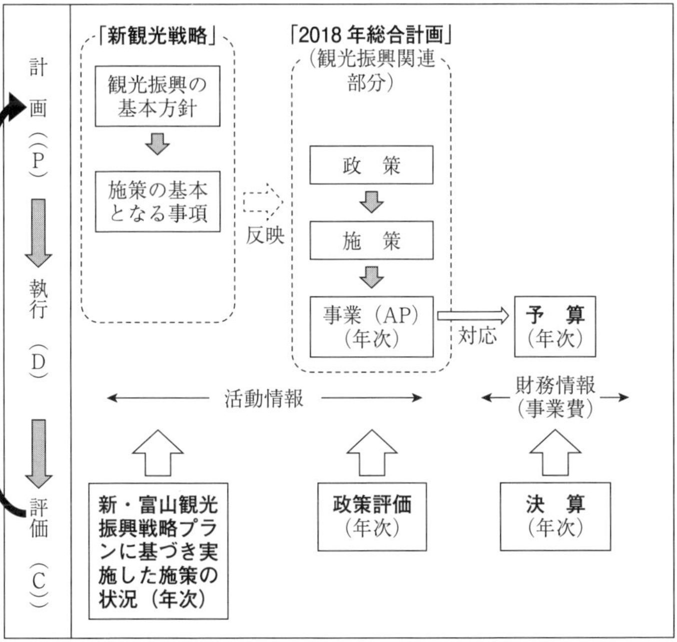

出所：筆者作成。

　毎年の事業計画については，同戦略を反映した「2018 年総合計画」のアクションプラン（AP）において示される。そのため，「新観光戦略」にかかわる事業の PDCA を検証するためには，「新観光戦略」と「2018 年総合計画」に示される観光にかかわる政策，施策，AP の連携を整理する必要がある。
　なお，これらの政策，施策，事業計画に関して示される目標値（「2018 年総合計画」においては県民参考指標[12]）は，政策にかかわる活動目標である。計画を検証するためには事業費にかかわる予算・決算情報が不可欠だが，事業費については，「新観光戦略」，「総合戦略」とも複数年にわたる長期計画，ないしは政策，施策レベルの計画は示されておらず，予算編成の段階で次年度の主要事業の事業費が示されるのみである。以上が政策，施策，事業にかかわる計画（plan）の体系である。

これに対して事業の執行（Do）および評価（Check）に関するプロセスとして
は，「新観光戦略」に対して，「新・富山県観光振興戦略プラン（平成28年3月
策定）にもとづき〇年度に実施した施策の状況について」（以下，「新観光戦略実施
状況」）が毎年公表されているほか，「総合計画」のAPに対する政策評価，予
算に対する決算があり，これらはいずれも年次で開示されている。

　このように，政策，施策，事業という活動目標にかかわる階層的な政策体系
と，事業費の予算・決算情報が複雑に関連していることに加え，事業担当部局
が分散しているなど，PDCAの検証には多角的な検討を要する。このような
複雑な体系において「新観光戦略」のPDCAはどのように機能しているので
あろうか。次節では，まず，事業活動にかかわるPlanについて考察する。

(2)「新観光戦略」策定における課題認識と目標，戦略の設定

　富山県の観光戦略のPDCAにおいて，Planの基礎となるのは「新観光戦略」
に示される基本方針である。本項では，この「新観光戦略」策定に関して，
(1) 現状分析と課題認識がどのようになされているのか，(2) これらの課題に
対してどのように基本方針や目標が導きだされているのか見てみたい。

　まず，現状に関して，富山県は「新観光戦略」策定にあたり図表10 - 6の
通り分析している。ここでは外国人宿泊者数の増加等を認める一方，旅行消費
額・滞在時間が全国平均と比較して少ない・短いことが課題としてあげられて
おり，その要因として観光地へのアクセスが弱く満足度が低いこと等を指摘し
ている。冒頭で指摘した観光消費額の伸び悩みが重要な課題として認識されて
いるのである。

　では，この課題に対してどのような方針を示しているのであろうか。図表
10 - 7は「新観光戦略」で示された基本目標，将来像，施策，重点的に取り
組むべき事項である。「海のあるスイス」を標語に掲げ，観光客を新幹線の駅
周辺にとどまらせることなく，立山連峰などの観光地へ回遊を促すというコン
セプトが示されている。新幹線利用客の回遊性を高めることにより，宿泊や平
均IN/OUT時間増につなげるという戦略である。具体的には①回遊性・滞留
性・拠点性の強化，②観光マーケティングの推進・強化，③訪日外国人旅行客

第 10 章　地域経済の活性化と富山県の観光戦略　195

図表 10 － 6　富山県観光の現状

・入込状況は東日本大震災以降，回復基調
・外国人宿泊者数は好調に推移
　冬季の宿泊者数が少なく，客室稼働率も低い
・旅行消費額・滞在時間が，全国平均と比較して少ない・短い
・観光地へのアクセスが弱く，満足度が低い
・食に対する満足度は高い。再来訪以降は高いが，実際のリピーター率は必ずしも高くない

出所：富山県（2016b）「新・富山県観光振興戦略プランの概要」富山県。下線は著者加筆。

への的確な対応，④持続性のある受入体制の強化が課題としてあげられている。これを観光戦略の重要な指標である観光消費額の構成，すなわち「観光客数×観光消費単価」という観点から整理するならば，後者の観光消費単価を上げることの重要性が強調されているといえる。

　このような基本目標や施策を実現するためには，PDCA を可視化し，政策，施策，事業に適切な目標値を設定し，管理する必要がある。図表 10 － 8 は「新観光戦略」に示された主な目標値である。これらの KPI（Key Performance Indicator）は図表 10 － 7 で示される取り組みを実施した結果として期待されるものであるが，各取り組みとこれらの KPI の関係については明確に示されていない。

　以上のように，富山県の観光の課題および基本的方針は「新観光戦略」で示

図表 10 － 7　「新観光戦略」の基本目標および主な取組事項

(1)　基本目標
　「選ばれ続ける観光地 富山―『海のあるスイス』を目指して―」

(2)　目指す将来像（Vision）
　○「海のあるスイス」世界遺産・世界水準の山岳リゾート＋世界で最も美しい湾
　○「富山で休もう。」上質なライフスタイルのブランド

(3)　施策（Mission）
　○マーケティングに基づく観光地域・ブランドづくり
　○質の重視と地域内経済循環の促進
　○世界水準に相応しい旅行者の受入体制整備

196

(4) 施策の方向と重点的に取り組むべき事項

| **1　戦略的な観光地域づくり** |
| ① 戦略的な観光地域づくりの体制整備（日本版 DMO） |
| ② グローバル化に対応した次世代の観光を担う人づくり |
| ③ 地域の観光を支える人づくり |
| ④ 旅行者の満足度を向上させる受入環境の整備・支援 |
| ⑤ 観光産業と他産業の連携による域内経済循環の促進 |
| ⑥ 観光の担い手としての事業者・県民の意識醸成 |
| **2　広域観光の拠点化** |
| ① 広域観光ハブ（交通結節点）としての優位性を活かした拠点整備 |
| ② 主要駅・空港と観光地を結ぶ二次交通の整備・利便性向上 |
| ③ 広域観光の拠点としての賑わい創出・魅力向上 |
| **3　富山らしい魅力創出** |
| ① 世界水準の観光資源「世界遺産五箇山」「立山黒部」の高付加価値化 |
| ② 世界で最も美しい富山湾の魅力を活かした観光資源の発掘・磨き上げ |
| ③ 豊かな食の磨き上げ |
| ④ 伝統文化，工芸品等上質な富山を提供する観光商品の開発 |
| ⑤ 産業観光，ロケ地，スポーツ等多様なツーリズムの展開 |
| ⑥ 冬季の魅力創出による通年観光の促進 |
| **4　戦略的なプロモーション** |
| ① 「海のあるスイス」のイメージ醸成 |
| ② ターゲットの特性に応じ，リピーターや定住をも意識した効果的な情報発信 |
| ③ 交通事業者，大手旅行会社，近隣自治体等と連携したプロモーション |
| ④ 映画等の誘致や多様なメディアの活用・連携 |
| **5　国際観光の推進** |
| ① 広域観光周遊ルートの形成促進 |
| ② 外国人個人旅行者（FIT）の受入環境の整備 |
| ③ 欧米豪など新規市場に向けた効果的な情報発信 |
| ④ 東アジア・東南アジアからのリピーター拡大 |
| **6　コンベンションの誘致促進** |
| ① 国際会議の誘致強化 |
| ② 本県の特色等を活かした戦略的なコンベンション誘致 |
| ③ 主催者のニーズに配慮した支援制度の充実 |
| ④ 富山の魅力を活かしたユニークベニューやアフターコンベンション等の提案 |

出所：富山県（2016b）「新・富山県観光振興戦略プランの概要」富山県。

されたが，これをどのような政策，施策，事業体系で実施するかについては，「総合計画」において体系化されている。そこで，次項では新観光戦略にかかわる総合計画の政策・施策を見ることにより，計画実施に向けたプロセスにつ

第 10 章　地域経済の活性化と富山県の観光戦略　197

図表 10 － 8　富山県の「新観光戦略」に示された数値目標（H26 → H31）

■観光による経済波及の拡大（※は年度の数値，他は暦年の数値）
・観光消費額：1,292 億円 ➡ 2,067 億円（60％増）
・コンベンション参加者数（※）：86,077 人 ➡ 91,000 人（6％増）
・コンベンション開催件数（※）：255 件 ➡ 270 件（6％増）
■旅行者のリピーター化
・旅行者の満足度：71％ ➡ 80％以上
■国内外から選ばれる観光地
・延べ宿泊者数：3,489 千人 ➡ 5,200 千人以上（50％以上増）
・外国人宿泊者数：20 万人（H27）➡ 56 万人（2.8 倍）

出所：富山県（2016b）「新・富山県観光振興戦略プランの概要」富山県。

き考察する。

(3)「総合計画」における「新観光戦略」の実施体系

　「2018 年総合計画」の政策体系は大きく「活力とやま」，「未来とやま」，「安心とやま」の三分野から構成され，「活力とやま」の 4 つの展開目標の 1 つが「観光振興と魅力あるまちづくり」であり，ここには 8 つの政策が掲げられている。図表 10 － 9 に示される 8 つの政策を観光にかかわる体制整備，観光資源の企画・開発，観光プロモーションという視点から整理すると，体制整備にかかわるものが「政策 23」と「政策 28」である。「政策 23 選ばれ続ける観光地づくり―海のあるスイスを目指して」では，観光地の回遊性を高めるための交通ネットワークの整備が，そして「政策 28 観光人材の育成とおもてなしの心の醸成」では，日本版 DMO をはじめとする体制整備の強化があげられている。次に観光資源にかかわるものが「政策 25」，「政策 26」，「政策 27」である。各々，富山湾，立山黒部，産業観光等を重要な観光資源と位置づけている。そして，観光プロモーションにかかわるものが「政策 29 豊かな食の磨き上げと発信」，「政策 30 富山のブランド力アップに向けた戦略的展開」であり，「政策 24」の中心市街地の活性化は地域振興的な側面を持つものである。これらの政策と施策，施策にかかわる目標値（県民参考指標）については図表 10 －

図表 10 − 9　総合計画で示された「新観光戦略」にかかわる政策，施策および目標値

政策および政策目標	主な施策（柱立て）	県民参考指標	単位		目標 概ね5年前*	現況**	将来① 2021年	将来② 2026年
23 選ばれ続ける観光地づくり―海のあるスイスを目指して	1 戦略的な観光地域づくり	観光消費額	億円	暦年	1,035 注1	1,448	2,100	2,200
	2 広域観光の拠点化	延べ宿泊者数	千人	暦年	3,455	3,408	5,200以上	5,290以上
	3 富山らしい魅力の創出	旅行者満足度	%	年度	73.4	75.4	80.0以上	80.0以上
	4 戦略的なプロモーション							
24 うるおいのあるまちづくりと中心市街地の賑わいの創出	1 地域の個性を活かした魅力あるまちづくり	都市公園の面積	ha	年度	1,561	1,610	1,638	1,661
	2 うるおいのある水辺空間の創出	中心市街地の歩行者通行量（延べ数）	人	年度	富山市 −　高岡市 10,972	富山市 44,374　高岡市 16,670	富山市 46,000　高岡市 17,670	富山市 46,000　高岡市 17,670
	3 まちなか居住など中心市街地への都市機能の集積							
	4 地域交通ネットワークの充実と公共交通利用者の支援及び広域的な観点からのまちづくりの推進							
25 国際的ブランド「世界で最も美しい富山湾」の活用と保全	1 富山湾の保全の推進	県内市町村が実施した清掃美化活動の参加人数	万人	年度	23 注1	24	25	25以上
	2 富山湾の魅力のブラッシュアップ	富山湾岸サイクリングコースのレンタサイクル利用者数	人	年度	2,108 注1	4,115	6,000	8,000
	3 産業振興への活用							
	4 富山湾の魅力の戦略的な情報発信							
26 「立山黒部」の世界ブランド化と戦略的な国際観光の推進	1 「立山黒部」の世界ブランド化に向けたプロジェクトの推進	外国人宿泊者数	人	暦年	58,957	229,229	560,000	650,000
			%		10.7	8.4	11.8	15.2
	2 広域的な観光周遊ルートの開発・形成など戦略的な国際観光の推進	コンベンション参加者数	人	年度	76,458	92,122	97,000	102,000
	3 国際会議や大規模コンベンションの誘致	立山黒部アルペンルートへの外国人観光客数	人	年度	54,357	241,900	360,000	420,000
27 産業観光をはじめとした多彩なツーリズムの展開	1 産業観光の振興	観光消費額	億円	暦年	1,035 注1	1,448	2,100	2,200
	2 映画・ドラマ等の制作誘致とロケツーリズムの促進	延べ宿泊者数	千人	暦年	3,455	3,408	5,200以上	5,290以上
	3 スポーツツーリズム，美術館・博物館めぐり，教育旅行などの促進	産業観光施設数（累計）	施設	年度	−	144	156	171
28 観光人材の育成とおもてなしの心の醸成	1 地域の観光を担う人づくり	とやま観光未来創造塾の認定ガイド数	人	年度	11	77	127	177
	2 グローバル化に対応した次世代の観光を担う人づくり	旅行者満足度	%	年度	73.4	75.4	80.0以上	80.0以上
	3 おもてなしの心の醸成							
29 豊かな食の磨き上げと発信	1 地域と連携した豊かな食の磨き上げ・発信	旅行者の食べ物・料理満足度	%	年度	74.3	78.2	80.0以上	80.0以上
	2 食や食文化のブランドイメージの向上・定着	観光消費額	億円	暦年	1,035 注1	1,448	2,100	2,200
	3 「食」をキーコンテンツとした観光誘客の促進							
30 富山のブランド力アップに向けた戦略的展開	1 富山を代表するブランドの浸透と価値の向上	県内に自信をもって誇れるものがたくさんあると思う人の割合	%	年度	28.2	21.0	29.0	さらに増加させる
	2 ブランド化に向けた新たな産品の育成	「富山県推奨とやまブランド」の認定件数	品目	年度	11	14	19	24
	3 「日本橋とやま館」における富山の上質なライフスタイルの積極的・戦略的発信	アンテナショップへの来店者数	万人	年度	45 ※いきいき富山館分のみ	71.7	85.0	85.0以上
	4 情報発信による富山の地域イメージの定着・向上							

(注)　*概ね5年前の年次については，注1は2012年，それ以外は2011年。

　　　**現状は産業観光施設数は2017年。それ以外は2016年。

出所：富山県（2018a）「元気とやま創造計画―とやま新時代へ　新たな挑戦」をもとに筆者作成。

9 の通りである。

　では，これらの政策・施策を，ここで示された KPI を用いて整理するとどうなるであろうか。観光戦略において，観光消費額は KGI（Key Goal Indicator）と位置づけられ，これは「観光消費額＝観光客数×観光消費単価」と分解することができる。図表 10 - 10 は，各政策に関連づけられた KPI と KGI である観光消費額の関係について整理を試みたものである。この試みからは，政策，施策，目標策定過程における次の 2 つの課題を指摘することができる。

　第一は目標値達成にむけた目標値間の関係を明確にする必要性である。政策，施策，事業については階層的に関係性が示されているものの，目標値については政策と目標値の紐付けにとどまっており，目標値間の関係性を把握することが難しい。目標値は KGI である観光消費額，その主要な構成要素である観光客数，観光消費額の観光客単価，さらにこれらに影響を与えるその他の KPI に分類することができ，観光消費額の目標達成に向けてこれらがどのように影響しあうのか，階層的に示されることにより，各事業の位置づけはより明確になるのではないだろうか。

　第二は目標とする指標およびその目標水準の妥当性である。示されている目標値のレベルは観光消費額のようにマクロレベルのものから，清掃美化活動への参加人数などミクロレベルのものまでバラつきがある。また，目標値の設定水準に関しては，備考として「全国平均や国ビジョンの目標値の伸び率にあわせ」と記載が複数あるが [13]，富山県独自の戦略の成果との関係性についても明示されるべきであろう。

200

図表10－10　総合計画で示された「新観光戦略」にかかわる政策，施策および目標値

KGI：観光消費額

＝

観光客数　×　観光消費単価

政策23：選ばれ続ける観光地づくり―海のあるスイスを目指して
KPI：観光消費額，延べ宿泊者数，旅行者満足度

政策25：国際ブランド「世界で最も美しい富山湾」の活用と保全［観光資源開発・企画］
KPI：県市町村が実施した清掃美化活動の参加人数，富山湾岸サイクリングコースのレンタサイクル利用者数

政策27：産業観光をはじめとした多彩なツーリズムの展開［観光資源開発・企画］
KPI：観光消費額，延べ宿泊者数，産業観光施設数

政策29：豊かな食の磨き上げと発信［観光資源開発・企画］
KPI：旅行者の食べ物・満足度，観光消費額

政策26：「立山黒部の世界ブランド化と戦略的な国際観光の推進」［観光資源開発・企画］
KPI：外国人宿泊者数，コンベンション参加数，立山黒部アルペンルートへの外国人観光客数

政策28：観光人材の育成とおもてなしの心の醸成［体制整備］
KPI：とやま観光未来創造塾の認定ガイド数，旅行者満足度

政策30：富山のブランド力アップに向けた戦略的展開［プロモーション］
KPI：県内に誇りをもって誇れるものがたくさんあると思う人の割合，「富山県推奨とやまブランド」の認定件数，アンテナショップへの創出

政策24：うるおいのあるまちづくりと中心市街地の賑わいの創出
KPI：都市公園の面積，中心市街地の歩行者通行量

出所：富山県（2018a）「元気とやま創造計画―とやま新時代へ　新たな挑戦」をもとに筆者作成。

(4)「新観光戦略」にかかわる観光関連予算・決算の状況

　次に，「新観光戦略」のPDCAに関して，財務面から考察する。事業費については，総合計画策定時に計画期間の総事業費を示す自治体もあるが，富山県において複数年にわたる観光戦略，総合計画に対応する事業費に関する開示はない。そのため，事業費にかかわる計画値は予算編成時に示される単年度の計画値のみとなる。また，予算の体系は款項目節で管理されており，政策，施策ごとの開示ではないため，観光戦略にかかわる予算の全体像を把握することは容易ではない。そこで，ここでは，前項で示した観光戦略にかかわる政策の主要事業の予算額の合算を用いて検証したい。

第 10 章　地域経済の活性化と富山県の観光戦略　201

　図表 10 - 11 は富山県の 2016 年度〜 2019 年度の当初予算案における「選ば
れ続ける観光地域づくりの推進―海のあるスイスを目指して―」の主要事業とし
て予算概要資料に提示された事業費の合算額の推移を示したものである。ここ
で示されている事業費は一部に過ぎず，予算について「新観光戦略」の全体像
を把握することはできないが，決算額については「新観光戦略実施状況資料」
に示される事業費の実績値の合算額（図表 10 - 12）を確認することができる。
これを見ると，主要事業予算の合算額とは大きな乖離がある。例えば「戦略的
な観光地域づくり」だが，予算の主要事業で示されているのは 1 億円に満た
ず，大部分は富山県 DMO 活動推進事業で毎年 7 〜 8 千万円の予算が計上され
ている。これに対して実績値を見ると「戦略的な観光地域づくり」として
2017 年度は 20 億円が計上されている。そのうち最も大きな事業費は「旅行者
の満足度を向上させる受入れ環境の整備・支援」の同 18 億円であり，その内
訳は図表 10 - 13 の通りである。ここで事業費額が多いものとして自然公園等
整備事業 9 億 6 千万円，県立都市公園の維持管理 9 億 7 千万円，県立都市公園

図表 10 - 11　「選ばれつづける観光地づくりの促進―海のある富山を目指して―」
にかかわる主要事業の政策別予算額合算額の推移

政策／施策　（万円）	2016	2017	2018	2019
23-1　戦略的な観光地域づくり	8,296	9,814	10,008	9,808
23-2　広域観光の拠点化	13,012	4,510	8,465	11,025
23-3　富山らしい魅力の創出	32,511	56,605	74,266	64,109
23-4　戦略的なプロモーション	34,398	24,860	19,196	24,270
26-2　国際観光の推進	12,485	12,643	15,721	17,409
26-3　コンベンションの誘致促進	6,783	6,796	5,558	6,180
［その他］グローバル化に対応した次世代の観光を担う人づくり	1,926	0	0	0
［その他］世界水準の観光資源「立山黒部の高付加価値化」	0	2,465	0	0
［その他］「立山黒部」世界ブランド化の推進	0	0	71,532	0

出所：富山県予算概要資料（2016 年度〜 2019 年度）をもとに筆者作成。

図表 10 － 12　新観光戦略の実施状況（事業費）

（年度，千円）	2015	2016	2017
1　戦略的な観光地域づくり	3,477,891	1,941,185	1,986,475
①　戦略的な観光地域づくりの体制整備（日本版DMO）	24,746	81,886	71,907
②　グローバル化に対応した次世代の観光を担う人づくり	27,462	16,816	34,624
③　地域の観光を支える人づくり	14,284	28,509	12,923
④　旅行者の満足度を向上させる受入環境の整備・支援	1,778,907	1,725,095	1,817,360
⑤　観光産業と他産業の連携による域内経済循環の促進	1,610,073	74,867	37,446
⑥　観光の担い手としての事業者・県民の意識醸成	22,419	14,012	12,215
2　広域観光の拠点化	151,020	193,115	105,687
①　広域観光ハブ（交通結節点）としての優位性を活かした拠点整備	25,275	97,563	21,932
②　主要駅・空港と観光地を結ぶ二次交通の整備・利便性向上	87,788	66,992	49,256
③　広域観光の拠点としての賑わい創出・魅力向上	37,957	28,560	34,499
3　富山らしい魅力創出：量から質への転換を促進	2,346,703	1,774,525	2,673,016
①　世界水準の観光資源「世界遺産五箇山」「立山黒部」の高付加価値化	393,199	369,534	403,782
②　世界で最も美しい富山湾の魅力を活かした観光資源の発掘・磨き上げ	181,168	183,504	210,226
③　豊かな食の磨き上げ	64,344	63,497	78,300
④　伝統文化，工芸品等上質な富山を提供する観光商品の開発	221,582	246,299	112,677
⑤　産業観光，ロケ地，スポーツ等多様なツーリズムの展開	1,486,410	911,419	1,868,031
⑥　冬季の魅力創出による通年観光の促進	0	272	0
4　戦略的なプロモーション	962,334	480,751	465,073
①　「海のあるスイス」のイメージ醸成	34,494	32,396	23,999
②　ターゲットの特性に応じ，リピーターや定住をも意識した効果的な情報発信	314,661	343,890	346,112
③　交通事業者，大手旅行会社，近隣自治体等と連携したプロモーション	590,100	86,907	89,030
④　映画等の誘致や多様なメディアの活用・連携	23,079	17,558	5,932
5　国際観光の推進：新たなゴールデンルートの形成に向けて	224,793	214,349	252,187
①　広域観光周遊ルートの形成促進	7,707	28,839	35,790
②　外国人個人旅行者(FIT)の受入環境の整備	6,505	3,141	7,787
③　欧米豪など新規市場に向けた効果的な情報発信	13,313	14,165	38,599
④　東アジア・東南アジアからのリピーター拡大	197,268	168,204	170,011
6　コンベンションの誘致促進：国際会議も富山で開こう	87,496	80,780	84,532
①　国際会議の誘致強化	1,757	2,704	3,041
②　本県の特色等を活かした戦略的なコンベンション誘致	35,042	33,308	37,003
③　主催者のニーズに配慮した支援制度の充実	47,881	44,219	44,047
④　富山の魅力を活かしたユニークベニューやアフターコンベンション等の提案	2,816	549	441

出所：富山県「新観光戦略の実施状況」（2015 年，2016 年，2018 年）をもとに筆者作成。

第 10 章　地域経済の活性化と富山県の観光戦略　203

図表 10 － 13　「戦略的な観光地づくり」のなかの「旅行者のい満足度を向上させる
　　　　　　　受入れ環境の整備・支援」抜粋

新観光戦略の実施状況（事業費）

（年度，千円）	2015	2016	2017
④　旅行者の満足度を向上させる受入環境の整備・支援	1,778,907	1,725,095	1,817,360
宇奈月国際会館運営費補助金	19,500	19,500	19,500
観光地誘導案内デザイン統一化促進事業	3,955	2,912	3,375
旅館施設近代化等促進事業	−	31,438	25,816
クルーズ乗船客おもてなし向上事業	−	−	4,470
外国船入港に係る歓迎セレモニーへの支援	1,500	1,500	−
自然公園等整備事業等	81,684	55,407	96,096
生活衛生関係営業施設における利用者サービスの向上に対する支援	−	641	482
有峰森林文化村推進費	49,051	49,069	49,071
新幹線駅周辺花いっぱいおもてなし事業	5,562	2,700	1,800
とやまの名所再発見標識整備事業	25,500	19,200	−
県立都市公園の整備・改修	616,675	562,466	643,559
県立都市公園の維持管理	975,480	980,262	973,191

出所：筆者作成。

の整備・改修 6 億 4 千万円などがある。「2010 年観光戦略」における富岩運河
環水公園の整備が観光客の増加に寄与したことから，公園の維持整備は観光と
いう観点からも重要な事業である。しかし，所管は都市計画環境政策課であ
り，この事業費のどこまでが観光戦略の成果と結びついているのか検証するこ
とは難しい。同様に，予算においては立山・黒部関連の重点事業に事業費が重
点的に配分されているが，これらに関しても，立山町，黒部市など市町村との
連携し実施される事業であり，富山県のみでその戦略の効果を検証することは
難しい。

　このように，観光戦略に対する事業費の検証については，単年度予算である
こと，款項目節という事業体系と異なる体系で管理されていることに加え，他
部局，他自治体と複雑に連携しながら事業が実施されていることから，戦略実
現のために効果的に財源が配分されているのか評価することが難しいのが現状
である。

（5）「新観光戦略」にかかわる事業活動の評価

　事業活動の評価にかかわる開示としては，「新観光戦略実施状況」および，「総合計画」の事業に関する「政策評価」があり，いずれも年次で実施・開示されている。

　「新観光戦略実施状況」では，実施内容の説明，目標値に対する活動実績値の進捗状況，事業費実績が記載されている。図表 10 - 14 は「新観光戦略実施状況」に示された活動指標の進捗状況である。2017 年の実績を見ると，観光消費額は目標に対して 75％にとどまっており，2019 年の目標を達成するためには 2017 年の前年比 7.8％増に対して，2018 年，2019 年と年率 15％超で成長する必要がある。しかし，ここでは実施内容の報告にとどまっており，目標値に対して進捗率が低い項目等に対する評価・検討は示されていない[14]。

　これに対して「政策評価」では，活動指標の進捗と評価が記載されているが，これと別に開示されている事業評価との接続については記載のない項目が多い。また，事業評価を予算・決算サイクルに十分に反映させるためには，次年度計画に向けた課題記載の拡充が求められる。Plan の段階で政策，施策，事業の階層的な関係を明確化することの重要性につき先に述べたが，これは評価（Check）から，計画見直し（Action）へのサイクル改善にも貢献するものである。

図表10－14 「新観光戦略」の実施状況

指標項目	単位	2012	2013	2014	2015	2016	2017	対目標比	2019目標値 [対2014比]
観光消費額（宿泊客及び日帰り客、観光及びビジネス目的）	（億円）	1,035	1,055	1,292	1,635	1,448	1,561	75.5%	2,067 【60%】
	（前年比）	（▲30.2%）	（1.9%）	（22.5%）	（26.5%）	（▲11.4%）	（7.8%）		
消費額単価（宿泊客、観光及びビジネス目的）	（円/人）			23,567	24,593	23,818	24,422	71.8%	34,000 【44%】
	（前年比）			（2012～2014年平均）	（4.4%）	（▲3.2%）	（2.5%）		
消費額単価（日帰り客、観光及びビジネス目的）	（円/人）	−1,791 円/人		5,791	6,225	6,220	5,953	100.9%	5,900 【1.9%】
	（前年比）			（2012～2014年平均）	（7.5%）	（▲0.1%）	（▲4.3%）		
（参考）観光消費額（宿泊客、観光及びビジネス目的）	（億円）	366	337	342	427	423	494	90.3%	547 【60%】
	（前年比）	（▲3.7%）	（▲7.9%）	（1.5%）	（24.6%）	（▲0.9%）	（16.8%）		
消費額単価（宿泊客、観光及びビジネス目的）	（円/人）			20,773	21,328	22,583	25,748	86.3%	29,842 【44%】
	（前年比）			（2012～2014年平均）	（2.7%）	（5.9%）	（14.0%）		
満足度		74.7%	75.6%	71.0%	75.7%	75.4%	74.4%	93.0%	80%以上
	（前年比）	1.3pp	0.9pp	▲4.6pp	4.7pp	▲0.3pp	▲1.0pp		【9.0pp】
延べ宿泊者数	（千人）	3,619	3,821	3,489	3,991	3,408	3,895	74.9%	5,200以上 【50%】
	（前年比）	（4.7%）	（5.6%）	（▲8.7%）	（14.4%）	（▲14.6%）	（−14.30%）		
外国人宿泊者数	（千人）	81	129	147	200	229	282	50.4%	560 【280.0%】
	（前年比）	（37.8%）	（59.1%）	（13.4%）	（36.6%）	（14.5%）	（23.1%）		
コンベンション参加者数	（千人）	81	81	86	91	92	94	103.0%	91 【5.8%】
	（前年比）	（5.4%）	（0.2%）	（6.6%）	（5.6%）	（1.3%）	（1.8%）		
コンベンション開催件数	（件）	171	240	255	268	270	296	109.6%	270 【5.9%】
	（前年比）	（▲15.3%）	（40.4%）	（6.3%）	（5.1%）	（0.1%）	（9.6%）		
うち 国際会議	（件）	10	24	16	26	32	42	155.6%	27 【＋11】
	（前年比）	（▲4）	（＋14）	（▲8）	（＋10）	（＋6）	（＋10）		

※満足度及びコンベンション参加者数・開催件数は年度、他は暦年。
観光消費額：観光庁「共通基準による観光客入込統計」。
満足度：富山県観光振興室「観光動態調査」。
延べ宿泊者数・観光庁「宿泊旅行統計調査」（従業員10人以上施設全数及び10人未満の施設を1/9～1/3抽出し調査）。
外国人宿泊者数：県観光振興室「富山県外国人宿泊実態調査」。
コンベンション参加者数、同件数：（公社）富山コンベンションビューロー「コンベンション統計」。

4 おわりに

　以上，富山県の観光戦略について見てきたが，「2010 年観光戦略」では北陸新幹線開業に向けて観光地や観光体制の整備が進められ，それは観光客数の増加という成果につながった。「新観光戦略」では，増加した観光客数を観光消費額の増加に結びつけるために，観光消費単価を引き上げることが課題であると認識し，これを実現するために観光客の回遊性を高めることに主眼を置く方針が示された。そして，この戦略実現にむけた政策，施策は体制整備，観光資源の開発，プロモーションなどバランスよく，かつ体系的に整理されている。ただし，「2010 年観光戦略」において駅周辺の整備を進めたのに対し，「新観光戦略」では黒部・立山アルペンルートや富山湾の魅力を生かした観光地づくりなど，広範囲の市町村の多様なアクターを巻き込むことが求められ，戦略実現に向けたハードルはより高いものであるといえる。それだけに，「新観光戦略」を通じて観光戦略を明確にし，関係するアクターで問題意識や目標を共有することの意義は大きい。

　本稿では「新観光戦略」に関して，計画，執行・評価の過程を検証してきたが，「新観光戦略」の目標を，「2010 年観光戦略」時よりも広範かつ多様なアクター間で共有し，観光消費額の増加につなげるためには，次の 2 点を課題として指摘することができる。第一は政策―施策―事業の連携の明確化である。目標実現に向けて施策を実行するためには，事業が施策の実現に寄与するものでなくてはならない。事業が観光以外の他政策，他部局とかかわりあるものである場合，観光戦略としての政策・施策目標をどのように共有し，フィードバックを次年度の改善につなげるか，明確にすることにより，戦略の実現性は高まるであろう。そのためには目標値の設定，管理についても観光消費額の増加という KGI に影響を与える KPI が政策―施策―事業へと階層的に構築される必要がある。今一度，富山県の課題に対応した富山独自の KPI の在り方を階層的に整理し，アクター間で共有する必要があるのではないだろうか。

　第二は活動情報と財務情報の連携である。目標実現のためには財源の確保が

重要となるものの，事業費の計画は単年度ごとに，款項目節の単位で管理され，観光戦略の政策・事業体系に対応しているものではない。そのため，重点戦略に重点的に財源が配分されているのかを検証することが困難になっている。必要とされる事業に財務面からも充分なサポートがなされるよう，活動情報と財務情報の連携が求められる。

　以上のような課題はいずれも「新観光戦略」に限った問題ではなく，地方自治体の政策 PDCA における共通課題ともいえる。計画段階から事業活動，財務の両面から政策―施策―事業目標を階層的に整理し，目標実現に向けたアラインメントを明確にすることが何よりも重要である。そのためには，政策目標から事業への関係，予算・決算を統合的に把握しうる情報管理が必要となるのではないだろうか。内部利用，外部利用のいずれにおいても共通の情報活用により課題・目標意識を共有することが，複数の部署で PDCA サイクルを管理し，目標実現に向けて進むためのプラットフォームとなるのである。

【注】

1）伏木富山港の 2016 年港湾別総貿易額は 3,368 億円で日本海側では新潟港の 5,880 億円に次ぐ（国土交通省港湾局港湾関係統計「港湾別貿易額ランキング 2017」2019 年 6 月 20 日閲覧，http://www.mlit.go.jp/statistics/details/port_list.html）。

2）医薬品については江戸時代より「富山のくすり売り」として売薬事業を展開してきた歴史を持つ。医薬品の生産金額は全国 2 位（厚生労働省「薬事工業生産動態統計」2017 年）となっている。また，住宅用アルミニウム製サッシのシェアは全国 1 位である（総務省・経済産業省「経済センサス―活動調査（製造業）」2016 年）。事業所数で見た製造業の比率は全国の 8.5％に対して富山は 10.1％，従業者数では同 15.6％に対して 25.4％となっている。

3）平成 20 年 12 月 22 日，富山県条例第 61 号。

4）観光庁「都道府県別実観光入込客数・観光消費額（2017 年（平成 29 年））」，国土交通省（2019），213 頁，観光庁「全国観光入込客数統計に関する共通基準集計表（調査時期：平成 29 年）」。

5）五箇山の合掌造りは 1995 年にユネスコの第 19 回世界遺産委員会において，岐阜県白川村荻町，富山県五箇山相倉，菅沼の 3 つの集落が「白川郷・五箇山の合掌造り集落」の

名のもと，世界遺産（文化遺産）とされた。

6) 富山県「新幹線開業による利用者数の状況について」。開業前は 2014 年 3 月 14 日〜2015 年 3 月 13 日，開業後は 2015 年 3 月 14 日〜2016 年 3 月 13 日の 1 年間。

7) 2016 年 3 月から羽田—富山便は 6 往復から 4 往復に削減されており，北陸新幹線利用者増加効果の一部は航空便利用者の減少によるものと推測される。

8) 富山県観光・交通・地域振興局観光振興室（公社）とやま観光推進機構「平成 26 年富山県観光客入込数（推計）について」（H26.1.1 〜 H26.12.31），1 頁．

9) 観光庁「宿泊旅行統計調査」都道府県別延べ宿泊者数（2017 年）。

10) 富山県は「元気とやま観光振興条例」第 7 条において，観光振興を総合的かつ戦略的に推進するための基本計画を策定するとしている。

11)「元気とやま観光振興条例」第 7 条 2。

12)「2018 年総合計画」では，政策目標を具体的にイメージするための参考となる指標として県民参考指標を提示している。

13) 明日の日本を支える観光ビジョン構想会議（2006）では，訪日外国人旅行者数，同旅行消費額，地方部での外国人の宿泊者数，外国人リピーター数，日本国内旅行消費額が重要な指標としてあげられている。

14) これに関して 2018 年に策定された「総合計画」の観光消費額の目標値を見ると，「新観光戦略」の観光消費額の 2019 年目標が 2,067 億円（2017 年比 32.4 ％増）であるのに対して，総合計画では 2021 年に 2,100 億円，2026 年に 2,200 億円と成長鈍化が織り込まれている。

参考文献

明日の日本を支える観光ビジョン構想会議（2006）『明日の日本を支える観光ビジョン』内閣府．

石川県観光推進戦略推進部（2017）『統計からみた石川県の観光（平成 28）』石川県．

国土交通省観光庁編（2019）『観光白書　令和元年版』国土交通省．

富山県（2010）「富山県観光振興戦略プラン」富山県．

富山県（2016a）「新・富山県観光振興戦略プラン」富山県．

富山県（2016b）「新・富山県観光振興戦略プランの概要」富山県．

富山県（2016c）「新・富山県観光振興戦略プラン（平成 28 年 3 月策定）に基づき平成 27 年度に実施した施策の状況について」富山県．

富山県（2017）「新・富山県観光振興戦略プラン（平成 28 年 3 月策定）に基づき平成 28 年度に実施した施策の状況について」富山県．

富山県（2018a）「元気とやま創造計画—とやま新時代へ　新たな挑戦」富山県．

富山県（2018b）「新・富山県観光振興戦略プラン（平成 28 年 3 月策定）に基づき平成 29 年
　度に実施した施策の状況について」富山県.

内閣府（2017a）『観光立国推進基本計画』平成 29 年 3 月 28 日閣議決定.

内閣府（2017b）『観光立国推進基本計画（概要)』平成 29 年 3 月 28 日閣議決定.

第11章
地域経済の活性化と青森県の観光戦略
―世界自然遺産・白神山地の事例を中心に―

1　はじめに

　青森県は，県内の観光振興を図るために「未来へのあおもり観光戦略」（2010 年度～ 2013 年度），「未来へのあおもり観光戦略セカンドステージ」（2014 年度～ 2018 年度），「青森県観光戦略」（2019 年度～ 2023 年度）を実施している。「青森県観光戦略」は，概ね 10 年後の将来ビジョンを見据えつつ，その実現に向けた取り組みとなっている（青森県観光国際戦略推進本部, 2019）。「未来へのあおもり観光戦略」は，2009 年度から実施している「青森県基本計画未来への挑戦」に基づいたアクションプランとして位置づけられている（青森県新幹線開業対策推進本部）。「未来へのあおもり観光戦略」では，みんな活かそう！　「あおもり」の人と宝，みんなで発信！　じゃわめく「あおもり」，みんなで競おう！　経営革新，みんなでつくろう！　広域連携，みんなで歓迎！　東アジア顧客大作戦の 5 つの戦略プロジェクトを掲げた。

　次の「未来へのあおもり観光戦略セカンドステージ」では，青森県観光国際戦略推進本部（2014）によると，県内における観光のステージを「回復」から「成長」に位置づけ，観光地域づくりの推進，観光コンテンツ開発・情報発信，受入環境の整備，国内誘客の推進，海外からの誘客の推進の 5 つの取り組みを行った。

　その後の「青森県観光戦略」では，多彩な地域資源を生かした交流人口の拡大，地域をけん引する基幹産業への成長，経済を回す，世界から「選ばれる青森」の 4 つの戦略が基本的な考え方となっている。数値目標としては，2017 年では，延べ宿泊者数が 462 万人泊，そのうちの外国人延べ宿泊者数が 26 万

人泊，満足度が99.5%，観光消費額が1,863億円であり，2023年には，延べ宿泊者数が550万人泊，そのうちの外国人延べ宿泊者数が50万人泊，満足度100%，観光消費額が2,000億円を目指している。また，青森県の観光をより一層活性化させるためには，地域資源のブランド力や食の魅力，四季折々の強みを生かしつつ，各地域の多彩で豊富な地域資源の魅力を活用し，観光需要のさらなる獲得に取り組むという指針を示している。その実現のためには，青森県内で過ごす際の滞在の質を高めることが大切であり，地域の魅力を「質の高さ」「奥行きの深さ」「多彩・豊富さ」の3次元の軸で立体的に捉え，その強みや特性を最大限にいかしていく「3D観光」の確立を目指している。

図表11－1は，青森県の過去8年（2010年～2017年）の観光入込客数（延べ人数）を表している。2011年は，東日本大震災の影響で観光入込客数は減少しているが，翌年の2012年から2015年にかけて増加傾向にある。2016年と2017年には一定数の観光客が訪れている。2010年以降の「観光入込客数」は，国が定めた「観光入込客数統計に関する共通基準」に沿っているため，本章では2010年以降の観光入込客数を表している。

図表11－1 青森県における観光入込客数（延べ人数）の推移

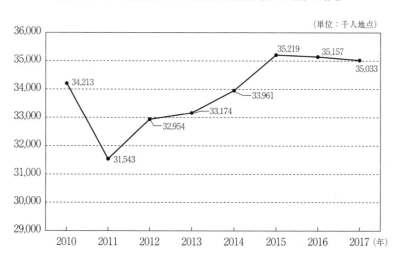

出所：青森県観光国際戦略局「青森県観光入込客統計（2010年～2017年）」より筆者作成。

図表 11 - 2 は,「青森県観光戦略」でも記載されている青森県の外国人延べ宿泊者数の年別推移である。青森県観光国際戦略推進本部 (2019) によると,「未来へのあおもり観光戦略セカンドステージ」の数値目標である 20 万人泊や

図表 11 - 2　青森県の外国人延べ宿泊者数の年別推移

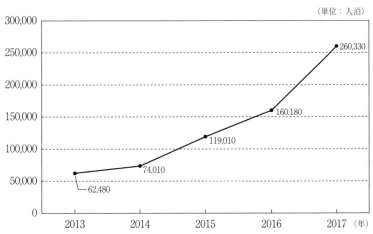

出所：観光庁「宿泊旅行統計調査 (2013 年～ 2017 年)」より筆者作成。

図表 11 - 3　青森県の観光消費額の推移

出所：青森県観光国際戦略局「青森県観光入込客統計調査 (2013 年～ 2017 年)」より筆者作成。

観光消費額の 1,800 億円を達成しており，今後の観光産業の推進において明るい兆しを示している（図表 11 − 3）。

こうした外国人延べ宿泊者数増加は，青森・ソウル線の増便，青森・天津線の就航，台湾からのチャーター便やクルーズ船の寄港数の増加に起因している。また，2002 年 12 月の東北新幹線八戸開業，2010 年 12 月の新青森開業，2016 年 3 月の北海道新幹線開業の三度の新幹線開業もまた宿泊者数の増加に好影響を及ぼしている。また，青森県（2019）によると，東北新幹線八戸開業を契機に，観光客の受入体制の強化や新たな観光コンテンツの発掘・磨き上げ・情報発信に注力したこと，さらに北海道新幹線開業により，青森県と北海道の道南地域との周遊観光が盛んになったことも観光客数増加の一因としてあげられる。

青森県には自然環境を魅力の源泉とする多彩で豊富な観光資源があり，既存の観光地であってもまだ潜在的な魅力を引き出せていない所が多くあり，このような他の観光地を活性化させることで，より一層の発展が期待できる。そのため，青森県の観光政策において，3D 観光など新たな取り組みを実施している点は高く評価できるものの，既存の貴重な観光資源の活用についてはまだ課題を残しているといえる。そこで，本章では，我が国で最初に登録された青森県に所在する世界自然遺産・白神山地（以下，白神山地）を取り上げ，その概要と管理体制，そしてエコツーリズムの導入状況を述べる。

2 世界自然遺産・白神山地の概要

（1）白神山地の概要と管理体制

白神山地は，1993 年に屋久島とともに日本で最初の世界自然遺産に登録された。全体の面積は 13 万 ha で，そのうち約 1 万 7 千 ha がユネスコの世界自然遺産に登録されている（図表 11 − 4）。白神山地は青森南西部と秋田県北西部の県境にまたがり，青森県側は 12,627ha（74%），秋田県側は 4,244ha（26%）である（環境省）。北緯 40 度 22 分〜 40 度 32 分，東経 140 度 2 分〜 140 度 12 分に位置し，標高 100 メートルから 1,200 メートル余りに及ぶ山岳地帯の総称で

ある。

　世界遺産になるには，国の法律によって何らかの保護地域になっていることが条件である。そのため，日本政府は，白神山地を国の法律によって保護するために「自然環境保全地域」にし，ユネスコの承認を得て世界自然遺産に登録された背景がある。もともと国立公園に指定されていて，国の保護政策下にあった他の世界自然遺産である屋久島や知床，小笠原と違い，白神山地は，保全・管理の施策が定まらないまま，急速に世界自然遺産に登録された。また登録後の翌年の1994年には，世界遺産地域の核心部分に青森営林局が突然，「入山禁止」を打ち出したことで，反対派の青森県側と基本的に賛成の立場をとる秋田県側の自然保護団体とで大きな議論となった。

　白神山地各種保全制度には，白神山地森林生態系保護地域，白神山地自然環境保全地域，津軽国定地域，赤石渓流暗門の滝県立自然公園，きみまち坂藤里県峡自然公園（青森県），秋田白神県立自然公園（秋田県），天然記念物（種指定），白神山地鳥獣保護区（国指定）がある。これらの保全を実行していくために白神山地世界遺産地域管理計画が立てられた。

　そこで，本項では白神山地世界遺産地域管理計画の概要を説明する（環境省・林野庁・文化庁・青森県・秋田県，2013）。1995年に策定された白神山地世界遺産地域管理計画は，現状に即した管理を実施するため，2013年に改訂されている。白神山地世界遺産地域管理計画は，関係行政機関である環境省，林野庁，文化庁，青森県，秋田県が相互に連携を行い，各種制度の運用および各種事業の推進等に関する基本方針を明記している。主な管理体制は，上記の関係行政機関と白神山地周辺地域の市町村の連携調整の場として，「白神山地世界遺産地域連絡会議」において，連携・調整を図る。

　白神山地の管理制度は，核心地域（10,139ha）と緩衝地域（6,832ha）に分けられる。白神山地の利用については，核心地域では既存の歩道を利用した登山等を除き，立入は制限されているが，緩衝地域では，森林の文化・教育的利用やレクリエーションの場として利用できる。その緩衝地域においてエコツーリズムの推進が明記されている。そこで，次項では，白神山地のエコツーリズムの取り組みを紹介する。

第11章　地域経済の活性化と青森県の観光戦略　215

図表 11 − 4　世界自然遺産・白神山地地域概要図

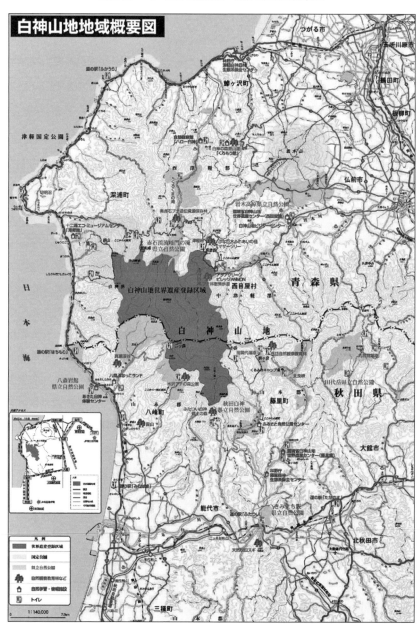

出所：環境省ホームページ。

（2）白神山地のエコツーリズム

　世界自然遺産登録後の 1994 年から 2003 年までは，世界自然遺産登録効果による来訪者の激増の時期である。青森県西目屋村では，世界遺産登録により急激に観光客が増え始めた。それに対応するために，温泉を併設した宿泊施設や観光施設を開設した。藤里町では，それほどの増加ではなかったものの，温泉を併設した宿泊施設や観光物産館を開設した。また，音楽祭などのイベントを開催し，積極的に観光施策を展開した。来訪者の増加とともにガイド活動を行う人が現れ，西目屋村では，1996 年に青森県西目屋観光ガイド会が発足し，藤里町でも町が有料ガイド認定制度をスタートさせた。また，1997 年から国や県による世界遺産センターやビジターセンターなどの学習施設の整備，散策道の整備，エコツアー会社の設立など，徐々にエコツーリズム推進への下地ができ上がっていった。

　観光地として知名度が低かった白神山地は，自然遺産登録によって一躍脚光を浴びることになった。観光客の増加は，地域に大きな経済波及効果を及ぼすが，入山者の無秩序な流入が招くオーバーユース（過剰利用）に伴うゴミ・屎尿などの処理の問題や観光客の入山によるブナ林などの自然環境への悪影響が問題となっている（新井，2008）。このような状況の中，環境省は，1998 年度から 2009 年度までの 12 年の間に「白神山地地域環境保全対策調査（1998 年度から 2003 年度）」「白神山地エコツーリズム推進モデル事業（2004 年度から 2006 年度）」と「白神山地エコツーリズム推進事業（2007 年度から 2009 年度）」を実施している。本稿では，白神山地で実施されたエコツーリズム推進事業を下記のようにまとめている（図表 11 - 5）。

　環境省は，白神山地地域の適正な保全・管理に関して，1998 年度から 2000 年度と 2001 年度から 2003 年度に分け，それぞれ 3 年間をかけて，専門家を中心とするメンバーによる白神山地における環境保全の管理手法に関する調査を行い，『白神山地地域環境保全対策調査』報告書としてまとめている。白神山地の適正な保全・管理体制について明記する中で，白神山地におけるエコツーリズムの導入の必要性についても触れている（環境省，2001）。

　「白神山地地域環境保全対策調査（1998 年度から 2000 年度）」では，エコツーリ

第 11 章　地域経済の活性化と青森県の観光戦略　217

図表 11 － 5　白神山地で実施されたエコツーリズム推進事業の経緯

事業実施期間	事業名
1998 年度～ 2000 年度	白神山地地域環境保全対策調査
2001 年度～ 2003 年度	白神山地地域環境保全対策調査
2004 年度～ 2006 年度	白神山地エコツーリズム推進モデル事業
2007 年度～ 2009 年度	白神山地エコツーリズム推進事業

出所：筆者作成。

ズムやグリーンツーリズムの導入が，白神山地の保全と活用に資する地域発展
の可能性を示していることから，次の 2001 年度から 2003 年度の後半 3 年間に
「白神山地地域環境保全対策調査」が継続された（環境省，2002）。

　「白神山地地域環境保全対策調査（2001 年度から 2003 年度）」では，エコツーリ
ズムの導入による自然資源の保全と活用に資する地域発展のために，①世界遺
産会議への協力，②持続的利用のための世界モニタリングシステムの構築，③
エコツーリズム推進体制の構築，④自然資源を基盤とする産業，新規産業「エ
コツーリズムインダストリー形成」への展開，⑤白神山地地域の宝探しの実施
とエコツーリズムプログラムへの活用，⑥ガイドの人材育成と認定制度，⑦白
神山地地域エコツーリズムプログラム推奨制度，⑧白神山地地域エコツーリズ
ムガイドライン設置，⑨白神山地地域エコツーリズム総合プログラムの作成を
あげている（環境省，2004）。

　「白神山地エコツーリズム推進モデル事業（2004 年度から 2006 年度）」では，青
森県西目屋村と秋田県藤里町が原生の自然に代表される場所として，モデル地
区に選定されている。初年度である 2004 年度の「白神山地エコツーリズム推
進モデル事業」は，エコツーリズム推進機運の醸成と基本計画策定や事業実施
の準備を行うことの 2 つを目標にして取り組まれた。白神山地のエコツーリズ
ム推進基本計画は，①基本計画の策定は，エコツーリズム推進により目標とす
べき地域の到達点とその目標に至るまでの到達方法を明らかにすることが目的
であること，②行政，観光事業者や農林団体などの関係者は，主体的に案の作
成を行い，作成過程において，専門家からの意見を参考にしつつ合意形成を図

ること，③関係者が基本計画に基づいて行動できるように，具体的な実効性の
ある内容とし，また社会状況に応じて，適宜見直しを行うことの3点があげら
れた（環境省，2005）。

「白神山地エコツーリズム推進モデル事業（2004年度から2006年度）」の3年間
の取り組みの成果は，①エコツーリズム推進事業の本格稼働に向けた基本計画
の策定，②エコツーリズム推進を図るための仕組みの構築，③エコツーリズム
推進の普及啓発，④関係者の意識改革の4点があげられる（環境省，2007）。一
方で，これら白神山地におけるエコツーリズム推進の課題として，今後の支援
方策は，①白神山地のエコツーリズム推進基本計画の実行促進に関する支援，
②エコツーリズム推進の仕組みの継続に関する支援，③環白神山地でのエコ
ツーリズム推進の枠組み形成に向けた検討の支援の3点があげられた。

これらの支援方策を踏まえ，2007年度から2009年度の「白神山地エコツー
リズム推進事業」の基本的な考え方は，次の3点である（環境省，2010）。

2007年度から2009年度は，①白神山地エコツーリズム推進基本計画で明ら
かにされた指針に基づき，地域主体で取り組みを実践する3年間である。②事
業展開においては，これまでの3年間に構築した基盤をより盤石にして継続性
を担保していくことと，その基盤を活用して，より地域に経済波及を高めてい
くという大きく2つの方向性が考えられる。③環白神山地で扱うべき事項も多
いと考えられることから，それら取り組みの実現に向けての検討は継続的に行
うことが必要である。

2004年度から2008年度までの事業の成果は，①エコツーリズム本格稼働に
向けて基本計画を策定したこと，②エコツーリズム推進を図るための仕組みを
構築したこと，③エコツーリズム推進の普及啓発と関係者の意識改革に取り組
んだこと，④人材育成システムのあり方について，検討を行ったこと，⑤人材
養成プログラムの施行・基本的な研修を行ったことである。その一方で，これ
までの事業で次の課題が明らかとなった。

白神山地におけるエコツーリズム推進に向けた取り組み状況をまとめると，
地域内のエコツーリズム推進に向けては，多くは行政主導（国・県・自治体）で
取り組みが進められてきている。取り組みの種類としては，ガイドやインスト

ラクターの人材育成事業や地域主体でのエコツアー事業が多く，ルールや体制づくりに関する事業は実施が少ない。

　行政機関が育成を支援し，組織化を図ってきたガイド団体（組織）や個人ガイドは，脆弱な基盤での活動が多く，受身の開設活動に留まっているものも多い。民間の事業者によるエコツアーの実施に関しては，実施場所・実施対象・実施分野・種類は限られる。白神山地全域での一体的な取り組みはこれまで行われておらず，活動を行うガイド団体や事業者が1つにまとまった組織やネットワークは存在しない。

　このような状況から生じる課題と，効果的と考えられる方策をあげると，各町村においては，立地などの地域特性，冬期間の収入確保が難しいことなどもあり，継承者不足で悩まされているという共通課題を抱えている。世界遺産効果も落ち着き，観光客が減少傾向にある中で，受身での対応から主体的な対応へとそのあり方を改善する姿勢を持つことが求められている。また，地域として，窓口一本化など組織体制を強化し，地域自ら魅力あるエコツアーを開発，販売，実施していくことが重要である。

　このような方向性に基づいて，当該地域が一体的となって，エコツーリズムを推進していくための検討を行った。白神山地は，世界遺産条約による登録地であり，政府も保全のために自然公園，自然環境保全地域，国指定鳥獣保護区，生態系保護地域に指定している。しかし，政府によるこうした指定だけでは保全は困難であり，地域住民の理解と協力は欠かせない。地域住民の理解と協力を得る上で地域資源の保全と活用を通じた地域活性化，観光振興の効果が期待できるエコツーリズムの推進は有効である。

　一方で，地域活性化や観光振興につなげていくためには2町村の個別の取り組みでは不十分である。観光客の視点では，市町村の境界や県界はほとんど意識されておらず，白神山地世界遺産地域のエリア全体としての認識であり，受け入れ側はそれに合わせた対応が必要である。白神山地に関するエリア全体の情報はほとんど提供されておらず，宿泊や観光拠点施設間の連携も十分ではないとの指摘がある。今後は，「環白神エリア」が一体となって取り組むことが必要である。「環白神エリア」が連携していくためには，社会的状況，観光振

興，エコツーリズム推進など白神山地周辺地域における諸問題を共有し，環白神でエコツーリズムを推進する枠組みが必要である。そのために，連携して，推進できる体制を検討する場として，「環白神エコツーリズム推進連絡会議」を設置することとした。この連絡会議を立ち上げるための準備として，2009年度は，3回の準備会を開催している。

2010年度以降の事業において必要と考えられる取り組みは，①「環白神エコツーリズム推進連絡会」の設立，②地域カルテの作成と課題分析を行うこと，③エコツーリズム推進に向けた地域診断を行うこと，④住民意識アンケートの実施，⑤シンポジウムの開催の5点にまとめている（環境省，2010）。

環白神エリアが一体となって，エコツーリズムに取り組むため，「環白神エコツーリズム推進協議会」が2011年に発足している。環白神エコツーリズム推進協議会は，「白神山地世界遺産登録地域を有する自治体（鰺ヶ沢町，深浦町，西目屋村，藤里町）」，「環白神地域でエコツーリズムに取り組もうとする自治体（弘前市，八峰町，能代市，三種町）」，「白神山地世界遺産登録地域を所管する県（青森県，秋田県）」，「白神山地世界遺産登録地域を所管する国の出先機関（東北地方環境事務所，東北森林管理局）」で構成されている。環白神エコツーリズム推進協議会では，環白神エコツーリズムを推進するために，関係者・機関（エコツアー事業者や観光事業者，農林漁業者，地域住民）が白神山地の価値の保全と地域の自然・文化資源を活用することで観光振興と地域振興の両立に取り組んでいる。

このように白神山地では，エコツーリズムの推進に向けた取り組みが実施されている。そこで，次項では，エコツーリズム成り立ちの経緯について触れ，その後に日本のエコツーリズムについて述べる。

3　エコツーリズムの成立とその役割

観光産業は，世界最大の産業の1つであり，近年，最も成功した事業の例として注目されている（Theobald, 2005）。このため，世界各国では，観光産業が外貨獲得手段，雇用の創出，税収に対して重要な役割を果たすと認識されてい

第 11 章　地域経済の活性化と青森県の観光戦略　221

る。

　観光産業の急速な成長は，数年前から各国の自然保護区にも影響を与えている。観光産業は，自然保護区の経済的価値を増大させるため，地元住民に持続可能な経済発展を提供することを求めている自然保護区の管理者にとって効果的な手段となっている（Goodwin, 1996）。例えば，世界遺産リストへの登録の目的は，各国の遺産を保全することであるが，その一方で，世界遺産登録がこれまで国際的に知られていなかった地域の知名度を上げ，地域の観光収益を増加させることを目的に世界遺産登録の推進運動を展開している地域が増えている（奥田，2005）。結果として，世界遺産登録後の観光客の増加に伴うオーバーユースや周辺地域の乱開発によって世界遺産の価値が損なわれ，世界遺産保全と持続可能なツーリズムのあり方が問われている。

　一般的なツーリズムは，観光産物を提供して利益を得ることを主要目的としていて，地域社会の文化的要素や自然資源の生態系を考慮したものではない。エコツーリズムは，従来型のツーリズムよりも自然資源に対して配慮している点で持続可能な観光形態を目指すものである。しかし，現在，エコツーリズムとその他のツーリズムの違いは明確になっておらず，幅広く議論されている。

　エコツーリズムの最初の正式な定義は，一般的に Ceballos-Lascurain（1988）が，エコツーリズムについて，「比較的荒らされていない，もしくは汚染されていない地域の風景や野生植物，動物及び見出された現存の文化的創造物を特別に研究し，観賞，享受することを目的に旅する」と定義したのが最初である。しかし，Boo（1990）などは，ツーリストによって求められる自然体験を強調する傾向にある一方で，最近のエコツーリズムの定義は，持続可能な発展の概念と関連する各要素を強調する傾向にある。

　Ceballos-Lascurain による用語の正式な紹介以来，用語の適切な利用に関する論争やその応用における不一致は，特定の分野において定義の発展や実用化を妨げている（Ross & Wall, 1999）。このような現状の中で，研究者たちは，エコツーリズムの定義を明確にするために，これまで提唱されてきた多くの定義の中から共通点を見出す指標をそれぞれ打ち出している。Ross & Wall は，エコツーリズムが，自然地域の適切な利用と保全の両方を考慮した中で雇用の創

出，環境教育，市民参加を通して，自然地域の保全を行う一手段としてみなすことができると主張している。Ross & Wall は，エコツーリズムには，①自然地域の保護，②教育，③雇用の創出，④ツーリズムの質，⑤市民参加の5つの機能が含まれているとしている。すなわち，自然地域を保全する目的には，地域の社会経済的な利益の分配があり，雇用の創出には，環境教育の分配がある。環境教育の目的には，自然地域の保全が前提にある。ツーリズムの質の目的には，質の高い体験がある。市民参加は，環境管理や擁護の促進につながる。Buckey（1994）もまた，エコツーリズムの定義を構成する要素には，①自然依存型であること，②環境教育が含まれていること，③持続的に管理されること，④保全を支援することの4つを取り上げ，Ross & Wall の主張を支持している。

Fennel（1999）は，これまでの定義を整理し，エコツーリズムの定義は，①自然に関心，②保全に貢献，③公園や自然保護区へ依存，④地元住民への利益／長期的な利益，⑤教育と研究，⑥負担の軽減／非消費，⑦倫理／責任，⑧管理，⑨持続可能性，⑩喜び／鑑賞，⑪文化，⑫冒険，⑬小規模に及ぶ13の主要原理で成り立っているとまとめている。

Bjork（2000）もまた，エコツーリズムの定義に含まれる持続可能な発展の原理に対して，12の要素を提唱している。その12の原理には，①非消費であること，②環境は，エコツーリズムに関与するアクターの行動に影響すること，③現地情勢が発展に影響すること，④長期的な計画が重視されること，⑤地域経済を支援すること，⑥ダイナミックであること，⑦道徳的・倫理的な面が考慮されること，⑧観光客のニーズが考慮されること，⑨原生地域を啓発的に体験すべきであること，⑩教育的であること，⑪他の産業を荒廃させてはならないこと，⑫自然と文化を称賛することが含まれている。

さらに Donohoe & Needham（2006）は，エコツーリズムの定義に関する共通点を抽出するために，16の基準を設けて，エコツーリズムの定義を分析している。分析の結果，①自然ベースであること，②保護／保全，③教育，④持続可能性，⑤利益の分配，⑥倫理／責任／意識，の6つの基準がエコツーリズムの定義に含意されていると結論付けている。先行研究から，エコツーリズム

第11章　地域経済の活性化と青森県の観光戦略　223

図表 11 - 6　エコツーリズムの要素に関する共通点

①　自然地域の管理
自然地域の保護，地域参加，保全に貢献，管理，長期計画を重視，アクターの行動に影響
②　環境教育
教育と研究，教育的であること
③　ツーリストの体験
ツーリズムの質，公園や自然保護区への依存，喜び／鑑賞，冒険，観光客のニーズを考慮，原生地域を啓発的に体験，ダイナミックであること
④　自然に基礎を置く
対象が自然であること
⑤　地域経済の持続可能性
雇用の創出，地元住民への利益，負担の軽減／非消費，小規模，地域経済を支援，他の産業を荒廃させないこと，利益の分配
⑥　地域文化の継承
地域文化の保全
⑦　倫理と道徳
倫理／責任，道徳的・倫理的な面が考慮されること，倫理／責任／意識

出所：筆者作成。

の要素には，次のような共通点が見られる（図表 11 - 6）。

　エコツーリズムの要素の7つの共通点において，エコツーリズムを実践するには自然資源や生物多様性を保護し，保全のための資金を提供し，地域経済へ貢献し，観光客や地域コミュニティの住民を教育することが前提となる。

　日本のエコツーリズムへの取り組みの動きは 1990 年代に入ってからである。1990 年に環境庁は，エコツーリズムの検討会議を開始，運輸省も 1995 年から検討を始めている。そうした国の動きもあり，1996 年には国内で初めてエコツーリズム団体である「西表島エコツーリズム協会」が発足。1998 年 3 月には，旅行業者，国，地方自治体，研究者らによる「エコツーリズム推進協議会」が設立された。以来，各地でエコツーリズム団体の設立が続いている（石

川，2001）。

　このような背景を受けて，2003年から2004年にかけて，環境大臣を議長とするエコツーリズム推進会議が設置され，エコツーリズムの普及・定着に関する検討が行われた。2004年には，関係団体，有識者，関係行政機関等で構成されたエコツーリズム推進会議によって，（1）エコツーリズム憲章，（2）エコツアー総覧，（3）エコツーリズム大賞，（4）エコツーリズム推進マニュアル，（5）エコツーリズムモデル事業の5つの推進方策が策定されている。

4　おわりに

　本項では，2019年6月に実施した青森県庁でのインタビュー調査をもとに青森県の観光政策における今後の課題について考察する。

　青森県観光戦略では，青森県内の滞在時間を伸ばすべく，量と質の双方の向上の必要性を指摘している。インタビュー調査では，上記の達成には個別の観光コンテンツの質を高めていく必要があり，例えば，美術館など時間外でのイベントを開催するなど，これまでの，美術館にある展示物を見て楽しむだけでなく，固定概念を超えたコンテンツを提供することで，多様なニーズに応える。また，観光コンテンツ自体の差別化を行うことで，バラエティに富んだコンテンツを提供していることをアピールすることも大切である。

　観光消費額が年々増加している背景には，青森県内の公共施設内のお土産店や青森県観光物産館アスパムといった観光施設では，キャッシュレスを早い段階で導入したことがあげられる。また，年々，青森県内の外国人延べ宿泊者数は増加しているが，インタビュー調査では，今後も情報発信の必要性を感じていることが明らかとなった。東京でも職員が駐在し，プロモーション活動を行っている。インバウンド観光においては，交通網を活用し，広域的な周遊観光を企画し，人の流れを活性化させる施策を展開していく。

　このようにインタビュー調査では，青森県は多種多様な観光資源を駆使することで，あらゆるニーズにも対応できる施策をとっている。また，東北地方にあるため，吹雪などのイメージがあるようで，青森県では冬期観光が課題であ

図表 11 − 7　白神山地内観光地点の観光入込客数

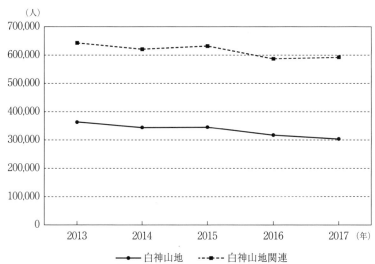

（注）白神山地の観光入込客数は，白神の森遊山道（旧ミニ白神），十二湖公園，ブナ林散策道，暗門の滝，白神岳の観光入込客数（延べ人数）の合計値。白神山地関連の観光入込客数は，白神山地の観光入込客数とアオーネ白神十二湖，森の物産館「キョロロ」，十二湖ビジターセンター，十二湖エコミュージアムセンター，白神山地ビジターセンター，ブナの里白神館，アクアグリーンビレッジ ANMON の観光入込客数（延べ人数）の合計値。
出所：青森県観光国際戦略局「青森県観光入込客統計調査（2013 年〜 2017 年）」より筆者作成。

ることが指摘されている。他県との比較をすれば，インバウンド観光において課題が多いとの評価もあるが，青森県の観光資源の特徴を活かした PR を展開しており，今後の発展が期待できる。

　一方で，既存の貴重な観光資源の活用についてはまだ課題を残しているといえる。例えば，本章で中心的に取り扱った白神山地である。エコツーリズム推進に向けた活動が行われている一方で，近年，白神山地の観光客数は伸び悩んでいる（図表 11 - 7）。

　青森県内の交通網が発展している一方で，白神山地へのアクセスは容易ではなく，観光客数は徐々に減少している。青森県観光戦略では，観光の果たす役割として，少子化と高齢化がより一層進行していく中で，国内外からの交流人

口を拡大し，持続的な地域経済の活性化につなげることが大切であると指摘している。エコツーリズムは，自然環境の持続的な利用や地域活性化に特化した観光であるため，青森県観光戦略が掲げる交流人口の拡大に寄与できる。また，インタビューでも語られたが，青森県内の観光コンテンツの差別化をする際にも，日本で4つしかない世界自然遺産は，その特色を出す可能性を秘めている。例えば，白神山地には，世界有数な自然資源の他に白神山地特有の文化がある。上村 (1998) によると，白神山地の文化を①縄文文化の源，②マタギの文化，③生活の山，④民俗文化の4つの類型に分類できる。①白神山地のブナ林が，8,000〜9,000年前の縄文時代に誕生し，縄文に始まる東日本の文化は，縄文文化の源であり，ブナ帯の広がりの中で展開されてきたといえる。②マタギ文化は，縄文時代の人々が，木の実を集め，クマやカモシカを狩り，森の恵みで生活して形づくられた。白神山地において，縄文人の暮らしぶりを現在に伝えているのが，マタギである (佐藤，2006)。③生活の山は，白神山地が，山菜・きのこ・渓流魚等の山の幸が豊富であり，地域の人々が，山の恵みにより生計を立てていたことによる。④民俗文化は，白神山地のブナ材は，古くから木工製品，容器，建築物に利用されてきたことがあげられる。今日では，工芸品として弘前市のブナコ細工がある。マタギは，白神山地の文化の典型として，しばしば引き合いに出される。「マタギと呼ばれる人々の狩猟には，獲物の解体をめぐる儀式や呪詞が存在するほか，山での禁忌や忌言葉があるなど，一般的なハンターとは異なる面を持っている」(山下，2007，40頁)。しかし，現在では，マタギの伝統的風習に従い，狩猟を行っているマタギは存在しないため，地域文化の伝承が極めて困難となっている。

エコツーリズムは，こうした地域文化の保全にも機能するため，地域経済の活性化には地域特有の文化の保全を促進する観光コンテンツの多様化が実現できる。また，こうした地域文化の発信を日本語だけでなく，多言語において発信することで，新たな層の観光客の獲得にもつながる可能性がある。

白神山地は，世界自然遺産に登録されてすでに26年が経つ。日本国内では，その後，次々と世界遺産登録が行われ，世界遺産が増えたため白神山地に対する人々の関心が薄れてきている。しかし，現在，SNSなどの情報発信によっ

て，これまで一般的に観光地として認知されていない地域にも人々が集まる現象が見られる。白神山地とその周辺地域は，魅力ある風景や地域特有の文化を定期的に多言語で発信をしていくことや，例えばイベントやコンベンションなどいわゆる MICE といったビジネス観光後にツアーを組むなど他の観光との連携強化を行い，訪問者が自ら情報発信をする仕組みを作ることが望ましい。

　このように青森県は観光資源が豊富であり，潜在的な魅力を秘めている。特に自然資源の活用において多様なアプローチが可能である。交流人口の拡大が過疎化する地域への一助となるような観光政策を実施することで，観光産業のさらなる発展が期待できる。

[参考文献]

[日本語]

青森県観光国際戦略局（2010）「青森県観光入込客統計」（2019 年 6 月 21 日閲覧）
　　https://www.pref.aomori.lg.jp/soshiki/kkokusai/kanko/files/H22toukei.pdf
青森県観光国際戦略局（2011）「青森県観光入込客統計」（2019 年 6 月 21 日閲覧）
　　https://www.pref.aomori.lg.jp/soshiki/kkokusai/kanko/files/H23toukei.pdf
青森県観光国際戦略局（2012）「青森県観光入込客統計」（2019 年 6 月 21 日閲覧）
　　http://www.pref.aomori.lg.jp/soshiki/kkokusai/kanko/files/H24toukei.pdf
青森県観光国際戦略局（2013）「青森県観光入込客統計」（2019 年 6 月 21 日閲覧）
　　http://www.pref.aomori.lg.jp/soshiki/kkokusai/kanko/files/H25toukei.pdf
青森県観光国際戦略局（2014）「青森県観光入込客統計」（2019 年 6 月 21 日閲覧）
　　http://www.pref.aomori.lg.jp/soshiki/kkokusai/kanko/files/H26toukei.pdf
青森県観光国際戦略局（2015）「青森県観光入込客統計」（2019 年 6 月 21 日閲覧）
　　http://www.pref.aomori.lg.jp/soshiki/kkokusai/kanko/files/H27toukei.pdf
青森県観光国際戦略局（2016）「青森県観光入込客統計」（2019 年 6 月 21 日閲覧）
　　http://www.pref.aomori.lg.jp/soshiki/kkokusai/kanko/files/H28toukei.pdf
青森県観光国際戦略局（2017）「青森県観光入込客統計」（2019 年 6 月 21 日閲覧）
　　http://www.pref.aomori.lg.jp/soshiki/kkokusai/kanko/files/H29toukei.pdf
青森県観光国際戦略推進本部（2019）「青森観光戦略」（2019 年 6 月 21 日閲覧）
　　https://www.pref.aomori.lg.jp/soshiki/kkokusai/kanko/files/00_gairyaku.pdf
青森県新幹線開業対策推進本部「未来へのあおもり観光戦略〜とことん元気な観光産業を目

指して～」（2019 年 6 月 15 日閲覧）

　https://www.pref.aomori.lg.jp/soshiki/shoko/shinsui/files/2011-0119-1648.pdf

青森県観光国際戦略推進本部（2014）「未来へのあおもり観光戦略セカンドステージ」（2019
　年 6 月 15 日閲覧）

　https://www.pref.aomori.lg.jp/release/2014/49877.html

新井直樹（2008）「世界遺産登録と持続可能な観光地づくりに関する一考察」『地域政策研
　究』11（2），39-55 頁.

上村康之（1998）「白神山地周辺地域における保全のあゆみと観光振興の動向：青森県側に
　ついて」『東北学院大学東北文化研究所紀要』（30），154-172 頁.

奥田夏樹（2005）「自然体験型エコツーリズムの論理を検証する：西表島での取り組みを例
　として」『総合研究』（7），55-61 頁.

環境省「世界遺産地域の位置」（2019 年 6 月 23 日閲覧）

　http://tohoku.env.go.jp/nature/shirakami/introduction/location/

環境省「白神山地地域概要図」（2019 年 6 月 23 日閲覧）

　http://tohoku.env.go.jp/nature/shirakami/introduction/location/pdf/map_140512.pdf

環境省（2001）『平成 12 年度 白神山地地域環境保全対策調査報告書』環境省.

環境省（2002）『平成 13 年度 白神山地地域環境保全対策調査報告書』環境省.

環境省（2004）『白神山地地域環境保全対策調査報告書』環境省.

環境省（2005）『平成 16 年度 白神山地エコツーリズム推進モデル事業 業務報告書』環境省.

環境省（2007）『平成 18 年度 白神山地エコツーリズム推進モデル事業 業務報告書』環境省.

環境省（2010）『平成 21 年度 白神山地エコツーリズム推進事業支援業務 報告書』環境省.

白神山地世界遺産地域管理計画（2013）「白神山地世界遺産地域管理計画」（2019 年 6 月 23
　日閲覧）

　https://tohoku.env.go.jp/nature/shirakami/report/pdf/131015aa.pdf

観光庁（2013）「宿泊旅行統計調査」（2019 年 6 月 21 日閲覧）

　https://www.mlit.go.jp/common/001046406.pdf

観光庁（2014）「宿泊旅行統計調査」（2019 年 6 月 21 日閲覧）

　https://www.mlit.go.jp/common/001094688.pdf

観光庁（2015）「宿泊旅行統計調査」（2019 年 6 月 21 日閲覧）

　https://www.mlit.go.jp/common/001136323.pdf

観光庁（2016）「宿泊旅行統計調査」（2019 年 6 月 21 日閲覧）

　https://www.mlit.go.jp/common/001190401.pdf

観光庁（2017）「宿泊旅行統計調査」（2019 年 6 月 21 日閲覧）

　https://www.mlit.go.jp/common/001247514.pdf

第 11 章　地域経済の活性化と青森県の観光戦略　229

石川徹也（2001）『日本の自然保護』平凡社.

山下祐介（2007）「ブナ原生林・白神山地と人との関わり：青森県目屋地域の薪炭生産とマタギ熊狩について」『遺伝』61（5），37-42頁.

［英　語］

Björk, P.（2000）"Ecotourism from a conceptual perspective, an extended definition of a unique tourism form" *International Journal of Tourism Research, 2*（3）, 189-202.

Boo, E.（1990）*Ecotourism: the potentials and pitfalls. Country case studies.* Washington, DC: World Wildlife Fund.

Buckley, R.（1994）"A framework for ecotourism" *Annals of Tourism Research, 21*（3）, 661-665.

Ceballos-Lascurain, H.（1988）"The future of ecotourism" *Mexico Journal, January*（17）, 13-14.

Donohoe, H. M., & Needham, R. D.（2006）"Ecotourism: The evolving contemporary definition" *Journal of Ecotourism, 5*（3）, 192-210.

Fennell, D. A.（1999）*Ecotourism: an introduction.* London: Routledge.

Goodwin, H.（1996）"In pursuit of ecotourism" *Biodiversity and Conservation, 5*（3）, 277-291.

Ross, S., & Wall, G.（1999）"Ecotourism: towards congruence between theory and practice" *Tourism Management, 20*（1）, 123-132.

Theobald, W. F.（2005）*Global tourism.* Burlington: Butterworth-Heinemann.

Wallace, G. N., & Pierce, S. M.（1996）"An evaluation of ecotourism in Amazonas, Brazil" *Annals of Tourism Research, 23*（4）, 843-873.

第12章
地域経済の活性化と北海道の観光戦略
―北海道観光における交通の課題と展望―

1　はじめに

　北海道観光は，相変わらず国内観光客が多く，近年はアジアからのインバウンドも伸びている。夏休み期間は，比較的涼しい気候と緑豊かな大地の魅力が観光客の多くを惹きつけている。ピークの時期は，北海道内のホテル価格は夏休み料金として高止まりする上に部屋もない状況である。北海道への観光客が少ないのは冬季であるが，冬期も年々客数が伸びている。2月の春節の時期には，中国からの観光客が増加し，JRの特急列車の車内は通路まで人があふれている。

　アジアからのインバウンドの誘客に向けて，登別市では1996年から他地域に先駆け台湾市場へのプロモーションを行い，2013年には全国的にも珍しい台中市観光協会との姉妹関係を締結するなど，これまで続けてきた取り組みが近年のインバウンド増加に寄与している。

　筆者の暮らす胆振地方では，これからの数年間のうちに観光需要の増加が見込まれている。2020年4月にはウポポイ（民族共生象徴空間）としてわが国5つめの国立博物館となる国立アイヌ民族博物館が開設されること，2019年に空知・室蘭・小樽の炭鉄港が文化庁から産業遺産に認定されたこと，北海道・北東北の縄文遺跡群が世界文化遺産の国内候補への推薦が決定していることなど，明るい材料が多い。胆振地方には登別温泉，カルルス温泉，洞爺湖温泉など日本を代表する温泉観光があるので，観光施設との相乗効果が期待される。

　北海道観光は，今後も拡大が期待される。その現状と最新の取り組みについて紹介する。

2 北海道の観光データ

　2018年9月の北海道胆振東部地震の影響で，一時的に観光客数は減少したが，政府の復興割り等による支援策があったので，早期に以前の水準を回復することができた。しかし，地震の影響を避けるため，前年の2017年までのデータから北海道への観光客数をみる。

　北海道への観光客数のデータ（図表12－1）は，道内客と道外客のそれぞれ日帰り客と宿泊客をあわせた総数の推移を示している。観光客数は年間5,000万人前後であったが，ここ5年ほどの増加傾向で年間5,500万人を超えている。2012年から観光需要が回復基調になったことに加え，2015年以降の円安で海外から訪日しやすいこと，景気が安定して国内観光需要の増加傾向が続いていること等，好条件がそろって直近の2017年度は観光客数5,610万人で，内訳は道外客885万人（宿泊客865万人），道内客4,725万人（宿泊客1,017万人）

図表12－1　観光客数（実人数）の推移

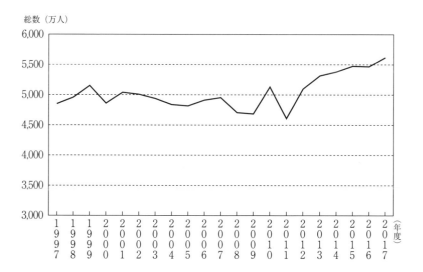

出所：北海道経済部観光局。

であった。

　グラフの観光客数が減少した年は，災害や景気が影響している。2000年は有珠山の噴火，2008年・2009年はリーマンショック，2011年は東日本大震災があった。

　北海道のインバウンド数（図表12 - 2）は，東日本大震災の2011年を底に，急激に伸びている。対前年度比で，2013年度1.46倍，2014年度1.37倍，2015年度1.35倍，2016年度1.11倍，2017年度1.21倍である。

　円安傾向と世界経済が安定していたことに加え，2017年3月には，新千歳空港の発着枠が拡大され，国際線の新規就航や増便があったことが影響している。2017年度の北海道のインバウンド数279万人のうち248万人がアジアからである。特に中国，韓国，台湾からの観光客数が多かった。

　2017年の内訳（図表12 - 3）は，中国が66万6,000人（前年度比＋21.8％）と最も多く，韓国が63万9,400人（同＋50.7％），台湾61万4,800人（同＋16.1％）と，それぞれ60万人を超えている。次いで，香港20万3,200人（同＋19.0％），

図表12 - 2　増加するインバウンド数

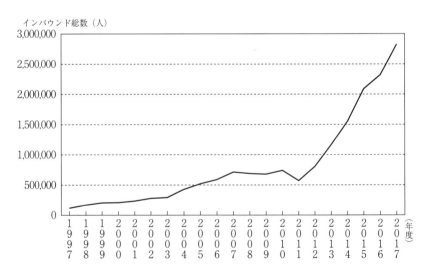

出所：北海道経済部観光局。

第12章　地域経済の活性化と北海道の観光戦略―北海道観光における交通の課題と展望―　233

タイ15万9,400人（同▲5.5%），マレーシア12万2,400人（同▲1.4%），シンガポール6万9,300人（同＋12.4%），他である。韓国からの観光客数が倍増し，中国，台湾も増加していることから，国際線の発着枠の拡大が北海道へのインバウンド拡大に直結していた。中国個別の要因としては，中国国内の査証発給要件の緩和があったため，個人旅行の増加があった。

　しかし，宿泊人数と宿泊延数（図表12－4）を見た場合，宿泊をする観光客数（宿泊人数）とインバウンド全体に占める割合では，台湾が最も多くなり，中国，韓国の順になる。宿泊延数でも台湾が最も多く，僅差で中国，次いで韓国の順になる。韓国との国際線が増えて観光客が増加したにもかかわらず，宿泊に結びついていない状況も浮き彫りになった。

　観光客の主な行き先（図表12－5）は，札幌市がある道央圏が55.3%と最も多い。大きく差が開いて旭川市の道北圏が15.7%，函館市がある道南圏は8.7%である。

　北海道の地域として，道央圏には，札幌市のある石狩地方，小樽市のある後

図表12－3　アジアの国別観光客数

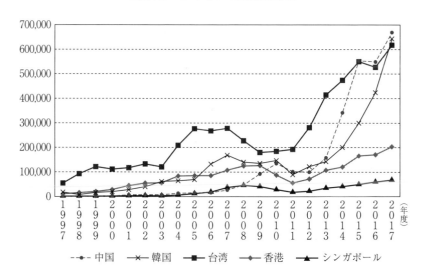

出所：北海道経済部観光局。

図表 12 − 4 　国別の宿泊人数と宿泊延数

	中　国	韓　国	台　湾	香　港	シンガポール
宿泊人数	1,411,744	1,038,329	1,639,507	593,727	276,357
割　　合	23%	17%	27%	10%	5%
宿泊延数	1,764,647	1,206,014	1,800,092	786,735	380,864
割　　合	23%	16%	24%	10%	5%

出所：北海道経済部環境局の資料より筆者作成。

志地方，岩見沢市のある空知地方，室蘭市と苫小牧市のある胆振地方，日高地方が含まれる。このエリアに，北海道の空の玄関である新千歳空港と，海の玄関である苫小牧港のダブル・ポートが存在している。

　道北圏は旭川市のある上川地方，留萌地方，宗谷地方がある。道南圏は函館市のある渡島地方と檜山地方がある。オホーツク圏（6.2%）には北見市のある北見地方，網走市のある網走地方・紋別地方がある。十勝圏（7.1%）は十勝地方のみで帯広市がある。釧路・根室圏（6.9%）は釧路市と根室市がある。

　今後の北海道観光の活性化のためには，道央圏から各圏域への誘客ルートを考えることが必要である。

図表 12 − 5 　圏域別の観光客数

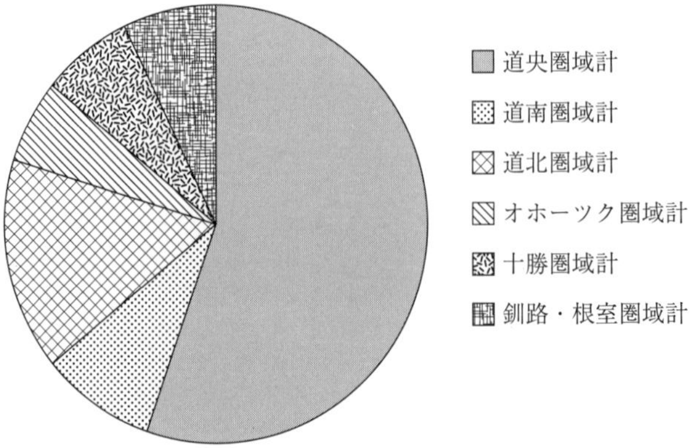

出所：北海道経済部環境局の資料より筆者作成。

第12章 地域経済の活性化と北海道の観光戦略—北海道観光における交通の課題と展望— 235

3 観光客の移動手段の状況

　来道観光客の交通手段のデータ（北海道交通政策局）を見ると，2005年に航空機利用539万人（84.8％），フェリー利用54万人（8.5％），鉄道利用42万人（6.7％）であった。2017年のデータ（北海道経済部観光局）では，航空機利用1,196万人（86.8％），フェリー利用89万人（6.5％），鉄道利用92万人（6.7％），と，北海道新幹線の開通やフェリー航路の減便があったものの，全体の2％がフェリー利用から航空機へと変化しただけで，来道者の移動手段の割合に大きな変化は見られない。図表12－6の月別の輸送実績では，観光客は8月が最も多く，次いで7月と9月が多く，1月と2月の冬のシーズンは少ない。2018（平成30）年は，9月の胆振東部地震の影響で来道者は少なかった。

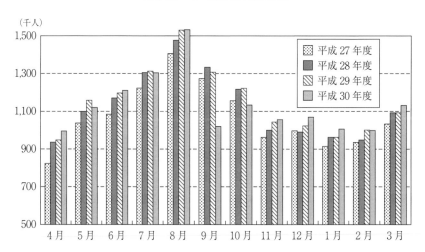

図表12－6　来道者の輸送実績

出所：北海道経済部観光局。

（1）空港の民営化

　北海道には 12 の空港がある。そのうちの 7 空港の一括運営委託が 2020（令和 2）年に開始する。委託事業者の選定は 2019（令和元）年度中に行われる。対象となる 7 空港の内訳は，新千歳空港・稚内空港・釧路空港・函館空港（国管理空港），旭川空港・帯広空港（特定地方管理空港），女満別空港（地方管理空港）である。北海道の主要空港が一括運営委託される。

　先行して関西 3 空港の管理運営が民間事業者に委託されたが，北海道でも国が公募により委託する運営権者の選定を行っている。運営権者は，事業期間 30 年で，滑走路等の運営である空港運営等事業と，ターミナルビル事業や駐車場事業の運営とを一体的に管理運営する。国は，公共施設等運営権を設定し，運営権者より運営権対価を収受する。図表 12 － 7 は，一括運営委託される 7 つの空港の 1 日あたりの便数で，新千歳空港に約 76％の航空便が集中している。民間のノウハウを活かした空港運営によって，北海道全体の空港需要の発掘をすることで，北海道全体の集客力アップが期待される。

　ターミナルビル事業の民間委託に先立って，新千歳空港の国際線ターミナルビルで拡張工事が進められている。従前の国際線ターミナルビルが約 6 万 m^2 あるのに対して，増築分が約 9 万 m^2 とかなり大規模である。格安航空会社

図表 12 － 7　空港の便数（日）

	羽　田	成　田	中部国際	関西 3 空港	国内他	道　内	国　際	合　計
新千歳空港	56	18	18	24	50	18	31	215
稚 内 空 港	2	0	0	0	0	2	0	4
釧 路 空 港	5	0	0	0	0	5	0	10
函 館 空 港	8	0	2	2	0	9	2	23
旭 川 空 港	8	0	1	0	0	0	2	11
帯 広 空 港	7	0	0	0	0	0	0	7
女満別空港	5	0	1	0	0	6	0	12
合　　　計	91	18	22	26	50	40	35	282

出所：筆者が各空港の HP から便数を調査し，表を作成。

第 12 章　地域経済の活性化と北海道の観光戦略─北海道観光における交通の課題と展望─　237

(LCC) の増便など外国人観光客の増加が続く中で，空港施設が手狭なことと，今後の拡大を見据えての拡張工事である。

(2) JR 北海道の経営状況

2016 年 11 月に営業している 2,500km 余りの約半分にあたる 1,221.1km は，JR 北海道単独の維持が困難であると報道があった。今後は，バスへの転換か，鉄路を維持する場合は自治体からの財政支援が必要不可欠という内容である。

維持困難線となっているのは，12 区間である。

道央・道南地域では，(1) 札沼線（北海道医療大学～新十津川間）47.6km，(2) 日高線（苫小牧～鵡川間）30.5km，(3) 日高線（鵡川～様似間）116.0km，(4) 室蘭線（沼ノ端～岩見沢間）67.0km，である。

道北地域では，(5) 宗谷線（名寄～稚内間）183.2km，(6) 根室線（滝川～富良野間）54.6km，(7) 根室線（富良野～新得間）81.7km，(8) 富良野線（富良野～旭川間）54.8km，(9) 留萌線（深川～留萌間）50.1km，である。

道東地域では，(10) 石北線（新旭川～網走間）234.0km，(11) 釧網線（東釧路～網走間）166.2km，(12) 花咲線（釧路～根室間）135.4km，である。以上 12 路線の内訳は，鉄道ネットワーク・ワーキングチーム／フォローアップ会議（第 3 回集中審議）議事概要（2018 年 2 月 3 日）より転記した。

道北地域の宗谷線が廃止され，名寄駅より北へのルートが消滅すると，宗谷総合振興局のある稚内市への鉄路がなくなる。道東地域の石北線の廃止は北見市，網走市へのルート，花咲線は根室市へのルートが，それぞれ消滅してしまう。鉄路の廃止は，地域にとって死活問題であるが，観光客にとっても重要な足を失うことになる。一時的には，道と地元自治体の財政支援で折り合いをつけるが，長期的な支援の展望は描けていない。

JR 北海道の財政問題は，観光にとっても大きな問題である。目先の赤字路線の存廃問題だけでなく，稼ぐ力をつけるために札幌近郊の路線を強化すべきだといわれている。新千歳空港の地下には新千歳空港駅があり，1 時間に 4 本のエアポートライナーが札幌・小樽方面に運行している。非常にアクセスがよい新千歳空港だが，空港の発着枠拡大に伴う観光客の増加を JR 北海道が吸収

しきれていない現状がある。エアポートライナーを1時間5本増便すること
や、6両編成から8両編成にするなどの課題があるが、大規模な工事を伴うた
めに、財政難のJR北海道が対応しきれていない。

(3) 高速道路の整備状況

　北海道内の高速道路は、広大な大地を結ぶために、未だ整備を進めている状
況である。北海道最大の都市である札幌市を起点として、北に向かうと、北海
道第二の都市である旭川市を超えて士別剣淵ICまで伸びているが、最北の拠
点である名寄市には至っていない。道南に向けては、第四の都市である苫小牧
市を超えて、第三の都市の函館市に近い大沼公園ICまで開通しているが、七
飯藤城ICまで未開通である。最近、注目されているニセコエリアへは、高速
道路は通っていない。道東に向けては、第五の都市の釧路市手前の阿寒ICま
でつながっている。

　道央圏以外は高速道路が整備しきれていないが、高速道路を利用した路線バ
スが運行しているので、札幌駅や新千歳空港を拠点に地方都市と結ばれてい
る。高速バスを利用すれば、函館市、稚内市、釧路市、根室市、遠軽町、えり
も町、など遠方の都市まで移動できる。高速道路の全線開通による移動の高速
化は、観光にとって重要である。鉄路を利用できなくても、別の手段で観光客
の足を確保しなくてはならない。

　今後の北海道内の外国人観光客の動向として、団体旅行から個人旅行
（FIT：Foreign Independent Tour）への転換が言われているので、移動手段として
自由度の高い車を利用する観光客の割合が増える傾向にある。個人型観光に向
けた商品が企画されている。NEXCO東日本ではETC限定の「北海道観光ふ
りーぱす」といった商品を販売し、レンタカー業界は外国人観光客向けに
ETCの付いた車のレンタルを行い、ドライブ観光の後押をしている。

4　シーニックバイウェイ北海道の取り組み

　北海道では、ドライブの途中に寄り道をして景観を楽しもうという意味合い

の「シーニックバイウェイ北海道」という取り組みが全道的に行われている。2002年から国土交通省が中心となって，個人型観光の中心であるドライブ観光に向け，「みち」をきっかけとした総合的かつ広域的な連携の枠組みづくりに取り組んでいる。

　北海道の広々とした景観と主産業である農業の農村風景は魅力である。地域の産業と結びついた観光を提供する試みを，受け入れる地域が一体となって地域作りと観光開発に取り組むのがシーニックバイウェイである。同様の全国的取り組みである日本風景街道より，シーニックバイウェイ北海道のほうが先に始められている。

　シーニックバイウェイは米国で始まり，『米国におけるシーニックバイウェイ制度は，一九八九年二月二二日に「シーニックバイウェイ法」が連邦議会に上程されたことから始まる。』[1]とある。プログラムの目的は「道路沿線における景観性，歴史性，自然性，文化性，レクリエーション性，考古学性の六つの視点から傑出した価値を保存することで，景観の長期維持と充実を図ること。国内外の旅行者を増加させ，州や地方の経済効果を生み出すこと。すべての旅行者に幅広い体験学習の場を提供し，教育と理解の機会を与え充実させること。」[2]である。

　北海道では2003年から2つのモデル・ルート（北海道旭川～富良野・占冠間，千歳～洞爺湖・ニセコ間）を設けて，2年間の試行の後に「シーニックバイウェイ北海道」として本格的に運用が始まった。米国のシーニックバイウェイはルート（道路）を指定するが，北海道のシーニックバイウェイはルートと周辺地域も含めたエリア（行政区域）での指定である。エリア指定をすると，国道以外の農道や道道などの道路もシーニックバイウェイに含まれる。

(1) シーニックバイウェイのエリア

　2005年から始まったシーニックバイウェイの活動は，2018年11月時点で，指定が13ルート，指定の候補が2ルートあり，約400団体が運営に携わっている。図表12-8のエリアマップをみると，ほぼ北海道を網羅しており，残るのは日高地方と36号線沿いの胆振地方等である。

図表12-8 シーニックバイウェイ北海道エリアマップ

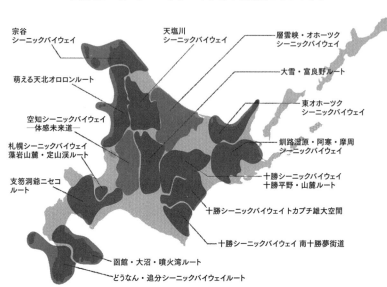

出所：シーニックバイウェイ支援センター提供。

【指定ルート】

1）支笏洞爺ニセコルート
2）大雪・富良野ルート
3）東オホーツクシーニックバイウェイ
4）宗谷シーニックバイウェイ
5）釧路湿原・阿寒・摩周シーニックバイウェイ
6）函館・大沼・噴火湾ルート
7）萌える天北オロロンルート
8）十勝平野・山嶺ルート
9）トカプチ雄大空間
10）南十勝夢街道
11）札幌シーニックバイウェイ藻岩山嶺・定山渓ルート

12）どうなん・追分シーニックバイウェイルート

13）天塩川シーニックバイウェイ

【候補ルート】

14）空知シーニックバイウェイ—体感未来道—

15）層雲峡・オホーツクシーニックバイウェイ

(2) ルートの指定方法

　シーニックバイウェイのルートを作るには，地域が主体となって活動を始め，自分たちでどのような地域を作りたいのか意見集約を行わなければならない。活動団体が集まって，団体の代表者で形成するルート運営代表者会議（以下，代表者会議）を設置し，代表者会議が地域発案による「ルート運営活動計画」を作成する。ルート指定にあたっては関係市町村長の意見を添えて，ルート運営活動計画をシーニックバイウェイ北海道推進協議会（以下，推進協議会）へ提案する。推進協議会は，学識経験者，景観・観光・地域づくりの専門家，マスメディア関係者等で構成するルート審査委員会に，ルートの審査を依頼する。

　ルート審査委員会の審査結果を経て，推進協議会が「指定」を行うが，実際には指定の前に候補ルートとして5年ほど指定を目指した活動を行う。2つの候補ルートは，指定ルートの候補ということである。

　ようやく指定を受けたルートでは，関係市町村（行政）は，地域の公共的機関・団体と連携を行うためにルート運営行政連絡会議（以下，行政連絡会議）を設置する。ルート提案の際に，関係市町村長の意見を添えるのはそのためである。

　推進協議会は，シーニックバイウェイ支援センターに対して支援組織を指定したり，包括連携協定企業との包括連携協定を締結したり，各ルートの支援を行う。推進協議会，シーニックバイウェイ支援センター，包括連携協定企業からなる組織を，シーニックバイウェイ運営会議という。

　「シーニックバイウェイ北海道推進の基本方針」には，ルート指定の基本方

針として,「ア）シーニックバイウェイが魅力ある観光周遊ルートとなるために，選択性の高い広域周遊ネットワークの形成が必要である。そのため，北海道内の各地域において，それぞれの特徴ある地域資源の保全・改善を行い，全域におけるルートの体系的配置を推進する。持続的なルート運営を図るには，地域の熱意が不可欠である。初期段階においては，そうした熱意の強い地域に関して，候補ルートとして登録するなど，ルート指定に向けた積極的な取り組みを推進する。」とある。

(3) ルートの活動内容

　モデル・ルートとして始まった支笏洞爺ニセコルートは，広範囲な1つのルートを，実際には3つのエリアが形成している。千歳市・恵庭市が形成するウエルカム北海道エリア，伊達市・壮瞥町・洞爺湖町・豊浦町が形成する洞爺湖エリア，ニセコ町・倶知安町・共和町・岩内町・蘭越町・留寿都村・真狩村・喜茂別町・京極町・寿都町・赤井川村・小樽市が形成するニセコ羊蹄エリアである。3つのエリアは，国土交通省北海道開発局内の管轄区分と同じで，札幌開発建設部が支笏湖エリア，室蘭開発建設部が洞爺湖エリア，小樽開発建設部がニセコエリアになる。縦割りといわれる行政組織が協力して，冬期に洞爺湖畔をアイスキャンドルでつなぐ「シーニックナイト」で，同じ日・同じ時間帯に一斉に火を灯して一体感を持たせている。

　このエリアでは2000年に有珠山噴火があった。観光客が減少していた時期とシーニックバイウェイの始まりの時期が重なり，特に火山のある壮瞥町では，噴火からの復興と道を使った観光誘致を同時に進めることができたのである

　エリアでの活動は「ゴミ拾い」,「花植え」など，ルートの地域ごとに年1回程度行っている。すべてボランティアが活動を担っている。ゴミ拾いなどのイベントには道路関係事業者が多く参加しており，ボランティア活動の実績によって入札時の評価ポイントが上がるからである。その他のボランティアは，北海道開発局の職員とその家族，役場の職員，地域の人である。

　恵庭市では，道沿いに花植えを行い，参加者は全員ボランティアで，花の苗

第 12 章　地域経済の活性化と北海道の観光戦略―北海道観光における交通の課題と展望―　243

図表 12 − 9　シーニックバイウェイ北海道オフィシャルマーク

出所：シーニックバイウェイ支援センター提供。

も寄付などで調達し，作業中の交通整理は地元の自衛隊が行うなど，地域主体の活動で賄っている。各ルートが主体的に活動に取り組んでいる。

　シーニックバイウェイ北海道の各地で行われている活動を紹介する。

　「シーニックデッキ」　観光スポットに写真を撮るためのデッキを用意している。支笏洞爺ニセコルートでは羊蹄山がよく見える場所にある。

　「シーニックカフェ」　三国峠頂上に，4月から11月までのカフェがあるが，本格的である。他にも，土日だけ商工会等のボランティアが牧場の上にある東屋（あずまや）で開催しているカフェもある。

　「シーニックフォトコンテスト」　宗谷シーニックバイウェイ，萌える天北オロロンルート，大雪・富良野ルート，天塩川シーニックバイウェイの道北4ルートが連携したフォトコンテストが開催された。十勝シーニックバイウェイや支笏洞爺ニセコルートでも開催されている。

　「北海道のよりみちドライブ情報　Scenic Byway」　シーニックバイウェイ北海道のドライブ情報が掲載された冊子で，21号が2018年夏秋，22号が2018年冬春である。11万部印刷し，道内の道の駅で無料配布している。「シーニックドライブマップ」（200円）は道内すべての道の駅のみで販売している。

　「ブランド化」　道の駅と連携して「シーニック推奨」のシールを貼った商品を販売した。同商品は，他の商品より高く設定してもよく売れた。今後のブランド化戦略が考えられる。道の駅は，北海道開発局内の事業なのでシーニック

バイウェイと一体的に運営される事業もある。

(4) ルートの維持

　各ルートが運営方針を決定する代表者会議をサポートするのはシーニックバイウェイ支援センターで，国土交通省の外郭団体である北海道開発技術センター内にある。シーニックバイウェイ支援センターは，ルートコーディネーターを派遣してサポートを行う。ルートの代表者会議と行政連絡会との交流会で，HP での情報提供や議事録の作成といった支援作業を行っている。ルートコーディネーターは十数名在籍している。

　シーニックバイウェイの活動は，交流関係人口の拡大，雇用拡大（ビジネス目的）等，何でもありの取り組みで一言では表せない。シーニックバイウェイの誘客効果を示す具体的なデータはなく，活動先行の取り組みが行われている。

　シーニックバイウェイは，国土交通省を含め予算がなく，国や自治体からの補助金や協賛金で賄われている。イベントは道路で行うため場所代はいらないが，イベント費用は地域で賄わなくてはならない。会費制というエリアもあり，メンバーが負担をしている。

　今後の課題として，活動を維持するための後継者（人づくり）問題がある。行政担当者は，地域おこし協力隊が行っていることと内容が近いので，彼らに担ってほしいと期待をしていた。

(5) シーニックバイウェイとは

　行政区域を意識していない観光客に，行政区域を外して支援をすることがシーニックバイウェイ立ち上げ時の目的である。「シーニックバイウェイ」は何かの答えがないままに 10 年走っている状況，と支笏洞爺ニセコルート事務局長の三松靖志さんは言う。ルートコーディネーターの中村幸治さんも「長く続ける中で，地域関係者が関係者間の交流や協働に楽しさを見いだし，そこから自発的に活動を構築する，地道だけれど確実な地域づくりがシーニックバイウェイだと考えています。」[3] と，参加者が活動に楽しみを感じることを重視している。

5 おわりに

　北海道観光を交通の面から多岐にわたって紹介してきた。北海道観光は順調に拡大しており，特にアジアからのインバウンド数は急激に伸びている。旅行客が増える中での課題は，ほとんどの観光客が空港を利用して北海道に入り，新千歳空港に集中していること，新千歳空港を降りた後のJRのエアポートライナーの運送能力が追いついていないことである。

　近年は，旅行形態が個人化しつつあるので，今後はドライブ観光が期待される。GWには新千歳空港界隈のレンタカーはすべて貸し出されるような状況である。混雑回避のために，新千歳空港以外の北海道内の空港に降り立って，レンタカーを借りてドライブ観光を楽しんでほしい。そして，シーニックバイウェイを利用すれば，新しい北海道観光が体験できるだろう。

【注】

1）シーニックバイウェイ支援センター（2006）『シーニックバイウェイ北海道 "みち" からはじまる地域自立』ぎょうせい，14頁。
2）前掲書，14，15頁。
3）中村幸治（2015）「シーニックバイウェイ北海道支笏洞爺ニセコルート」『開発こうほう』，10-11頁。

参考文献

和泉晶裕（2005）「動き始めたシーニックバイウェイ北海道の現状と今後の展開」『観光文化』日本交通公社，Vol.73.

シーニックバイウェイ支援センター（2006）『シーニックバイウェイ北海道 "みち" からはじまる地域自立』ぎょうせい.

シーニックバイウェイ北海道推進協議会事務局（2019）「シーニックバイウェイ北海道制度のご案内」.

中村幸治（2015）「広域連携促進による観光まちづくりの可能性」（北の観光まちづくりリーダー養成セミナー資料).

中村幸治（2015）「シーニックバイウェイ北海道支笏洞爺ニセコルート」『開発こうほう』10月号，10-11頁.

樋口明彦・岡本良平・榎本　碧・高尾忠志（2007）「沿線自治体と郡成長管理組織の連携によるシーニックバイウェイ景観管理に関する研究―マサチューセッツ州オールドキングスハイウエイを事例として―」『土木計画学研究・論文集』Vol24，no2.

北海道観光推進コンソーシアム（2018）「北海道のよりみちドライブ情報 Scenic Byway」Vol.21 夏秋.

北海道観光推進コンソーシアム（2018）「北海道のよりみちドライブ情報 Scenic Byway」Vol.22 冬春.

北海道経済部観光局（2018）「北海道観光入込客数調査報告書　平成29年度」.

北海道総合政策部交通政策局（2018）「鉄道ネットワーク・ワーキングチーム　フォローアップ会議（第3回集中審議）議事概要」.

北海道経済部観光局「北海道観光入込客数の推移」（観光入込客数の推移，来道観光客数の推移，訪日外国人来道者の推移）

http://www.pref.hokkaido.lg.jp/kz/kkd/irikominosuii.htm（2019年6月30日閲覧）

北海道経済部観光局「平成30年度来道者輸送実績」

http://www.pref.hokkaido.lg.jp/kz/kkd/raido.htm（2019年6月30日閲覧）

第 13 章
地域経済の活性化と北海道の観光戦略
―アイヌ文化を中心に―

1　はじめに

　北海道では，2020 年 4 月，白老町に「国立アイヌ民族博物館」が開館する。
これは，先住民族アイヌを主題とした日本初の国立博物館である。アイヌ文化
が体感できる体験型フィールドミュージアムである「国立民族共生公園」など
も整備されることから，北海道の観光振興への期待も膨らんでいる。そこで本
項では，北海道観光振興においても重要な役割を担うアイヌの民族文化に焦点
を当てて論じることとする。

　第 2 節では，アイヌが先住民族であることが認められたことを受け，アイヌ
の世界観を現出する「イオルの再生」を中心に，「アイヌに対する政策」につ
いて概観する。第 3 節ではカムイとアイヌとの関係からみた世界観について論
じ，第 4 節ではアイヌの他界観念からその世界観を考察する。最後に，北海道
でアイヌ文化を体験できる施設等を紹介する。

2　アイヌ新法の成立～民族共生文化圏～

　2019 年 4 月 19 日，アイヌを法律上初めて「先住民族」と位置付けた「アイ
ヌの人々の誇りが尊重される社会を実現するための施策の推進に関する法律
（以下，アイヌ新法）」が参議院本会議で可決された。この「アイヌ新法」では，
アイヌは「北海道の先住民族である」と明記されており，その「民族としての
誇りを持って生活することができ，及びその誇りが尊重される社会の実現」を
図ることが目的だと記されている。

アイヌの伝統的な民族文化は 13 世紀末ごろ，擦文文化を土台として成立したと考えられている。その後 18 世紀から 19 世紀にかけて，本州や大陸との交易を通じてアイヌ社会は成熟してきた。アイヌ文化の特徴は，人間（アイヌ）と神（カムイ）の織りなす世界観であり，その世界観が現実の世界においても多様な形で現出していることである。アイヌ文化を特徴付ける儀礼の 1 つとして，クマの霊送り儀礼（イオマンテ）がある。このイオマンテは，まさにアイヌの世界観を現実世界に表した儀礼の 1 つといえる。

アイヌ社会は，そのような文化的背景の元に成り立ってきたわけだが，江戸末期から明治時代にかけて，国民国家として成立していく日本社会の中で，このようなアイヌの伝統的な生活を維持していくことが難しくなった。明治政府は蝦夷地を北海道と改め，その統治・経営のために開拓使を設置し，開拓者を大挙移住させた。アイヌに対しては，従来の生業である狩猟，漁撈，採集を厳しく規制し，日本語習得の強要，伝統的な風俗習慣を禁止するなどし，急激な変化を強いた。そして 1899 年には，アイヌの同化と保護を目的とした「北海道旧土人保護法」を制定した。この法律はアイヌの困窮を救うべく，主生業を農耕へと変え，安定的な生活を促すことを目的としながらも，実質的にはアイヌの困窮化を助長するものであり，アイヌの民族としての尊厳を尊重するものではなかった。その後，昭和時代に入り，アイヌ民族の権利回復を目指したさまざまな活動が展開される中，1997 年 5 月に「アイヌ文化の振興並びにアイヌの伝統等に関する知識の普及及び啓発に関する法律（アイヌ文化振興法）」が制定し，長く続いた「北海道旧土人保護法」がようやく廃止され，アイヌ文化に対する国民理解が進展することが期待された。もっとも，このアイヌ文化振興法は，アイヌ文化の普及や研究の促進を中心とした法律であり，アイヌの自立促進に向けた施策の制定や「先住民族」と認めるものではなかった。

そして，アイヌ文化振興法制定より 22 年が経過した 2019 年に，アイヌを「先住民族」と認める法案が成立したのである。この「アイヌ新法」では，「アイヌに対する政策」は，国および地方公共団体の責務であり，「アイヌ文化の振興並びにアイヌの伝統等に関する知識の普及及び啓発並びにアイヌの人々が民族としての誇りを持って生活するためのアイヌ文化の振興等に資する環境の

第13章 地域経済の活性化と北海道の観光戦略—アイヌ文化を中心に— 249

整備に関する施策」と定義されている。

　アイヌが民族としての誇りを持って生活する上で，本法律は「アイヌにおいて継承されてきた儀式の実施その他のアイヌ文化の振興等に利用するための林産物を国有林野（国有林野の管理経営に関する法律（昭和二十六年法律第二百四十六号）第二条第一項に規定する国有林野をいう。第十六条第一項において同じ。）において採取する事業」が認められ，さらには「アイヌにおいて継承されてきた儀式若しくは漁法（以下この項において「儀式等」という。）の保存若しくは継承又は儀式等に関する知識の普及及び啓発に利用するためのさけを内水面（漁業法（昭和二十四年法律第二百六十七号）第八条第三項に規定する内水面をいう。）において採捕する事業」が認められた。

　かつての伝統的なアイヌ社会は，狩猟や採集，漁労が主な生業であった。簡単な農耕も行われていたが，主生業となるものではなかった。そして，その主生業の形態から，伝統的な集落（コタン）は主に海岸や川筋に形成されており，そのコタンが有する「共有の漁猟空間」において生業活動が展開されていた。この伝統的な「集落共有の漁猟空間」をイオルと呼ぶ。

　イオルという伝統的な漁猟空間については，1996年4月，内閣官房長官の諮問機関「ウタリ対策のあり方に関する有識者懇談会」の報告書から出された施策の1つとして，アイヌ文化の総合的な伝承を図る空間としての「イオル（伝統的生活空間）の再生」が提言されている。この「イオルの再生」は，その後，アイヌ関係者や有識者，国の主催する会議等で検討され，2005年7月，「アイヌ文化振興等施策推進会議」において，「アイヌの伝統的生活空間の再生に関する基本構想」として取りまとめられた。この基本構想では，アイヌによる伝承活動の拠点となる地域では，個別の文化伝承活動を実践していく上で必要とされる自然素材を確保できるような自然空間の再生と整備が必要であることが提唱された。

　そして，北海道南西部の白老町がその1つとして位置付けられ，さらに2020年には「民族共生象徴空間」が同町のポロト湖畔に整備されることとなった。白老町は，18世紀の文献にも「シラヲイ」と登場するなど，アイヌのコタンが古くから存在した地域である。白老町にアイヌが移住してきたのは

1600 年代から 1700 年代だと考えられており，新井白石の『蝦夷志（1720年)』には「シラヲイ」の地名が記録されている。1984 年には民俗資料常設展示施設として「アイヌ民族博物館」が開館し，同年には登録博物館となり，以降，アイヌ民族に関わる有形・無形の資料を専門的に展示・保存し，研究および教育における普及活動を行う社会教育施設としての役割を果たしていた。「アイヌ民族博物館」は入場者数のピーク時には年間 87 万人（1991年度）を誇るなど，白老町の観光振興においても大きな役割を担っており，2018 年に閉館するまで 1,871 万人以上の来客があった。

　この白老町は，イオル再生事業においても中核的イオル（中心的な役割をするイオル）として，各種文化保全に関わる事業を実施してきた。白老以外にも十勝，釧路，旭川，札幌，静内，平取の 7 地域がイオル再生事業の候補地となり，2002 年には白老，2008 年には平取が中核イオルの 1 つとして整備された。

　さて，2007 年 9 月，国連総会において「先住民族の権利に関する国際連合宣言」が採択され，翌 2008 年 6 月に衆議院および参議院において「アイヌ民族を先住民族とすることを決める決議」が採択されると，同年 7 月には内閣官房長官の要請により「アイヌ政策のあり方に関する有識者懇談会」が設置される。この懇談会では「アイヌの歴史や先住民族としての意義，アイヌ政策の新たな理念及び具体的政策の在り方について」の検討が行われた結果，アイヌの伝統的な生活空間を再生するためには「民族共生の象徴となる空間の整備」が必要であると報告された。この報告書の提言により，内閣官房長官を座長とする「アイヌ政策推進会議」が開催され，アイヌ委員を含む委員 14 名によるアイヌ政策推進の協議が始まった。

　アイヌ政策推進会議では，「民族共生の象徴となる空間」と「北海道外アイヌの生活実態調査」の 2 つの作業部会が設置され，課題についての検討がそれぞれ行われた。

　「民族共生の象徴となる空間」に関する検討会は 2010 年 3 月より開催され，イオルの再生事業と象徴空間の取り組みとの役割分担を明確にし，有機的に連携することが確認された。翌 2011 年 8 月からは「政策推進作業部会」として「国民理解を促進するための活動（戦略的広報）」についての検討も行われてい

第13章　地域経済の活性化と北海道の観光戦略—アイヌ文化を中心に—　251

る。そして2014年7月，「民族共生の象徴となる空間」が北海道白老町ポロト湖畔を中心とする地域に整備されることが決定された。

　この「民族共生の象徴となる空間」の役割は，「アイヌ文化復興等に関するナショナルセンターとして，アイヌの歴史，文化等に関する国民各層の幅広い理解の促進を図るとともに，将来へ向けてアイヌ文化の継承をより確実なものとし，新たなアイヌ文化の創造及び発展に繋げていく」ことが期待されている。さらに「過去・現在・未来を通じた複合的意義を有する空間」となることが要請されており，2020年4月24日に一般公開されることが決定した。

　なお，「民族共生の象徴となる空間」の主な施設としては，先住民族アイヌを主題とした日本初の国立博物館である「国立アイヌ民族博物館」，古式演舞の公演や多様な体験プログラムを通じてアイヌ文化が体感できる体験型フィールドミュージアムである「国立民族共生公園」，アイヌによる尊厳ある慰霊を実現するための施設である「慰霊施設」が整備される。また，この民族共生の象徴となる空間は，「ウポポイ」（アイヌ語でおおぜいで歌うこと）という愛称に決定した。愛称選考にあたっては，学識経験者やアイヌ文化伝承者等から構成される「愛称等選考委員会」において提案された候補のうち最終選考に残った3つの案を，全国より投票を募り決定された。他の候補は「ウヌカリ（互いに会うこと）」，「ウタルニ（人々がいる所）」であった。

　一方，2011年8月の政策推進作業部会においては，「アイヌ」についての国民理解の現状についても検討されている。「国民理解を促進するための活動（戦略的広報）について」の報告書によると，多くの国民が示すアイヌに対する理解においては，「北海道に古くから住んでいることは知られているものの，歴史や文化等に対する知識は漠然としている」と指摘している。また，「北海道内でもアイヌの歴史や文化等の背景，現状について必ずしも深い理解に至っていない」とも指摘している。

　そのような現状を踏まえ，今後の普及活動において以下の2つの目標が設定された。

　①　日本の先住民族の文化として，アイヌ文化に親しみを持ってもらう。
　　　（認知から興味・関心へ）

② アイヌの歴史や文化を理解し，アイヌ文化の伝承や普及啓発の取組を応援してもらう。（興味・関心から理解へ）

この普及活動における目標では，アイヌに対する認知や理解の度合いに応じて，「認知」から「興味・関心」段階の層には「入り口」「広く伝わる」普及啓発手段を，「興味・関心」から「理解」段階の層には「受け皿」「深く伝わる」普及啓発手段を活用し，アイヌの歴史，文化等に対する国民の「認知」を「興味・関心」から「理解」へと深めていくための方策を検討する必要がある」と指摘している。

アイヌ文化に親しみを持ってもらうためには，「観光」や「マスメディア」を活用することも検討されている。戦略的な広報としては，観光を最も重要な文化交流手段として位置付け，さまざまな情報発信が検討されている。中でも，積極的にアイヌ語を用いることと，伝統的な食文化に触れることの取り組みを進めることが指摘されている。その象徴的な取り組みの１つとして，アイヌ語の挨拶言葉である「イランカラプテ」を北海道のおもてなしのキャッチフレーズとし，公共の場や観光地などでキャンペーン的に展開することが検討された。また，マスメディアについては，恒常的な活用が難しい媒体であると認識しながらも，関係団体等が協力して話題性のある素材を提供しながら「きっかけづくり」に取り組む必要があると指摘している。そこには，アイヌを題材とした映画，ドラマ，アニメによる露出拡大についても掲げている。

このような戦略的な広報が展開される中，2013年から2015年の３年間を重点期間とした「イランカラプテキャンペーン」が始まった。キャンペーンの推進は，国，自治体等，学術機関，アイヌ関係団体により構成された「イランカラプテ」キャンペーン推進協議会が担い，民間企業や一般の人々への理解，協力を求める「サポーター募集」などを展開している。

また，2014年８月から『週刊ヤングジャンプ』（集英社）にてアイヌを題材とした漫画の連載が始まった。この『ゴールデンカムイ』（野田サトル／集英社）は，明治時代末期の北海道と樺太を舞台に，アイヌの少女アシリパが主人公の１人として活躍する冒険漫画である。2018年には第22回手塚治虫文化賞マン

第13章　地域経済の活性化と北海道の観光戦略—アイヌ文化を中心に—　253

ガ大賞（朝日新聞社）に受賞された人気漫画であり，同年には TOKYO MX などでテレビアニメが放送された。

　『ゴールデンカムイ』は，中川裕千葉大学教授がアイヌ語監修をしていることなどもあり，アイヌの文化や風習が非常に丁寧に描写されている。この『ゴールデンカムイ』を観光コンテンツとして，北海道ではさまざまな取り組みが行われた。公益社団法人北海道観光振興機構は，「北海道はゴールデンカムイを応援しています。」というキャッチコピーの元，登場人物の AR（拡張現実）を獲得できるスタンプラリーを展開した。スタンプラリーは，スマートフォンアプリ「舞台めぐり」[1) を活用したもので，2018 年 8 月 19 日～翌 3 月31 日までの第 1 弾では，北海道内の観光スポットを 11 カ所巡るスタンプラリーが用意されていた。第 2 弾は 2019 年 4 月 27 日から 2020 年 3 月 31 日まで開催されている。

　そのほかにも，2018 年 12 月 20 日～3 月 30 日までの期間限定プランとして，近畿日本ツーリストによる『ゴールデンカムイ』とのコラボレーション企画「北海道オリジナルグッズ付き宿泊プラン」が販売された。いわゆるアニメツーリズムにおいて「アイヌ」をコンテンツとして展開している点は，アイヌ文化に親しみを持ってもらうこと，そしてアイヌ文化を理解し，その取り組みを応援してもらうという「戦略的広報」においても，大いに追い風になっている。さらに，2019 年 7 月 15 日（北海道では同年 6 月 7 日）には，松本潤主演の『永遠のニシパ　北海道と名付けた男　松浦武四郎』が放送される。これはNHK 放送制作の北海道 150 年を記念したドラマで，江戸時代末期に蝦夷地の山や川などの膨大なアイヌ語地名を記録し，詳細な地図を残した松浦武四郎を描いたテレビドラマである。北海道では先行放送として 6 月 7 日，全国放送より一足早く放送された。また，2019 年 3 月には，札幌市営地下鉄南北線さっぽろ駅構内に，「アイヌ文化を発信する空間」（愛称：ミナパ）が開設された。ここでは，アイヌの民族文化に関するクイズや関連施設を検索できるタッチパネルなどがあり，またアイヌの伝統的な生活を再現したコンピュータグラフィックス映像も上映されている。大きく翼を広げたシマフクロウのオブジェが目立つこの空間は，「興味・関心」への入り口とも考えられる。

このような観光やマスメディアを活用したアイヌへの理解を深める取り組みが展開される中，アイヌ文化のナショナルセンターの役割を担う「ウポポイ」が白老町の「民族共生の象徴となる空間」に開設される。この「ウポポイ」は，北海道の観光振興にも期待されており，年間来場者数100万人を目標としている。

現在，このようにアイヌに対する新しい潮流が生まれてくる中で，アイヌに対する理解を深めるには，その本質的な文化要素を知る必要もあるだろう。アイヌという言葉が，カムイに対する相対的な意味としての「人間」を表すように，カムイという概念やその世界観を知ることは，アイヌの民族文化を深く理解することにつながる。そこで次項では，アイヌが「世界」をどのように捉えているのかを考えていく。

3 カムイと川上方位観

アイヌの民族文化を深く理解するためには，その世界観を理解する必要がある。アイヌの伝統的な世界観を考察する場合，それを現実世界に表出する文化要素は多数存在するが，本論では「民俗方位」という概念をもって捉えていくこととする。民俗方位とは，方位磁石などで示されるような一般化された方位ではなく，ある共通の文化的背景を持つ集団，あるいは限定された地域や社会において通用する方位概念のことである。この民俗方位を考える上で重要な点は，それが現実空間における地形や環境を認識するためだけに認識されるのではなく，超自然的存在を内包するような「世界観」を構成する要素として認識される点にある。それゆえに，民俗方位が示す方位的原理を明らかにすることは，その文化における「世界観」を把握する一助となるといえよう。

アイヌの方位観を考える上では，川上方位と太陽方位という2つの異なる方位的原理がその世界観を表出させている。本論では，この2つの方位的原理が示すアイヌの世界観について考察していくこととする。

まずは，川上方位の原理について考えていこう。現実の世界において，川上方位を示す要素の1つとして，アイヌの「住居（チセ）」に設けられた特別な

第13章　地域経済の活性化と北海道の観光戦略―アイヌ文化を中心に―　255

窓,「神窓（カムイプヤラ／ロルンプヤル）」を取り上げる。

　アイヌ住居は，一般的には母屋（チセ）と納屋（セム）からなっており，その室内構造もほぼ一定している。母屋（チセ）のほぼ中央には炉（アペオイ）が切られ，三方あるいは四方が炉縁で囲われている。その炉を取り囲むようにして，母屋入口から左手に主人夫婦の座（シソ），右手は客座（ハリキソ），正面奥には神聖な上座（ロルンソ）というように厳格に座席が規制されている（図表13－1を参照）。

図表13－1　アイヌ住居平面図（日高沙川筋部落）

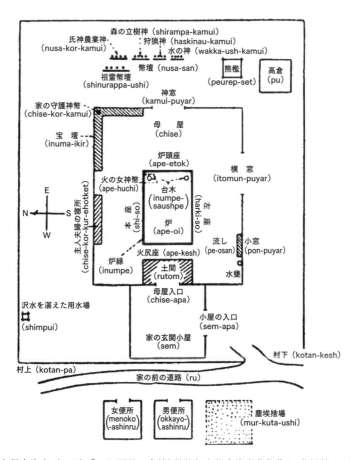

出所：久保寺逸彦（2001）『アイヌ民族の宗教と儀礼』久保寺逸彦著作集1, 草風館, 332頁より。

シソはその家の主人夫婦の仕事場でもあり，その付近で就寝した。寝る際には上座に頭を向けるようにし，この方向に足を向けて寝るということはカムイに対して不敬にあたるとされていた。

上座であるロルンソは，「神々がロルンプヤルから家の中へ出入りする時の通り道として考えられていたため，神聖な場所として扱われ」（金田一 1993a：133），クマの霊送り儀礼（イオマンテ）などの儀礼・信仰の場であった。そのロルンソの左手奥には，炉の神様であるアペフチカムイの「夫神といわれるチセコロカムイ（家神）がまつられ，宝壇と呼ばれるシントコ（行器），パチ（鉢），ツーキ（高盃），イトヌップ（片口），エムシ（飾刀）等大祭に使う道具が置かれる」（アイヌ文化保存対策協議会編 1970：181）という。

母屋の中心となる炉（アペオイ）は，現実生活とともに信仰の上でも欠かすことのできない場所であった。家の中の炉は火の神（アペ・フチ，アペ・カムイ）が座る場所であり，「燃えている火そのものが火の神の魂（ラマッ）の表れである」（山田 1996：105）と考えられていた。そして，この炉の火は絶やさないことを非常に大切にしていた。夜間には「火の神がお休みになっている」（山田 1996：105）として，熾火には灰をかぶせ，翌朝までは保たせていた。実際に炉による地面の加熱は，土間面を温める効果もあり，物質的な側面においても欠かすことはできないわけであり，だからこそ文化的側面においても大事な要素なのである。

そしてこの炉の奥，家屋の最奥部には，神聖な上座の窓である「神窓（ロルンプヤラ，カムイプヤラ）」が開いており，さらにその先の屋外には「祭壇（ヌササン，イナウサン）」が設けられている。アイヌ住居においては，この家屋施設における「炉−神窓−祭壇」と連なる直線的空間は，イオマンテなどが行われる重要な祭祀空間とみなされている。

神窓が特別に神聖視される理由としては，カムイが出入りする特別な窓であるという点があげられ，「とくに外からこの窓を通して家の中をのぞくことは，神に対して不敬にあたるとして忌み嫌い，儀式など特別なとき以外，決してしてはいけないこと」（内田 1989：122-123）であるとタブー視されていた。この神窓の性質については，知里真志保の報告に詳しいのでここに引用しておく。

第13章 地域経済の活性化と北海道の観光戦略—アイヌ文化を中心に— 257

「東の窓は非常に神聖な所とされ，うっかりそこから覗きこんだりしようものなら，厳
重な抗議を申込まれ，賠償金を出して謝罪しなければならない破目に陥るのである。そ
れはここがカムイ・クシ・プヤル（kamuy-kus-puyar「神の・通る・窓」）と呼ばれ，
アイヌの家の表玄関に当たる大事な所だからである。山から熊を取って来れば，死体は
この窓から入れる。するとその死体の耳と耳との間に坐っていた熊の神の霊が，炉ばた
に出て来て貴賓席に就き，火の神や家の神と祭が終わるまで歓談するのである。この窓
が表玄関であればこそ，炉の北側が右座と呼ばれ，南側が左座と呼ばれるのである」
（知里　1973：228-229）。

　以上のように，神窓はアイヌの信仰上重要な窓として位置付けられている。
そして，この神窓の機能については，「クマ送り儀礼（イオマンテ）」によって顕
在化されている。
　イオマンテとは，端的にいうのであれば「人間の世界（アイヌ・モシリ）」に
訪れてきたクマの神を「神の世界（カムイ・モシリ）」に送り返すという儀礼で
ある。イオマンテを観念的に捉えるならば，それは肉や毛皮といった「土産
物」を身にまとって「人間の世界」に訪れたクマの神をもてなすための儀礼で
あり，「人間の世界」を訪れたことへの感謝と再び「人間の世界」へと訪れる
ことを願う再生の儀礼である。一方，物質的側面を見ると，儀礼の実際的過程
において，殺害され解体されたクマの肉体は，必ず「神窓」を通して出入りさ
せられる。また，儀礼の最終段階では，やはり「神窓」から搬出されたクマの
頭骨が，屋外の「祭壇」に安置される。これは物理的には儀礼の終焉が近いこ
とを意味すると同時に，観念的にはその頭骨の耳と耳の間に座していると考え
られているクマの神の霊魂が「神の世界」へと旅立つ準備ができたことを意味
するのである。
　また，ユーカラ[2]などの伝承文学からも「神窓」の機能はうかがえる。例
えば，胆振地方で採録されたカムイ・ユーカラには，以下のように「神窓」を
介したアイヌとカムイとの関係が描かれている。

「二日三日たった時，窓の方に何か見える様だ。それで振り返って見て見ると，東の窓
の上にかねの盃にあふれる程酒がはいっていて，その上に御幣を取りつけた酒箸（人間

の代理をつとめる箸）が載っていて，行きつ戻りつ，使者としての口上を述べて言うには，「私はオタシュツ村の人で畏れ多い事ながらおみきを差し上げます」とオタシュツ村の村長が，村民一同を代表して私に礼を述べる次第をくわしく話し，「トミンカリクル　カムイカリクル　イソヤンケクル大神様，勇ましい神様でなくて誰が，この様に私たちの村に飢饉があって，もう，どうにも仕様がない程食物に窮している時に，哀れんで下されましょう。私たちの村に生命を与えて下さいました事，誠に有難う御座います。海幸をよろこび，少しの酒を作りまして，小さな幣（イナウ）を添え，大神様に謝礼申し上げる次第であります」ということを，幣つきの酒箸が行きつ戻りつ申し立てた」（稲田・小澤　1989：3-4）。

　上記のカムイ・ユーカラは，「海の神が自ら歌った謡〈アトイカ　トマトマキ　クントテアシ　フム　フム！〉」の1節である。海の神とはシャチのことであり，ここでは「人間の世界」が飢饉に陥った際に，シャチ神が食べ物としてのクジラをもたらしてくれたことに対する感謝の儀礼が描写されている。ここで登場する「東の窓」とは「神窓」のことであるが，つまり，シャチ神の住居における「神窓」に映し出された酒箸[3]は，「神窓」を通してアイヌがシャチの神に感謝の意を表していることを描写しているのである。人間の代弁者である酒箸はアイヌ・モシリに属しているのだが，アイヌ・モシリとカムイ・モシリという異空間の連結装置とでもいうべき「神窓」の働きによって，カムイ・モシリの住人であるシャチ神との交信を直接的に行うことができたのである。このように「神窓」は，現実世界と超自然的世界とを観念的にも空間的にも結び付けていると考えることができるのである。
　このように，アイヌ住居において，屋内の炉，神窓，屋外の祭壇へと連なる空間は神聖な祭祀空間として認識されてきた。そして，より重要な点は，集落（コタン）の各家が，1つの方位的規則性を持って建てられているという点である。アイヌ住居の建築様式は比較的画一的であり，特に「炉－神窓－祭壇」の関係性は直列的な配置を示すのである。そして，住居建立にあたっては，「神窓」を向ける方位が重要事項であるとされている（内田　1989：5）。
　アイヌの伝統的な集落内の住居は一定方向に向いて建てられているという。それは，「神窓」が一定の方位を示しているからであり，その「神窓」の向け

第13章　地域経済の活性化と北海道の観光戦略—アイヌ文化を中心に—　259

られた方位的原理は，「送り儀礼」などで送られるカムイの住むカムイ・モシリが存在すると考えられているからである。それゆえに，この「炉－神窓－祭壇」という祭祀空間は，日常生活においても超自然的な存在であるカムイを意識する場として神聖視されていたのである。言い換えるのであれば，この祭祀空間は，現実的空間に属している一方で，超自然的な空間であるカムイ・モシリと現世であるアイヌ・モシリとの観念的連続性を表象する空間としての重要な役割を担っていたのである。

　このように「神窓」の方位規制には，観念的には「カムイの住む方位」に向けられていることが考えられるのだが，現実的な空間における方位的原理としては，「川の上流」という原理が働いていると考えられている。

　川上方位を示す神窓の意義は，川の上流，あるいはその源となる高山の頂にカムイ・モシリが存在するという観念を表出していたという点にある。このことは渡辺仁の唱える「川上聖山信仰」という概念が的確に表現している。

　渡辺は，「アイヌ文化を支える屋台骨或は大黒柱ともいうべき文化要素」（渡辺　1972：48）をクマ送り儀礼とみなし，そのクマ送り儀礼を中心とした若干の文化要素の集合体である「クマ祭文化複合体」をアイヌ文化の代表的文化要素群と定義した。

　アイヌの世界観においては，炉に住む火の神（アペ・カムイ）は他の神々との仲介役を担う神と認識されてきた。アイヌの儀礼のほとんどは，炉辺における「火の神」への儀礼からはじまるという。そして神窓は観念的には「火の神が屋外に住む他のkamuyとの交渉に用いる通路」（渡辺　1990：238）であり，現実的にはクマ送り儀礼においてクマの頭骨の出入口として用いられる窓なのである。もちろん，その真意は「クマのkamuyがその家の火のkamuyを頼りにその家のアイヌを訪れたことを意味する」（渡辺　1990：238）のである。そして，渡辺はアイヌの生業活動のすべてはカムイとの交渉を意味するものであり，それゆえに儀礼の中心となる「炉－神窓－屋外祭壇」という施設を有する住居は「儀礼の本拠乃至センター」（渡辺1990：238）であったとも述べている。

　このように，アイヌの世界観を如実に表す「神窓」には，カムイの存在を体現的に表す文化要素であるために，現実世界におけるカムイであるクマが住む

方位，すなわち山の頂の方向を示す川の上流方向という規則性が発生するのである。渡辺の唱える「川上聖山信仰」は，クマの神（キムンカムイ）という超自然的存在との関係性を示すものであると同時に，それはクマという動物との関係性を示すものでもある。

川上に向けられていた神窓の方位は，「彼等の重要な Kamuy が彼等の住む川筋の川上に住むという信仰」（渡辺　1990：238）を象徴する物質的文化要素であった。もちろん，ここでいう「Kamuy」とは「クマ」のことであり，アイヌの世界観においては最重要視される「クマの神（キムウンカムイ）」が住んでいると考えられる山岳に神窓が向けられるのである。そして，渡辺は，そのキムウンカムイが住む「聖なる山」こそが神の世界（カムイ・モシリ）であると論じ，「神窓の方位＝川上聖山信仰の具現化」という方程式を成り立たせたのである（渡辺　1990：237-302）。

さらに渡辺は，この川上聖山信仰は，アイヌとクマの神との社会的連帯性を象徴する文化要素でもあったと述べ，クマ送り儀礼に参加する構成員とその儀礼対象となるクマの関係についても言及している。つまり，「クマの一族とアイヌの父系血縁集団（シネエカシイキル即ち同一イトクパ共有男子集団）との関連性は，さらに川上聖山信仰を通じて土地（川筋）と密接不離の関係にある」（渡辺　1990：263）とし，「その kamuy を代表するのが，川筋の奥の聖山に鎮座するクマの大王（metotusi kamuy, kimerok kamuy）であり，それとシネ・イトクパ集団の連帯関係を象徴するのが彼等のクマ送り儀礼である」（渡辺　1990：263-264）と論じている。この渡辺の指摘する川筋を基準としたカムイとアイヌの社会的連帯関係は，泉靖一の報告するイオル（生活領域圏）と他界の関係（泉　1972）との類似性を指摘できる点で興味深い。この点については後述する。

このように，他でもなく「クマ」という動物を最重要神と位置づけ，その現実の居住域である山岳方向に神窓を向けるという事実は，クマが山岳を象徴する存在として認識されていたという点にある。

第13章　地域経済の活性化と北海道の観光戦略—アイヌ文化を中心に—　261

4　他界の方位

　このようなカムイの住む領域を示す「川上方位」という民俗方位が認められる一方で，「東」方位で語られる世界観も存在する。いわゆるアイヌの「他界」に対する考え方においては，「東」と「西」の方位観が報告されている。この「東」と「西」とは，方位磁石が表す方位ではなく，太陽の運行経路を方位的原理とする太陽方位のことであり，その太陽の運行経路に合わせて，アイヌ・モシリとカムイ・モシリとの関連性が語られてきたのである。アイヌの世界観にあっては，人間が死後に赴く世界である「あの世」の認識においても，「カムイ」との関係で捉えられてきた[4]。

　金田一京助によれば，「人間も死ねば神になる」（金田一　1993a：247）という。そして「人間の死後に行く神国は地下の国と考えられている」（金田一　1993a：117）ことから，死者の世界は地下にあると同時に，そこは神性を帯びた世界であるとも意識されていたのである。それはすなわち，他界とは「神の世界」でもあることを意味するのである。

　さて，方位観からアイヌの他界の空間的配置を捉えた場合，「太陽の沈む西方」というのが一般的な認識であった。その方位観が示す意義とは，太陽が昇る「東」は神や生を象徴する方位であり，太陽の沈む「西」は死者や死を象徴する方位であるという点である（松居　1993：48）。そして，この認識は，アイヌの伝承の1つである「神伝（カムイ・オイナ）」（金田一　1993b）においても意識されている観念である。例えばカムイ・オイナの一節には，「甦る死霊は此国土の東に　音を飛ばし」（金田一　1993b：76），「全く　死にきたる神は　真西の下へ　音ひくく　沈みゆき」（金田一　1993b：76）という表現が登場する。すなわち，ここで示されている方位観では，「東」は再生可能な世界であり，それゆえに「生」を象徴する世界として認識されていたこと，そしてその対極に位置する「西」は再生不可能な世界であり，「死」を象徴する世界として認識されていたことがわかるのである。また，神謡「フーリ鳥の自叙」（久保寺1977）では，怪鳥フーリが追いやられる追放の世界は「moshit chup-poki（モシ

リ・チュプポク）＝国土の西の果て」（久保寺 1977：303）であり，これも太陽方位が方位的原理となってその世界を構成していることがわかる。

　そして，この太陽方位と他界との方位的関係性が具現化される物質的要素として，「埋葬頭位」が考えられる。埋葬頭位とは，人間が墓地に埋葬されるにあたって示される頭部の方向のことであり，そこに表れる規則的な頭位規制は，その他界観を表出する一要素として認識されてきた。アイヌの一般的な埋葬形態は「東頭位仰向け伸展葬」であるといわれており，その「東頭位」[5]という単一的方位規則によって表出されるのは，太陽の運行経路が他界との空間的関連性を示すという観念である。

　実際に，1956年の日高静内町におけるアイヌ共同墓地の発掘調査において出土した数十体の埋葬頭位は「東」を示し，同じく墓穴の長軸方向もほぼ磁石上の東西を示していたという（藤本 1971：91-92）。ところが，東頭位と他界の関係性については，異論も唱えられている。その1つが，林謙作が指摘する「あの世への入口（アフン・ルパロ）」との関係性についてである。林は，アイヌの死生観や他界訪問譚などの伝承を分析し，洞窟などに顕現されるあの世の入口を，現世と他界の境界域としての機能が具現化された物質的要素と捉えた。そして，埋葬という現実的行為においては，観念的な世界である他界の空間的な位置付けを意識することよりも，実在する「あの世の入口」の存在がより重要であったのだと主張する。すなわち，埋葬頭位における方位的規制の本来的意義は他界の方位にあったのではなく，「あの世の入口」として顕現される洞窟を指針として方位が決定されていたのではないかとの見解を示している（林 1977：8-22）。

　そこで，アイヌの墓に関する発掘調査データを分析すると，その多くの埋葬頭位は，南東方位を筆頭に，東南東，東，北東を示すという結果を得ることができ，民族学的データによって示されてきたアイヌの埋葬頭位における「東頭位」という方位が主流であったということが推測できる[6]。しかし，その一方で，埋葬頭位が西向き（根室幌茂尻）や北向き（石狩地方）などの事例も報告されている。この「東」以外を向く埋葬頭位が表出する方位的原理に関しては，例えばあの世の入口（林 1977）や，発掘調査の報告における河川流路（田中

第13章　地域経済の活性化と北海道の観光戦略―アイヌ文化を中心に―　263

1997）との関係性が考えられている。実際に，岡田淳子（岡田　2000）が報告する道南西部余市町の事例では，埋葬頭位の方位的規制については，太陽（東）ではなく，「あの世の入口」との関連性が指摘されている。また，河川流路と他界の方位的関係性については，渡辺仁の提唱する川上聖山信仰（渡辺　1990）を想起させ，藤村久和（藤村　1995）のいう他界へ赴く山上への道筋という観念との関連性も指摘することができるのである。埋葬頭位を規定する方位的原理となるものは，太陽方位のみだけではなく，「あの世への入口」とされる洞窟の方位や，「河川流路」にもその要素を考えることができる。

　以上のように，アイヌの世界観について，特に〈神窓方位〉と〈埋葬頭位〉という物質的要素に表象される方位観について検討してきたわけだが，その方位的原理においては，おもに川上方位と太陽方位という2つの基準による解釈がなされてきた。

　民俗方位とは，単に地形や空間を把握するためだけに方位を認識するのではなく，世界観を構成する一要素であるという点を考慮しなくてはならない。それゆえに，方位観を独立した単独の文化要素として抽出してしまっては，その世界観を捉える上で不十分であるといえる。

　そこで，神窓方位と埋葬頭位が示した河川流路を方位的原理とした方位観を，単なる地理学的な側面だけではなく，生活圏における河川流路として，すなわち，そこに生活しているアイヌの社会的側面にも目を向け，その世界観を統合的に把握する必要がある。

　この点に関して，渡辺仁の指摘するシネ・イトクパ集団とクマ送り儀礼の関係性について言及してみたい。渡辺のいうシネ・イトクパ集団とは，同一の川筋の隣りあういくつかのローカルグループからなる一種の親族集団のことである。その集団の構成員の特徴は，共通の祖印＝エカシイトクパを持つことによって結び付けられているという。そしてエカシイトクパの重要な役割は，これが単なる血縁集団の系統出自を示すための標識として認識されているだけではなく，カムイに対する儀礼において欠かすことのできない「幣（イナウ）」に刻む印であるという点にあると指摘している。つまり，このエカシイトクパが刻まれたイナウがカムイに奉げられることによって，「その地（川筋）の神々と

その地の住人であるアイヌとの間に一体となった社会的連帯関係が設定される」（渡辺　1990：263-264）からであるという。

　この点に関して，N.G.マンローも同様の見解を示している。マンローもイオマンテの際に，イナウに刻まれたエカシイトクパの存在を報告しており，「儀式を行って「送られた」仔熊の先祖と，その仔熊を飼育して「熊送り」を行った長老の先祖は，何らかのきずなで結ばれていることが想像」（マンロー　2002：219）されると述べている。

　つまり，神窓が川上方位を示すのはカムイの領域を指向するためだけではなく，カムイとアイヌが，その生活領域（川筋を基準とした生業活動を営む領域）において社会的に結びつく関係にあると考えられるからである。だからこそ，神窓はカムイの住む川上方位に向けられるのであり，カムイとアイヌの社会的関係性を具現化する要素として認識されてきたと捉えることができるのである。

　一方，川上方位に向けられる埋葬頭位の文化的な意義はどうであろうか。これに対しては，泉靖一の報告を参考としたい。泉は，イオルという生活領域と他界との関係について言及している。イオル[7]とは，「分水嶺とその川筋の両側を画する山稜，および河口における海浜とによって区画された１つの領域」（泉　1972：61）のことであり，「このような領域は，その川筋の住民によって専有せられ，他の川筋の住民の無断の侵入は許されない」（泉　1972：61）種類のものであるという。

　このイオルという川筋を基準とする領域の概念は，渡辺のいうシネ・イトクパ集団の居住する地域に対応するものといえるだろう。そして，埋葬頭位との関係で注目したいのは，この領域的なイオルの地下に死者の世界が存在するという観念である。

> 「領域的な iwor，○○ -un-kur iwor の地下には，○○ -un-kur の黄泉の国（pokna-moshir）があると信じられている。死霊は墓標（kuwa, irura-kuwa, ash-ni chitomte-kuwa）と送り水（irura-wakka）に送られ，彼の住んでいた iwor のどこかにある黄泉下降孔（oman-ru-par）からその iwor の下にある黄泉の国へと下降する。沙流川のアイヌは Sar-un-kur iwor の地下に現世の Sar-un-kur iwor によく似た，彼岸の Sar-un-kur iwor があり，死後彼らは来世の Sar-un-kor iwor におもむくものと考えている」（泉　1972：62）。

第13章　地域経済の活性化と北海道の観光戦略—アイヌ文化を中心に—　265

　アイヌにおける他界の描写は，現世の投影的景観として描かれてきたことは
よく知られている。あるいは，他界の景観は現世の合せ鏡のように認識されて
きたともいえる。そして，そのような他界への入口として「黄泉下降孔（oman-
ru-par）」[8] という洞穴を泉は想定している。泉同様に，林謙作が「あの世の入
口＝アフン・ルパロ」と埋葬頭位の関係を示唆している（林　1977：16-22）が，
他界とイオルの関係性を考えるのであれば，むしろ河川流路という方位的原理
が埋葬頭位の方位観に影響を与えたという可能性も否定できない。それという
のは，「山の頂は，神様の住む世界であるという思想のほかに，死んだ者の霊
の行く世界であるという思想」（知里　1973：22）も存在するからである。

　知里真志保によれば，「山の上に神秘な沼があり，そこの岸辺には，人間の
使い捨てた器具や木幣や，死人と一緒に墓穴に納めた副葬品が，山と寄りあ
がっていた」（知里　1973：22）という伝説がある。つまり，河川の上流方向に
聳える山岳は，「聖山信仰」におけるカムイの属性とともに，他界の属性も認
められる領域と考えられていたのである。もっともこの他界は，「聖」と対立
するような概念を帯びているわけではない。金田一京助によれば，アイヌに
とっては死体そのものに対する恐怖心は強いが，死という現象に関してはそれ
ほどの恐れを感じてはいないという（金田一　1993a：247）。おそらくそれは，他
界が現世同様の景観として認識されていることからも理解できるのではない
か。つまり，死という現象は「他界」という別次元の世界への移行段階として
認識されているのであり，それゆえに他界とその住人に対する怖れの観念はみ
られないのであろう。そして，ここに「人間も死ねば神になる」（金田一
1993a：247）という観念の醸成を見出すことができるのである。

　アイヌには，カムイの真の姿は人間と同じ姿をしているという観念がある。
つまりそれは，「神は人間の世界を訪れるときだけ，臨時に動物その他の異類
の姿をかりるけれども，ふだんはその本国においては人間と同じ姿で，人間と
少しも変わらぬ生活を営んでいる」（知里　1973：232）という観念である。この
ような観念は，カムイと死者（祖先）の同一視性を生み出すのではないか。そ
れゆえに他界と聖山（カムイ・モシリ）の方位観に共通の原理が働いたと考える
ことはできないだろうか。

他界とは，生者と死者との二元論的世界観において構築された観念であり，聖山（カムイ・モシリ）は，アイヌとカムイという二元論的世界観によって構築されていた。そして，他界と聖山の方位的な相関性は，それぞれがイオルというアイヌの社会的生活領域と対をなす世界として投影された結果であると考えられるのである。そして，それぞれの超自然的な世界の一部は，埋葬頭位と神窓方位という文化要素を通して現実の世界に表出されていたのである。

5 おわりに

以上，アイヌの世界観について，民俗方位という視点から考察した。アイヌは北海道の先住民族として，独特の文化を育んできた。その文化の特徴は自然との共生であり，その自然の中にカムイを感じることにあった。

北海道においては各地でアイヌ文化を感じることができる。例えば，北海道各地の地名にはアイヌ語でつけられた地名も多い。札幌や知床などは，それぞれアイヌ語で「サッ・ポロ・ペッ（乾く・大きな・川）＝豊平川のアイヌ語原名」，「シリ・エトク（地山の・先）＝突端の岬」といったアイヌ語の意味がある。北海道各地にはこのようなアイヌ語地名が存在しており，その地形の特徴を表現していることが多い。そのため，その地名の由来を知ると，よりアイヌ文化を身近に感じることができるだろう。

「イランカラプテ」という言葉は，アイヌ語の「こんにちは」の意味である。しかし，単なる挨拶としてだけではなく，「あなたの心にそっと触れさせていただきます（故萱野茂元参議院議員）」という解釈でも知られている。この言葉が表現するのは，アイヌの「おもてなしの心」ともいえるだろう。最後にアイヌ文化を知り，その奥深さを体験できる地域を紹介したい。ぜひ，北海道で「イランカラプテ」を体感してはいかがだろうか。

第13章　地域経済の活性化と北海道の観光戦略―アイヌ文化を中心に―　267

図表13-2　アイヌ文化を体験できる施設

【注】

1）「舞台めぐり」とはソニーの関連企業である「ソニー企業」から公開されているスマートフォン用アプリ。アニメのロケ地巡り（聖地巡礼）を目的とした機能を持ち，ARカメラ機能が搭載されるなど，ファンにとってはアニメの世界観に入り込める要素のあるアプリである。

2）ユーカラとは，アイヌ口頭伝承の一般的呼称である。アイヌの口頭伝承には多種多様な内容と形式を持つ物語の他に，多彩な歌謡の類が多く存在しており，それぞれによって呼び方は異なる。アイヌ文化の特徴は「声の文化」ともいえる。文字を持たないアイヌ文化は，口頭による文化の伝達を行ってきた。

3）酒箸〈イクパスイ〉は，「アイヌの献酒作法において，主として狩猟に関係のある神祈に用いられる場合が多い」（名取，1985：128）儀礼用具であるという。アイヌは人間の代弁者としての機能が酒箸に備わっていると考えている。つまり，人間の祈り言葉は直接神々には伝わらない。また，いくら言葉を尽くしてもどうしても言い足りない部分や誤りがある。この言い足りない部分や言い誤りを補い，祈手の気持ちを神々へと伝えてくれる仲介者としての役割を担っているのが酒箸なのであるという（野本，2004：40-

41)。

4) 久保寺逸彦は，日高沙流川流域のアイヌの葬制を通じて，他界の空間的配置を地下世界にあると認識した。そして，アイヌの認識する地下世界とは忌避するような暗黒世界などではなく，現世同様に山河があり鳥獣魚介のいる光明ある世界として意識されていたという。死者はその地下世界において，現世と同じような生活を送るのである。このような他界観が意味するところは，アイヌにとっての「死」という現象は，肉体（物質的要素）との乖離によって，現世から他界という異空間へと移行する契機と認識されていたものと考えることができる。そして，他界における住人（死者）については，その性質が基本的には「聖」であるという点が特徴的であった。すなわち死後，死者はカムイとなると意識されている点である。

5) 松居によれば（松居：1993：51 - 2），埋葬頭位を東に向けるのは，霊魂が立ち上がったときに顔が西に向くためである。つまり霊魂は「西」に向かって真直ぐに歩き出せるという観念の表出として捉えることができるという。

6) 内山達也（2008）「アイヌ民族の世界観―神窓方位と埋葬頭位に表象される方位観及び世界観認識についての考察―」城西国際大学大学院より。

7) マンローによれば（マンロー，2002：223），イオルとは，それぞれの家族が専有権を持つ区域として割り当てられていた領域であり，その権利は父親からその長男へと継承される性質のものであったという。そして，「これらは明確に指定された狩猟の権利であり，川や海辺での漁労権であり，さらには矢毒を抽出するトリカブトの根を採集する権利」（マンロー，2002：223）でもあった。そして，「いかなるものでも，許可なくして他の〈コタン〉の〈イウォロ〉に入ることは許され」（マンロー，2002：223）ないことであったという。

8)「黄泉下降孔」とは，他界への入口と考えられている洞穴のことである。北海道各地にはアフン・ルパロ，あるいはアフンパルとも呼ばれる地名があり，そのような地には他界への訪問譚も多く残されている（知里，2000：138-183）。

参考文献

アイヌ政策のあり方に関する有識者懇談会（2009）『報告書』，2009年7月.

アイヌの伝統的空間の再生事業運営諮問委員会（2011）『アイヌの伝統的生活空間の再生事業の「新たな中期的展開方針」に関する報告書』，2011年5月.

アイヌ文化保存対策協議会編（1970）『アイヌ民族誌』第一法規出版.

新井白石・原田信男（2015）『蝦夷志　南島志』東洋文庫865，平凡社.

稲田浩二・小澤俊夫編（1989）『日本昔話通観』第1巻，北海道（アイヌ）同朋舎出版.

泉　靖一（1972）「沙流アイヌの地縁集団における IWOR」寺田和夫編代『泉靖一著作集2

第 13 章　地域経済の活性化と北海道の観光戦略—アイヌ文化を中心に—　269

フィールド・ワークの記録（2)』読売新聞社.

内田祐一（1989)「帯広・伏古におけるチセと付属施設について」『アイヌ民族博物館研究報告』第 2 号，財団法人アイヌ民族博物館.

岡田淳子（2000)「近世アイヌ墓の検証」『大塚初重先生頌寿記念考古学論集』東京堂出版.

金田一京助（1993a)『金田一京助全集第 12 巻　アイヌ文化・民俗学』三省堂.

金田一京助（1993b)「アイヌ聖典」『金田一京助全集第 11 巻　アイヌ文学 V』三省堂.

久保寺逸彦（1977)『アイヌ叙事詩　神謡・聖伝の研究』岩波書店.

久保寺逸彦（2001)『アイヌ民族の宗教と儀礼』久保寺逸彦著作集 1，草風館.

田中哲郎（1997)「近世アイヌ墓について」『平取町オパウシナイ 1 遺跡——一般国道 237 号平取町平取バイパス新設工事に伴う埋蔵文化財発掘調査報告書—』平取教育委員会.

知里真志保（1973)『知里真志保著作集 3　生活誌・民族学編』平凡社.

知里真志保（2000)『和人は舟を食う』北海道出版企画センター.

名取武光（1985)『アイヌの花矢と有翼酒箸』六興出版.

藤本英夫（1971)『北の墓』学生社.

林　謙作（1977)「御殿山墳墓群，埋葬頭位ヲ論シ併セテあいぬ族ノ他界観ニ及フ」『北方文化研究第 11 号』北海道大学文学部付属北方文化研究施設.

藤村久和（1995)『アイヌ，神々と生きる人々』小学館ライブラリー 67，小学館.

松居　友（1993)『火の神（アペフチカムイ）の懐にて：ある古老が語ったアイヌのコスモロジー』洋泉社.

山田孝子（1996)「アイヌの火の神について」『国際日本文化センター共同研究報告　日本文化の深層と沖縄』日文叢書 12（山折哲雄編)，国際日本文化研究センター.

渡辺　仁（1972)「アイヌ文化の成立　民族・歴史・考古諸学の合流点」『考古学雑誌』第 58 巻第 3 号，日本考古学会.

山田秀三（1995)『アイヌ語地名の研究　第一巻』草風館.

渡辺　仁（1990)「北方狩猟採集民の聖山信仰」小谷凱宣編『北方文化に関する比較研究』名古屋大学教養部.

N.G. マンロー・B.Z. セリグマン（編)，小松哲郎（訳)（2002)『アイヌの信仰とその儀式』国書刊行会.

索　引

A－Z

B級グルメ･････････････････････････161

IR ･････････････････････････113，117

ISO20121：2012（イベントの持続可能性に
関するマネジメントシステム）････････132

JR北海道･････････････････････････237

LCC･････････････････････････････10

MICE ･････････････69，70，100，139

PDCA ･････････････････････････192

PRIME観光都市・東京 ････････････138

pull要因････････････････････････173

push要因････････････････････････173

SDGs ･････････････････････････165

SEAプロジェクト ･･････････････････81

ア

アイヌ ･････････････････････････247

　　　───新法･･･････････････････247

アクセス性･･･････････････････････157

アジア・ゲートウェイ ･･･････････････31

あったか高知観光条例････････････････77

アニメーション ･･･････････････････160

アメニティ ･･･････････････････････157

アンケート調査･･･････････････････175

イオマンテ ･･････････････････････248

イオル ･････････････････････････249

イランカラプテ ･･････････････････252

入込客数 ･････････････････････64，66

インバウンド･････････････････････230

　　　───推進委員会 ･･･････････････10

ウ

ウポポイ（民族共生象徴空間）･･････････230

エコツーリズム ･･････････････････44，216

大阪・関西万博･･･････････････1，117，118

沖縄科学技術大学院大学 ･････････････31

オーバーツーリズム ･････････････････166

オリンピック・アジェンダ2020･･････････131

カ

外部不経済 ･･････････････････････74

核心地域 ･･･････････････････････214

ガストロノミー・ツーリズム ･････････162

神窓 ･･･････････････････････････255

カムイ ･････････････････････････248

　　　───・モシリ･･･････････････259

川上方位 ･･･････････････････････254

環境省 ･････････････････････････214

観光入込客数･･･････････････････49，170

観光入込客統計･･････････････････49

観光インフラ ･････････････････････71

観光公害･･････････････････････123，166

観光再生おもてなしプログラム ･･･････56

観光産業･･･････････････････････47

観光資源･･･････････････････････157

観光消費額･････････････････････51，199

観光消費関数 ････････････････････54

観光政策･･･････････････････････56，213

観光地点 ･･････････････････････64

観光動機 ･･････････････････････172

観光ニーズ ･････････････････････173

観光文化 ･･････････････････････97

観光まちづくり･･･････････････････92

観光誘因 71
観光立国推進基本計画 1, 76
観光立国推進基本法 76
緩衝地域 214
企画・ど久礼もん企業組合 82
郷土料理 161
空港の民営化 236
クルーズ船 35
黒潮町 88
限界集落 75
県民可処分所得 54
高知県産業振興計画 78
交通需要マネジメント（TDM） 134
国際観光特区 31
国際観光旅客税 20
国際競争拠点都市整備事業 138
国連世界観光機関（UNWTO） 1
個人旅行（FIT） 238
コスプレ 160
国家戦略特区 31, 129
コト消費 98
ゴールデンルート 2, 108, 110
コンテンツ・ツーリズム 160
コンパクトシティ 71

サ

サブカルチャー 160
持続可能性 132
　　　———進捗状況報告書 133
持続可能な開発目標 165
持続可能な調達 147
自治体間連携 70, 71
指定ルート 240
シーニックカフェ 243
シーニックデッキ 243
シーニックドライブマップ 243

シーニックバイウェイ支援センター 244
シーニックバイウェイ北海道 239
シーニックフォトコンテスト 243
シビック・プライド 162
四万十町 84
四万十ドラマ 84
住宅宿泊事業法 16
住民欲求 72, 73
巡礼の旅 158
白神山地 213
新幹線開業効果 189
砂浜美術館 88
砂美スタイル 90
スマートシティ 136
政策観光 86
政策評価 204
聖地巡礼 160
世界遺産 189
世界観 248
世界自然遺産 213
世界文化遺産 117, 120
世界旅行ツーリズム協議会（WTTC） 2
先住民族 247
総合計画 197

タ

体験型観光 12
第5次観光振興計画 41
他界観 262
千葉県観光調査報告書 170
着地型観光 164
東京オリンピック・パラリンピック 1
東京都観光産業振興実行プラン 138
東京湾アクアライン 175
都市型観光 62, 64, 69 ～ 71
都市間競争 138

索 引 273

都市再生特別地区 129
都市ビジョン 110
特化係数 151
ドライブ観光 238

ナ

中土佐町 80
日本再興戦略 2016 1
日本版 DMO 100, 191
ニューツーリズム 157
人気の観光地 52
燃料サーチャージ 14

ハ

バイオカート 24
爆買い 11
パワースポット 158
比較優位性 71
1人当たり県民所得 54
文化観光 97, 99
文化共生都市 136

訪日外国人 58, 96, 108, 194

マ

埋葬頭位 262
マスタープラン 68
マンガ 160
道の駅 163
南房総地域 170
民族共生の象徴となる空間 251
民俗方位 254
モノ消費 98

ヤ

予算・決算 200

ラ

ラグビー・ワールドカップ 1
リピーター 58
ルートコーディネーター 244
レガシーキャリア 33
レガシー継承 135

《著者紹介》（執筆順）

安田信之助（やすだ・しんのすけ）担当：第1章，第2章
※編著者紹介参照

渡辺　正（わたなべ・ただし）担当：第3章
宮崎産業経営大学経営学部准教授

世利洋介（せり・ようすけ）担当：第4章
久留米大学経済学部教授

梅村　仁（うめむら・ひとし）担当：第5章
大阪経済大学経済学部教授

橋本行史（はしもと・こうし）担当：第6章
関西大学政策創造学部教授

千葉貴律（ちば・たかのり）担当：第7章
明治大学経営学部教授

庭田文近（にわた・ふみちか）担当：第8章
城西大学現代政策学部准教授

岩本英和（いわもと・ひでかず）担当：第9章，第11章
城西国際大学観光学部助教

佐藤綾子（さとう・あやこ）担当：第10章
富山国際大学現代社会学部准教授

永井真也（ながい・しんや）担当：第12章
室蘭工業大学大学院工学研究科准教授

内山達也（うちやま・たつや）担当：第13章
城西国際大学観光学部准教授

《編著者紹介》

安田信之助（やすだ・しんのすけ）

現在　日本財政学会顧問
　　　日本地方自治研究学会理事
- -
　　　城西大学経済学部教授
　　　日本地方自治研究学会副会長
　　　日本経済学会連合評議員
　　　日本財政学会理事・会計監査
　　　日本経済政策学会理事・会計監査
　　　日本貿易学会理事　　　　　など を歴任

主著

Regional development and the Government Role in japan,
　Nihon Keizai Hyoron sha（共）日本経済評論社，1997 年。
『地域の発展と財政』（共）八千代出版，2000 年。
『新講　国際経済論』（編著）八千代出版，2008 年。
『地域発展の経済政策』（編著）創成社，2012 年。
『現代国際経済論』（編著）八千代出版，2012 年。
『日本経済の再生と国家戦略特区』（編著）創成社，2015 年。
『新国際経済論』（編著）八千代出版，2017 年。
『地域経済活性化とふるさと納税制度』（編著）創成社，2017 年。

(検印省略)

2019 年 11 月 20 日　初版発行　　　　　　　　略称 ― 地域発展

地域発展の観光戦略

編著者　安田　信之助
発行者　塚田　尚寛

発行所　東京都文京区　株式会社　創成社
　　　　春日 2-13-1
　　　　電　話 03（3868）3867　　FAX 03（5802）6802
　　　　出版部 03（3868）3857　　FAX 03（5802）6801
　　　　http://www.books-sosei.com　振替 00150-9-191261

定価はカバーに表示してあります。

©2019 Shinnosuke Yasuda　　組版：トミ・アート　印刷：エーヴィスシステムズ
ISBN978-4-7944-3204-9 C3033　製本：宮製本所
Printed in Japan　　　　　　落丁・乱丁本はお取り替えいたします。

━━━ 経済学選書 ━━━

地 域 発 展 の 観 光 戦 略	安 田 信之助	編著	3,000 円
地域経済活性化とふるさと納税制度	安 田 信之助	編著	2,000 円
日本経済の再生と国家戦略特区	安 田 信之助	編著	2,000 円
地 域 発 展 の 経 済 政 策 ― 日 本 経 済 再 生 へ む け て ―	安 田 信之助	編著	3,200 円
テキストブック地方財政	篠 原 正 博 大 澤 俊 一 治 山 下 耕 治	編著	2,500 円
財　　　政　　　学	望 月 正 光 篠 原 正 博 栗 林 隆 半 谷 俊 彦	編著	3,100 円
地 方 創 生 の 理 論 と 実 践 ― 地 域 活 性 化 シ ス テ ム 論 ―	橋 本 行 史	編著	2,300 円
福　祉　の　総　合　政　策	駒 村 康 平	編著	3,200 円
グローバル化時代の社会保障 ― 福 祉 領 域 に お け る 国 際 貢 献 ―	岡 伸 一	著	2,200 円
環 境 経 済 学 入 門 講 義	浜 本 光 紹	著	1,900 円
中国企業対外直接投資のフロンティア ―「後発国型多国籍企業」の対アジア進出と展開―	苑 志 佳	著	2,800 円
マ ク ロ 経 済 分 析 ― ケ イ ン ズ の 経 済 学 ―	佐々木 浩 二	著	1,900 円
入　門　経　済　学	飯 田 幸 裕 岩 田 幸 訓	著	1,700 円
マクロ経済学のエッセンス	大 野 裕 之	著	2,000 円
国 際 公 共 経 済 学 ― 国 際 公 共 財 の 理 論 と 実 際 ―	飯 田 幸 裕 大 野 裕 之 寺 崎 克 志	著	2,000 円
国際経済学の基礎「100項目」	多和田 眞 近 藤 健 児	編著	2,500 円
ファーストステップ経済数学	近 藤 健 児	著	1,600 円

(本体価格)

━━━ 創 成 社 ━━━